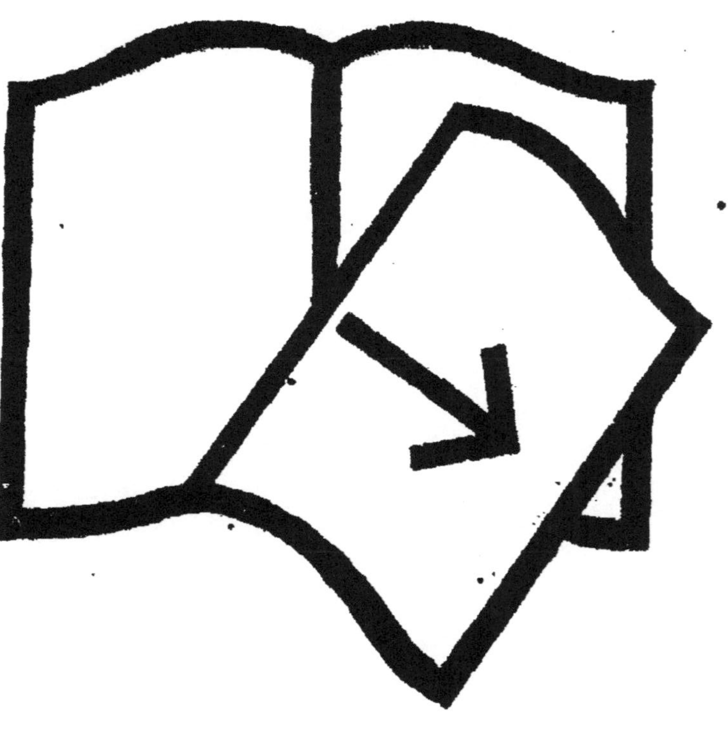

Couverture inférieure manquante

Début d'une série de documents en couleur

CORRESPONDANCE

d'Auguste Comte

DEUXIÈME SÉRIE

PARIS

AU SIÈGE DE LA SOCIÉTÉ POSITIVISTE

Fin d'une série de documents
en couleur

CORRESPONDANCE

INÉDITE

D'AUGUSTE COMTE

Il a été tiré de cet ouvrage quinze exemplaires sur papier de luxe,
au prix de 15 francs le volume.

CORRESPONDANCE

INÉDITE

d'Auguste Comte

« Vivre au grand jour. »

DEUXIÈME SÉRIE

PARIS

AU SIÈGE DE LA SOCIÉTÉ POSITIVISTE

10, Rue Monsieur-le-Prince, 10

1903

SEPT LETTRES A M. LITTRÉ

1848-1855.

I

Mon cher Monsieur Littré,

Un grand sentiment public, qui doit dominer les plus légitimes émotions privées, me détermine aujourd'hui à déclarer cordialement à M. Arago, aussi publiquement qu'il le désirera, que *je regrette de l'avoir offensé.* L'ensemble de mon passé m'empêche de craindre que cette démarche ne soit mal interprétée. Vous en pouvez faciliter beaucoup l'accomplissement, par l'entremise de M. Armand Marrast. Quant au mode, je m'en rapporte entièrement à votre prudence et à votre zèle.

Tout à vous,

AUGUSTE COMTE.

Samedi soir 26 février 1848 (1h).

II

Mon cher Monsieur Littré,

Pendant ma prédication philosophique, je viens de faire deux importantes déclarations, naturellement connexes, dont je vous prie de compléter l'efficacité, en leur procurant, autant que vous le pourrez, une publicité plus étendue et plus durable que celle d'une simple exposition orale.

J'ai, d'abord, proclamé ma ferme résolution de ne jamais occuper aucune position politique proprement dite, même celle qui pourrait m'être conférée par la confiance directe de mes concitoyens ; je n'ai point hésité à présenter ce solennel engagement, comme ne m'étant pas seulement personnel, mais aussi comme commun à tous les philosophes positifs qui veulent désormais vouer sérieusement leur vie au sacerdoce de l'Humanité.

Ensuite, j'ai loyalement regretté d'avoir attaqué M. Arago, auquel je me suis efforcé de rendre sommairement une exacte justice intellectuelle et morale. Le besoin social de ménager toute puissance réelle, surtout l'ascendant moral, plus rare et plus important qu'aucun autre, s'aggrave beaucoup, de nos jours, par le prix exceptionnel qu'acquièrent les personnes en un temps où il ne peut encore exister de véritables principes. Tel est le motif essentiel d'après lequel j'ai blâmé comme inconsidérée ma critique antérieure, même quand sa justesse serait supposée complète.

Vous savez que l'urgence spéciale de la concorde entre tous ceux qui peuvent concourir réellement au bien public m'a seul inspiré spontanément cette sincère manifestation, afin de ne pas contrarier involontairement le bien immense que peut faire M. Arago dans son éminente position actuelle. Mais, malgré votre rare modestie, mon scrupuleux amour de la vérité m'a forcé d'ajouter que je vous dois l'indication du mode que j'ai adopté : je vous remercierai toujours, et de me l'avoir proposé, et de m'avoir jugé capable de le suivre.

Tout à vous,

AUGUSTE COMTE.

Dimanche soir 27 février 1848 (5h).

III

Mon cher Monsieur Littré,

La juste déférence que j'ai coutume d'éprouver pour votre digne intervention m'a d'abord poussé à satisfaire vos désirs conciliatoires. Mais j'ai bientôt reconnu que cette entière condescendance deviendrait finalement plus nuisible qu'utile dans le cas actuel, qui paraît vous avoir été infidèlement rapporté.

Tous les assistants ont jugé fort inconvenantes les attaques personnelles que M. de Ribbentrop s'est permises, ces deux derniers dimanches, au sujet de mes plus intimes affections. Je crois que tous trouveraient étrange la prétention actuelle d'obtenir, en surprenant votre médiation, une sorte de réparation indirecte, que je devais bien plutôt attendre, quoique je n'y compte pas. Les reproches généraux que je lui ai adressés sont d'ailleurs trop mérités pour comporter aucune autre modification que celle de la forme.

Tant que mon cours public a duré, cette influence hebdomadaire contenait assez la nature essentiellement critique de M. de Ribbentrop, ses habitudes métaphysiques et ses tendances aristocratiques, pour laisser fructifier son désir, alors sincère, de régénération philosophique. Mais, depuis quelques mois, son esprit indisciplinable et son caractère brouillon ont graduellement repris leur ascendant spontané, surtout dans nos libres causeries du dimanche, où il est déjà devenu à charge aux plus patients. On y sent trop qu'il n'y vient plus pour s'éclairer, ni même pour éclairer les autres, mais surtout pour contenter sa vanité, en exerçant sa loquacité. En un mot, il ne remplit plus assez les conditions naturelles de confiante intimité mutuelle qu'exige une telle réunion privée. Cette conviction a pu involontairement m'inspirer la sévérité spéciale que vous avez remarquée sans en connaître la source.

Néanmoins, je regretterais beaucoup que désormais M. de Ribbentrop s'abstînt aussi du club. Quoiqu'il y forme seul une vraie disparate avec les dispositions, mentales et morales, qui y dominent habituellement, le caractère public de nos séances peut assez tempérer ses défauts naturels pour n'y susciter aucune grave perturbation, surtout d'après la modification involontaire qu'on doit attendre du conflit actuel. Je tiens à éviter tout démembrement, même apparent, dans notre association naissante, et je serai toujours disposé aux concessions raisonnables qui pourront le prévenir. Veuillez donc témoigner, en mon nom, à notre confrère, que j'espère bien qu'aucun dissentiment privé ne l'empêchera de revenir au club positiviste, où, en effet, je comptais le voir avant-hier.

Tout à vous,

AUGUSTE COMTE.

Vendredi 22 septembre 1848.

IV

Paris, le lundi 28 Charlemagne 62.

Mon cher Monsieur Littré,

Je regrette beaucoup d'être obligé de refuser complètement une demande transmise par vous. Mais, tant que je vivrai, celle à qui j'eus le malheur de donner mon nom ne rentrera pas un seul instant, à aucun titre, sous le toit qu'elle abandonna volontairement il y a huit ans, après tous les avertissements qui lui annonçaient comme irréparable cette quatrième désertion. Quoique je connaisse sa présomption, j'ai peine à comprendre qu'elle ait osé compter sur le succès d'un pareil vœu. Cet espoir me semble d'autant plus étrange que je viens d'être forcé de réprimer sévèrement l'abus qu'elle faisait d'une concession trop généreuse pour obtenir des entrevues entièrement incompatibles avec notre irrévocable séparation. Si vous connaissiez réellement l'ensemble de sa conduite conjugale pendant mes dix-sept ans d'oppression domestique, elle ne vous aurait point proposé une telle transmission.

Notre solennité positiviste aura lieu jeudi prochain, à deux heures précises. Comme témoin, ou plutôt patron, de M. Segond, votre place y sera distinctement marquée à côté de lui, de même que M. Delanneau auprès de sa fille.

Quant au *parrainage*, nous avons le temps d'en causer, puisqu'il n'aura lieu qu'en novembre. Mais j'espère n'avoir à vous proposer aucun engagement qui puisse choquer vos consciencieux scrupules. Il ne s'agit, au fond, que d'un protectorat complémentaire, surtout spirituel, pour seconder au besoin la providence paternelle.

Tout à vous,

AUGUSTE COMTE.

(10, rue Monsieur-le-Prince).

V

Paris, le lundi 6 César 63.

Mon cher Monsieur Littré,

Voici le reçu que je vous dois en échange de celui de Mme Comte. J'ai bien présumé que celui-ci se trouvait déjà dans une lettre que j'ai renvoyée sans l'ouvrir, comme je traiterai dorénavant toutes celles qui me viendraient de la même source. Mais je devais attendre qu'il me revînt par vous. Nos comptabilités respectives sont maintenant en règle.

Très touché de vos nobles sentiments que vous voulez bien m'exprimer, et dont la pleine sincérité m'est si prouvée, je ne pouvais être aucunement choqué des cordiales représentations de votre lettre exceptionnelle. Ce qu'elles renferment d'involontairement injuste m'offre un résultat naturel du généreux silence que j'ai toujours gardé auprès de vous envers une femme coupable, dont les vices, quoique fort graves, ne deviennent sensibles que dans une entière intimité. La nature de vos relations avec elle lui permet de ne vous laisser voir que ses qualités. En vous éclairant plus tôt sur ses torts fondamentaux, je craignais de vous priver d'une conversation qui vous est agréable, et de lui faire perdre un noble et salutaire contact. Mais, d'après votre lettre, je dois enfin renoncer à une réserve qu'on a exploitée contre moi. Néanmoins, je bornerai mes explications, comme dans la séance exceptionnelle de l'avant-dernier mercredi, à ce qu'exige strictement la suffisante rectification de vos conjectures naturelles sur la prétendue sévérité d'une conduite toujours caractérisée par un excès d'indulgence.

Il faut d'abord vous rassurer au sujet de la pension. Mme Comte est une habile comédienne, presque toujours en scène, surtout envers vous. L'éclat qui vient d'avoir lieu lui a semblé prescrire cette démonstration. Mais, au fond, je suis convaincu, d'après une connaissance trop chèrement acquise, qu'il n'y a là rien de sérieux. Si ce jeu dure jusqu'au nouveau trimestre, j'accepterai provisoirement toute rentrée anormale, sauf à la tenir disponible pour la fin de cette comédie.

Ma lettre décisive du 10 janvier 1847, dont je vous communiquai alors la copie, lui déclarait que, depuis longtemps, l'ensemble de sa conduite conjugale ne me laissait à son égard que de simples devoirs pécuniaires. Je les ai toujours remplis scrupuleusement, même au milieu de ma plus grande détresse personnelle, au point de me trouver ainsi arriéré aujourd'hui d'une année de loyer, privé de renouveler assez mes vêtements, et forcé de m'endetter envers mon incomparable Sophie. Tout cela me permet de laisser librement poursuivre la comédie qui vient de commencer, sans jamais m'en reprocher les suites quelconques.

Cette mémorable lettre annonçait aussi que l'éternelle amie dont la perte objective était alors récente, constituait ma seule épouse véritable, à laquelle j'avais noblement dédié la grande élaboration que je commençais. Mme Comte accepta pleinement cette déclaration par un silence de plus de deux ans. Si elle pouvait jamais projeter sérieusement de refuser sa pension, ce devait être alors. Quand je consentis, par pure pitié, à recevoir ses lettres et à y répondre pendant le premier semestre de 1850, je lui réitérai d'abord cette formelle expression de mes sentiments intimes, et une telle condition de correspondance fut encore acceptée tacitement, quoique avec l'espoir secret de l'éluder ensuite. Une de ses lettres annonça dès lors, sans aucun motif spécial, la comédie actuelle de l'hôpital et du refus de pension.

Avant de caractériser ma situation domestique, je dois indiquer un éclaircissement provoqué sur la saine théorie du mariage, en y distinguant l'union légale de l'union morale.

La première ne comporte de justes dissolutions que dans des cas extrêmement exceptionnels, où je ne me suis pas trouvé, mais dont ma noble et tendre Clotilde offrit le plus touchant exemple, assez expliqué à nos confrères. Quant à l'union morale, elle peut toujours cesser par l'indignité prolongée de l'un des conjoints. Si le lien légal persiste alors, mais sans enfants, il se réduit à des devoirs matériels. Il ne comporte d'autre réaction morale que d'imposer la chasteté aux tendresses exceptionnelles. La société ne peut ni ne doit exiger jamais qu'un cœur renonce à se développer, par cela seul que son essor initial avorta sans reproche.

Je suis au reste très désintéressé dans cette question générale. Car, entre Mme Comte et moi, il ne s'agit jamais de rompre l'union morale, puisqu'elle n'exista jamais. Quant au lien légal, je subirai dignement toutes les conséquences matérielles de sa juste perpétuité. J'ai scrupuleusement accepté ses réactions affectives, puisque ma sainte passion resta toujours aussi pure que profonde. Mon éternel veuvage garantit pleinement la persistance spontanée d'une telle condition.

Tout cela réduit mon explication actuelle à vous indiquer comment la conduite de Mme Comte empêcha toujours l'union morale, que j'espérais voir naître de notre union légale.

La source générale de cette triste anomalie consiste dans la nature très exceptionnelle de ce type anti-féminin.

Toujours douée de beaucoup d'esprit, et jadis d'une grande énergie, elle est presque dépourvue de cette tendresse qui constitue le principal attribut de son sexe. Depuis notre fatal mariage du 19 février 1825, sa conduite, quoique très licencieuse, n'indiqua jamais, envers personne, un véritable attachement. Les deux autres instincts altruistes, soit vénération, soit bonté, lui sont encore plus étrangers. Malgré ses airs positivistes, sa nature restera purement révolutionnaire ; l'esprit n'y servit jamais qu'à construire des sophismes pour justifier des inclinations vicieuses, et le caractère à s'insurger contre toute règle morale. Son éducation exceptionnelle ne fit que développer cette mauvaise organisation, en disposant à trouver partout des droits et nulle part des devoirs. Telle est l'anomalie qui trop tard connue, fit entièrement échouer le généreux calcul d'où résulta mon déplorable mariage.

C'est, en effet, sans amour que je commis, à vingt-sept ans, ma seule faute irréparable, qui a tant pesé sur toute ma vie privée, et longtemps entravé ma vie publique. Ne me jugeant ni beau, ni même agréable, et pourtant tourmenté d'un vif besoin d'affection, je choisis une épouse qui dût m'aimer par une intime reconnaissance, fondée sur ce mariage exceptionnel, quoique nous fussions également pauvres. Si ce juste espoir s'était réalisé, je me sentais disposé à m'attacher complètement. Mon calcul eût probablement réussi envers toute autre femme. Pour achever de caractériser ma faute, j'ajoute que, accomplie sans passion, elle le fut aussi malgré ma famille, dont les préjugés s'y opposèrent justement. De l'autre côté, le calcul fut beaucoup moins noble, sans être plus heureux. Mme Comte espéra toujours me transformer en machine académique, lui gagnant de l'argent, des titres, et des places. Celle qui semble vouloir consacrer sa vieillesse au positivisme, en contraria, de toutes ses forces, l'élaboration initiale. Elle ne l'apprécie que depuis l'éclatante justice dont vous fûtes si dignement l'immortel organe ; si toutefois sa rouerie invétérée lui permet d'y voir même aujourd'hui autre chose qu'un nouveau rôle, comme était jadis la dévotion pour ses pareilles. Quoi qu'il en soit, sa nature, dépourvue de bonté, lui fait toujours, chez les autres, attribuer la condescendance à la faiblesse. Son inclination principale vers une domination complète et grossière se trouve donc entretenue, d'après ma généreuse conduite, par l'espoir de maîtriser un caractère qu'elle méconnaissait. Chaque concession nouvelle ne fit qu'aggraver cette aberration, qui peut-être subsiste encore, malgré l'expérience. Dès lors, l'absence totale de principes moraux lui permit d'employer, comme moyen habituel de gouvernement, les plus extrêmes alternatives, souvent poussées jusqu'à la désertion complète, quand je résistais à ses coupables procédés. Si elle n'eût été qu'impure, j'aurais toujours pardonné peut-être ; mais, s'étant montrée sans cœur et sans délicatesse, j'ai dû finalement mépriser.

Il faut ici passer sous silence les escapades secondaires, bornées à demeurer quelques semaines en hôtel garni, sous le moindre prétexte. Ces cas seraient presque innombrables, dès le début de notre ménage. Quant aux séparations principales, persistant davantage et suscitant des arrangements pécuniaires, ma lettre du 10 janvier 1847 vous apprit déjà qu'il y en eut trois avant celle qui fut irrévocable.

La première s'accomplit en mars 1826, après un an de mariage. Sa réaction morale concourut avec un excès intellectuel à déterminer ma grande maladie cérébrale. Quoique cette femme incorrigible n'ait jamais su avouer sincèrement un tort grave, j'attribue à ses remords sa belle conduite d'alors, au milieu d'une situation très difficile. C'est la seule époque vraiment honorable dans toute la vie de Mme Comte. Sa première séparation fut ainsi terminée dignement quand je recouvrai la santé.

En 1833, eut lieu la seconde, qui dura quatre ou cinq mois, à Paris et en province, sans d'autres motifs réels que le besoin d'une liberté effrénée et le dépit de ne pouvoir commander arbitrairement. Cette fois, quoique moins affecté, je fus assez bon pour solliciter la rentrée, enfin octroyée dédaigneusement.

La troisième séparation formelle survint, en mai 1838, par suite de mes justes répugnances envers de coupables visites. Elle ne dura que trois semaines. Mais je ne fis alors aucun effort pour obtenir sa cessation. Quoique j'accueillisse avec trop d'indulgence le retour spontané de Mme Comte, je lui signifiai ma résolution de traiter comme irrévocable toute nouvelle tentative semblable. Je donnai même à mon autorité conjugale une attitude de fermeté qu'eût exigé beaucoup plus tôt cette indisciplinable nature, mais qui du moins aurait dû lui annoncer la réalité d'une telle disposition.

Après quatre nouvelles années d'indignes luttes journalières, une inqualifiable conduite poussa Mme Comte à son quatrième et dernier abandon du toit commun. Pendant les six mois qui précédèrent son départ, je remplis loyalement mon devoir en m'efforçant de la détourner d'une telle issue, devenue pourtant indispensable à ma tranquillité, seul bien où aspiraient alors mes prétentions privées. Je réitérai souvent ma déclaration antérieure que cette fois le retour ne serait jamais sollicité ni même accueilli. Mais une folle présomption empêcha d'écouter ces dignes avis chez une femme persuadée que je ne pourrais pas rester trois mois sans consentir à tout pour terminer l'isolement. Cette triste épreuve finale offrit un trait caractéristique, qui vous donnera quelque idée de ma situation inouïe.

Vous savez que j'écrivais alors les conclusions générales qui constituèrent le nœud décisif de mon ouvrage fondamental, où la science, enfin complétée, acquérait ainsi l'irrévocable dignité d'une vraie philosophie. Ce travail suprême exigeait le plus grand calme moral, pour concentrer toutes mes forces mentales vers sa digne terminaison, avant le prochain retour de mon service d'examinateur, commençant toujours le 20 juillet. Il était donc convenu que Mme Comte partirait seulement le 1er août, afin qu'une telle secousse morale ne coïncidât point avec cette grande crise intellectuelle. Néanmoins, Mme Comte voulut, le 15 juin, me quitter immédiatement, pour, osa-t-elle dire, ne pas manquer un joli appartement orné d'un jardin commode. Cette journée me fut terrible, et je m'y sentis prêt de retomber, en 1842, dans l'affreux épisode cérébral de 1826, par un concours analogue d'influences perturbatrices. Je n'évitai ce nouveau choc qu'en refusant énergiquement de donner à cette indigne femme aucune partie de la somme convenue jusqu'à l'échéance du 1er août. Alors elle attendit le terme fixé d'abord, mais en déclamant contre ma *tyrannie*.

Telle fut, en beaucoup d'autres cas, la conduite de celle à qui j'eus le malheur de donner mon nom. Pendant dix-sept ans de cohabitation, j'ai souvent conçu ainsi des pensées de suicide; auxquelles j'aurais probablement succombé, malgré mes fermes principes, si la profonde amertume de ma situation domestique n'eût été surmontée par le sentiment croissant de ma mission sociale. Mes travaux philosophiques en furent notablement entravés. Si mon grand ouvrage me tint douze ans, ce ne fut pas seulement par ses difficultés propres et mes embarras matériels. J'estime que mes troubles domestiques y influèrent pour un bon tiers. Mes trois derniers volumes, constituant sa principale moitié, furent accomplis en moins de quatre ans, parce que mon énergie tardive avait, depuis 1838, rendu mon intérieur moins insupportable. Tout l'ouvrage pouvait donc s'achever en huit ans au lieu de douze, si j'avais toujours possédé cette demi-tranquillité. Loin de m'offrir l'appui domestique, qui facilite ordinairement les grands travaux d'esprit, mon intérieur me présenta sans cesse un obstacle capital, qui ne fut pas le moins difficile à surmonter. Celle qui affecte aujourd'hui d'apprécier mon mérite philosophique le sentait si peu en novembre 1837, qu'elle osa me déclarer devant deux témoins, dont l'un vit encore, combien elle plaçait Armand Marrast au-dessus de moi. Depuis que ce misérable est discrédité, elle a vivement nié cette étrange préférence. Mais, quoique la haine inspirât une telle déclaration, la frivolité pouvait seule y faire penser. Devenue positiviste à l'âge où la Maintenon se fit dévote, cette dame ne me trouvera pas plus crédule pour l'une de ces conversions qu'envers l'autre. N'ayant jamais apprécié mon esprit, je lui reproche surtout d'avoir encore moins compris mon cœur, après dix-sept ans de ménage ; tandis que ma sainte compagne me jugea principalement sous cet aspect, au bout de quelques mois de relations fort imparfaites.

Cette sommaire indication équivaut essentiellement à celle que j'exposai récemment à nos confrères. J'achève ainsi la pénible explication rendue indispensable par une funeste provocation, émanée d'une vaine prétention à m'interdire toute digne expansion publique de ma juste reconnaissance philosophique envers mon angélique Clotilde.

La précieuse gratitude personnelle que vous daignez me témoigner pour le développement moral et religieux du positivisme s'étendra bientôt jusqu'à la sainte influence involontaire qui, régénérant mon cœur, me procura le privilège d'une seconde vie publique. Si, avant ma grande publication de juillet, vous désirez connaître la dédicace funèbre qui, en 1846, ébaucha la Religion de l'Humanité, je pourrais vous la communiquer immédiatement avec la Préface caractéristique où je l'ai récemment motivée. Ce double préambule est, en effet, déjà imprimé, et même tiré : j'en possède maintenant un exemplaire en feuilles. Vous y verriez avec quel ménagement je fais entrevoir au public ma fatalité domestique, dont cette lettre vous donne enfin une idée générale. Dans ma vie privée, je n'ai jamais haï personne, encore moins la malheureuse qui portera toujours mon nom, mais l'ensemble de sa conduite ne me permet point de l'estimer. Il est vrai que Dante chanta sa Béatrice sans faire aucune allusion à son propre mariage, mais son épouse fut irréprochable, quoique peu sympathique. Mon cas n'est point aussi favorable et pourtant j'y garderai publiquement toute la réserve possible, même si je survis à la coupable. Si sa conduite avait été celle de Mme Littré, je n'aurais jamais aimé ailleurs. Malgré ses torts, je ne m'y croyais pas même autorisé tant qu'elle restait sous le toit conjugal. C'est seulement deux ans après sa désertion irrévocable que mon cœur, ainsi demeuré vierge exceptionnellement jusqu'à quarante-sept ans, chercha les chastes émotions qui me raniment depuis six ans, et que la mort rendit bientôt plus fixes comme plus pures. Mais cette intime consolation, source continue des plus nobles améliorations, me dispose elle-même à oublier un douloureux passé, dont la mémoire troublerait d'ailleurs le peu d'années de pleine vigueur cérébrale qui me restent encore pour servir dignement le vrai Grand-Être. Je sens, mieux que mon cher Dante, qu'il faut avoir bu du Léthé avant de s'abreuver dans l'Eunoë. C'est donc malgré moi que je retrace mes longues souffrances, et j'espère aujourd'hui que ce sera la dernière fois. Dès 1842, j'exprimais à mon vieil ami combien j'étais disposé à regarder désormais ma fatalité domestique comme ayant seulement abouti à augmenter de 3.000 francs (réduits ensuite à 2.000) mes contributions annuelles. Telle fut surtout ma disposition croissante après ma régénération morale. Si la coupable, renonçant à une concurrence insensée, garde enfin le silence convenable, elle obtiendra de moi une équivalente attitude, tempérée même par la sollicitude naturelle que je lui conserverai de loin. Mais, sous de nouvelles provocations, mon profond amour de la paix ne m'empêchera jamais de soutenir dignement la guerre, que je pousserai, s'il le faut, jusqu'à faire prononcer la séparation légale, suivant l'annonce qui termine ma lettre du 10 janvier 1847.

Tout à vous,

AUGUSTE COMTE.

P.-S. — Je vous autorise pleinement à faire lire cette lettre par Mme Comte, si vous le jugiez convenable. Mais je ne veux pourtant recevoir aucune récrimination qui pourrait résulter de cette communication. Il s'agit ici d'une explication fraternelle envers mon principal collègue, et nullement d'enquête ni de discussion, que je ne permis jamais à Mme Comte, en lui laissant d'ailleurs pleine liberté d'exposer le cas à sa manière.

VI

A Monsieur LITTRÉ, membre de l'Institut, à Mesnil-le-Roi.

Paris, le 12 Shakespeare 64 (lundi 20 septembre 1852).

Monsieur,

Je n'ai dû ni voulu rien répondre à votre déclaration de guerre du 8 août, plus étrange qu'imprévue, que j'attribue au funeste ascendant de l'indigne dame à laquelle j'eus le malheur de donner mon nom. Mais, parmi les mesures que m'a suscitées cette irrévocable rupture, le moment est venu de vous annoncer les deux qui vous concernent personnellement.

D'abord, j'emploierai désormais une autre entremise que la vôtre pour opérer le payement trimestriel que vous accomplissiez depuis 1847. J'ai déjà choisi, parmi mes disciples, les deux qui se chargeront ensemble de cette transmission, à partir du mois prochain.

La seconde mesure concerne la noble souscription publique qui constitue l'unique appui de mon existence matérielle. Je n'oublierai jamais que vous l'avez dignement fondée, et que, pendant ses deux premières années vous y avez développé un véritable zèle. Mais j'ai résolu d'être dorénavant le seul directeur de cette institution, sauf les centres partiels qu'on pourra multiplier autant que les cas l'exigeront. Quoique cette décision ne doive se trouver formellement déclarée que dans ma circulaire de janvier prochain, j'en ai déjà fait part à tous les positivistes avec lesquels j'ai eu depuis un mois quelques rapports écrits ou verbaux, en les invitant à la divulguer convenablement.

C'est pourquoi je vous demande aujourd'hui de vouloir bien m'envoyer le plus prochainement possible :

1° Tout l'argent que vous pouvez avoir à moi maintenant, et celui qui pourrait encore vous arriver par erreur;

2° Tous les documents quelconques qui peuvent

me faciliter l'administration de la souscription pour le reste de la présente année.

3° Enfin, la liste exacte des sommes déjà reçues et de leurs sources, comme vous aviez coutume de le faire à la fin de chaque année.

Salut et fraternité.

AUGUSTE COMTE.

(10, rue Monsieur-le-Prince).

VII

(*Copie conforme.*)

Paris, le jeudi 22 Frédéric 67 (15 novembre 1855).

Monsieur,

A la fin du second trimestre de cette année, l'insuffisance actuelle du subside positiviste m'a forcé, pour la première fois depuis treize ans, de retarder d'un mois le payement trimestriel que je fais à Mme Comte. Malgré l'appel exceptionnel qui fut alors accompli, le même embarras vient de se reproduire pour le troisième trimestre, envers lequel je n'avais encore pu réunir que 300 francs, quand j'ai reçu ce matin votre lettre d'hier. D'après sa lecture, je viens de transmettre cette somme à Mme Comte par M. Laffitte, qui lui portera le reste aussitôt que je l'aurai.

Je veux toujours continuer à faire tous mes

efforts pour que cette annuité de 2.000 francs n'éprouve aucune réduction, même passagère. Mais je suis également résolu de ne jamais l'augmenter, à quelque taux que s'élevât le subside positiviste, parce que je la regarde comme pleinement suffisante.

Salut et fraternité.

AUGUSTE COMTE.

P.-S. — Mme Comte s'est prudemment conduite en employant un intermédiaire, parce que je n'ai nullement modifié ma résolution de ne jamais recevoir ses lettres.

TRENTE-HUIT LETTRES

A M.

PIERRE LAFFITTE

1849-1857.

D'après les originaux donnés par le destinataire.

I

A Monsieur LAFFITTE, Professeur de mathématique.

Mon jeune ami,

J'ai écrit, le 27 décembre, à mes deux libraires, pour les prier de me déclarer *immédiatement* le nombre d'exemplaires déjà vendus de mon dernier *Discours*. N'ayant encore reçu *aucune* réponse à une demande aussi naturelle, je vous prie aujourd'hui d'aller, en mon nom, chercher cet indispensable renseignement, seule question que j'aie adressée à ces messieurs depuis cinq mois que j'ai envoyé à chacun d'eux mes *cent* exemplaires. Ce billet suffirait, au besoin, pour justifier, à leur égard, votre spéciale intervention.

Tout à vous,

AUGUSTE COMTE.

Vendredi matin 5 janvier 1849.

II

Mon jeune ami,

Malgré nos agréables prévisions d'hier soir, votre concours me devient indispensable pour que mon auditoire ne soit pas debout, quoiqu'il n'y ait aucune mauvaise volonté de personne. Je compte donc sur vous demain matin à 7 h. 1/2, afin d'aller, avec un billet de moi, vous entendre avec M. l'Économe du Comptoir d'escompte, pour faire monter, *à mes frais*, du jardin du Palais, *deux cents* chaises dans la salle qui me fut d'abord destinée.

Tout à vous,

AUGUSTE COMTE.

Samedi soir 10 mars 1849 (7 h.).

Je convoque aussi M. Williamson pour le même instant et à la même fin.

III

Mon jeune ami,

J'ai oublié hier de vous avertir que, à partir de demain, une modification périodique dans les heures de ma corvée polytechnique m'empêchera, pendant quelques semaines, de vous recevoir le mardi soir. Veuillez en prévenir à temps M. Williamson.

Tout à vous,

AUGUSTE COMTE.

Lundi 15 César 61.

IV

Paris, le 22 Saint-Paul 61.

Mon jeune ami,

Votre oncle n'étant que légèrement indisposé, et la prudence seule le retenant à Tours, votre absence de Paris n'a donc plus aucun motif légitime. C'est pourquoi je n'hésite point, en ce qui vous concerne, à répondre à votre consultation indirecte, en vous rappelant qu'on ne doit point quitter son poste au moment du danger. Au reste, je crois qu'une excessive prudence constitue, dans une telle situation, une fort mauvaise disposition médicale. Mais, quant à votre oncle, je ne puis donner aucun avis, ne connaissant pas assez la gravité actuelle de l'épidémie pour savoir même si le brusque refroidissement survenu avant-hier l'a augmentée ou diminuée.

Tout à vous,

AUGUSTE COMTE.

V

Paris, le samedi 13 Dante 61.

Mon jeune ami,

Votre bonne lettre de mercredi est venue hier produire en moi une diversion fort opportune, complétée aujourd'hui par un actif épanchement. Cette précieuse consolation m'était bien nécessaire pour adoucir les tristes impressions qui s'accumulent sur moi depuis votre départ.

Le lendemain même de notre adieu, j'ai fait une dernière visite douloureuse à la malheureuse fille de mon meilleur ami. Je l'ai trouvée mourante, mais sans craindre pourtant de la perdre si promptement. Dimanche, en cheminant à ma séance religieuse, j'ai lu un billet, qu'on venait de me remettre sans que j'en prévisse le contenu, et par lequel on m'annonçait qu'elle avait expiré vingt-quatre heures auparavant, quelques heures sans doute après son dernier serrement de ma main! Vous jugez quel effort j'ai dû immédiatement exercer pour accomplir dignement la plus longue de mes séances (4 h. 1/2 pleines), relative à l'appréciation systématique du XVIIIe siècle! Outre que c'était la fille de mon vieil ami, dont elle me rappelait les qualités morales, je connaissais depuis vingt ans Mlle Bonnin, qui n'avait que treize ans quand je me liai avec son père. Cet intérêt naturel s'était beaucoup accru après la mort de celui qui s'honorait, comme vous savez, d'être mon premier disciple, quoique ayant quatre ans de plus que mon propre père. Pendant ces trois années, et surtout depuis la République, j'avais beaucoup apprécié la valeur morale qui se développait noblement chez cette malheureuse fille, profondément liée de cœur à la vraie régénération sociale, et fort capable de la seconder par sa rare énergie combinée avec sa touchante pureté. Cet hiver elle venait de sacrifier sciemment son humble avenir industriel aux soins qu'exigeait une mère égoïste, dont l'obstination personnelle dans un ennuyeux séjour a certainement concouru à tuer la fille, après avoir notablement hâté la mort du mari. Je suis sûr que la religion nouvelle fait là une véritable perte, que l'élégante amie de M. de Montègre est impropre à réparer. Vous sentez d'ailleurs que, sans aucune affection personnelle vraiment profonde, cette catastrophe me rappelait naturellement la plus douloureuse crise de mon cœur, par le rapprochement involontaire de ces deux malheureuses et innocentes victimes de l'insociabilité actuelle, toutes deux enlevées, avant l'accomplissement d'une génération, sans avoir presque connu de la vie que les chagrins et l'oppression. Quelques jours après a commencé pour moi une autre sorte d'épreuves, par un nouveau désastre matériel (et indirectement moral), dont je vous ai signalé l'imminence, mais sans le croire aussi prochain et aussi complet. . . . .

Pendant les deux dernières années, je suis parvenu à empêcher l'accroissement de l'arriéré d'un trimestre, déterminé, pour mon loyer, par ma persécution financière. Mais, cette année, l'insuffisance de la noble souscription et le défaut de leçons m'ont forcé de laisser successivement grandir cette fatale augmentation dont le taux actuel indispose (ou effraye) mon propriétaire. Je l'ai spontanément honoré (mardi) d'une digne lettre confidentielle, qui lui exposait naïvement le pour et le contre de ma présente situation pécuniaire, afin de le mettre loyalement à portée de décider en pleine connaissance. Si sa nature eût été moins vulgaire, cette libre et sincère explication l'aurait touché, de la part d'un homme qui, avant sa déconfiture, l'avait toujours payé fort exactement, et qui d'ailleurs ne lui avait jamais demandé les diminutions maintenant usitées. Mais, comme la plupart de sa classe, il est avare et sans cœur, partant sans aucune vraie délicatesse. Il n'a nullement apprécié cette communication exceptionnelle, et sa réponse a été aussi sèche, même dans la forme, que le permettait la stricte politesse officielle. Quoiqu'il ne m'y ait pas encore donné formellement congé, il s'y montre décidé pour la fin du trimestre courant, si, d'ici là, c'est-à-dire avant la dernière semaine de septembre, je n'ai pas comblé tout mon arriéré, ce qui m'est certainement impossible, à moins d'éventualités imprévues et invraisemblables.

S'il en est ainsi, comme j'ai tout lieu de le craindre, me voilà donc forcé de commencer la nouvelle année en quittant à jamais ce local sacré où s'est accomplie dignement ma précieuse régénération morale, auquel se rattache le saint culte personnel d'où, depuis trois ans, je retire chaque jour tant de consolations et d'améliorations, cet appartement qui devrait être cher à tous les positivistes, comme ayant été le siège de l'installation du positivisme intellectuel et de l'inauguration du positivisme moral (car je l'occupe depuis huit ans!) Quant à n'en garder que la moindre moitié, j'ai pleinement reconnu que cette solution est vraiment inadmissible. J'y serais personnellement assez bien ; mais mon excellente Sophie s'y trouverait trop mal, étant ainsi confinée dans une étroite et sombre cuisine, sans pouvoir même coucher dans l'appartement. Quoique cette incomparable domestique accepte naïvement ce double sacrifice, je ne dois pas accepter cette généreuse résignation, qui le jour nuirait à sa délicate santé, et la nuit augmenterait sa mélancolie en la tenant (avec son mari et son fils) loin de moi, au sixième étage, sans pouvoir me soigner en cas imprévu. Toute illusion a cessé depuis longtemps chez moi sur cette conciliation vraiment impraticable. Si je ne puis garder en entier mon appartement actuel, il faudra que je change de maison, pour trouver ailleurs un local convenable, de 6 à 800 francs au plus. Déjà je prépare douloureusement mon cœur à cette issue trop vraisemblable, que je ne crois guère pouvoir maintenant éviter, à moins d'un dévouement fort peu probable chez l'ensemble de mes adhérents. J'aurai donc à coordonner envers d'autres murs ces secrètes manifestations journalières que rend plus touchantes et plus faciles mon habitation actuelle !

Cette sainte reconstruction privée me serait beaucoup moins laborieuse si je conservais mon mobilier. Mais là commence un nouveau désastre matériel, qui se trouverait le triste complément de tous les autres. Au moment de ce déménagement presque inévitable (au 1er janvier prochain), je devrai *deux mille* francs à M. Basan, si ma situation ne s'améliore pas dans ce court intervalle. Malgré sa confiance en ma loyauté personnelle, ses habitudes invétérées d'avide propriétaire ne lui permettront pas sans doute de me laisser partir avec mes meubles, à moins d'une complète liquidation des cinq trimestres dûs. S'il en vient alors à une triste vente légale, la dépréciation actuelle de tous ces objets est telle que, dans cette opération intégrale et précipitée, on trouverait à peine la valeur entière des loyers arriérés, même en me dépouillant totalement, sans excepter mes livres !! Voilà l'ignoble extrémité à laquelle je serai peut-être amené bientôt par la méchanceté de quelques-uns, la faiblesse de beaucoup d'autres et l'égoïsme de presque tous ! Après les iniquités qui ont recompensé mes services (spéciaux et généraux), il ne me restait plus qu'à devoir, dans six mois, me réfugier en quelque modeste appartement garni, dépouillé de tous les matériaux qui facilitent mon existence, mes émotions et mes travaux. Mes infâmes persécuteurs auront ainsi atteint profondément toute la partie extérieure de ma vie matérielle ; il ne leur resterait plus qu'à altérer aussi mes moyens de nutrition proprement dite, qui sans doute auraient alors leur tour. Quoique une pareille ruine ne soit encore nullement certaine, et malgré que mon mobilier soit bien plus facile à conserver que mon appartement, le danger devient assez imminent déjà pour troubler involontairement mon insouciance habituelle. Je ne puis m'empêcher de penser souvent à la prochaine dissipation de chaque objet sur lequel je pose spontanément les mains ou les yeux. Quoique soutenu par le sentiment continu de l'entière inaltérabilité de ma valeur principale (tant morale que mentale), et malgré même la certitude qu'aucune pauvreté ne saurait me priver des touchants services de mon admirable Sophie, il est impossible que de telles émotions fondant sur moi dans cette triste semaine n'altèrent pas beaucoup la sérénité philosophique indispensable à ma sainte mission.

C'est pourtant au milieu de ces troubles privés que vont, dès demain, s'accomplir mes six séances finales, dont chacune a besoin d'être préparée à la manière de celles de 1847, mais avec bien moins d'effort. J'espère que cette conclusion capitale ne souffrira point essentiellement de cette fatale coïncidence, que je saurai borner à réagir seulement sur ma santé ultérieure. Malgré le petit nombre des auditeurs, leur infatigable assiduité donne beaucoup de prix à cette exposition sans exemple, qui, librement complétée, commencera l'inauguration orale de la nouvelle religion.

Votre sage et actif prosélytisme me touche et me rassure extrêmement, quoique j'aie peu d'espoir de trouver jamais un grand nombre de pareils disciples. Je ne suis pas surpris que la constitution morale du positivisme devienne votre principale base de propagation décisive. C'est surtout à une telle destination que je tendais en la construisant, pour réserver l'emploi fondamental de mon appareil scientifique antérieur au petit nombre des organes vraiment systématiques de la nouvelle religion. Par là j'aurai pleinement satisfait au grand desideratum primitif du noble Littré, en utilisant la sainte préparation personnelle que me fit subir à son insu ma tendre et immortelle collègue.

J'attache autant d'importance que vous à la précieuse conquête que vous espérez obtenir chez l'éminent tonnelier de Bordeaux. Si, après l'avoir convenablement initié, vous pouvez l'entretenir librement, je serais heureux d'un telle adhésion. Je me félicite que ce digne Vigier ait échoué aux élections dernières. Ce n'est point à la vaine assemblée des métaphysiciens qu'il faut envoyer de tels prolétaires. Qu'ils restent purs de toute participation politique, jusqu'à ce qu'ils puissent concourir localement au pouvoir central, avec le vrai caractère qui convient à leur valeur d'hommes d'État. Il y a tout lieu d'espérer que de tels appuis de la politique régénératrice résident déjà, quoique heureusement inconnus jusqu'ici, dans chacun de nos départements, où il importe beaucoup, comme vous le dites, de faire pénétrer le positivisme. Vous voyez, mon jeune ami, que j'use amplement de mon privilège accoutumé, heureusement encouragé cette fois par l'affectueuse promptitude de votre lettre initiale. Malgré une mauvaise nuit, je viens ainsi de passer avec vous quelques heures de douce intimité, qui seront loin, j'en suis sûr, de nuire à ma séance de demain.

Tout à vous,

AUGUSTE COMTE.

(10, *rue Monsieur-le-Prince*).

M. Littré a publié lundi son second article sur mon *Discours*. Il m'a promis de m'envoyer le tout, aussitôt que la publication sera complète. Outre une noble récompense de mon élaboration, cette lecture exceptionnelle me suscitera, j'espère, plusieurs améliorations secondaires.

VI

Paris, le samedi 20 Dante 61.

Mon jeune ami,

Puisque vous êtes enfin devenu si affectueusement exact, je me sens poussé, de mon côté, à redoubler mon empressement accoutumé, en vous faisant cette fois une réponse immédiate, sans oublier d'abord la formule de gratitude spéciale : *Gloire à Louis XI, fondateur de la poste aux lettres.*

Je suis très touché de la part profonde et sincère que vous prenez aux tristes communications de ma dernière lettre. Mais je ne puis guère admettre les espérances que vous m'offrez en consolation. Quant à mes meubles, peut-être l'avarice de mon propriétaire n'osera-t-elle aller jusqu'à dépouiller ainsi un honnête locataire, qui lui offre toute garantie du payement ultérieur de l'arriéré, et qui, pendant cinq ans, fut toujours scrupuleusement ponctuel, jusqu'à ce que d'injustes désastres l'en aient empêché. Toutefois, cet espoir est fort incertain, et sa cupidité pourrait alors être tentée d'acquérir à peu de frais un mobilier assez précieux. Mais, quant à l'appartement secondaire, je ne dois pas admettre, même provisoirement, la solution que j'ai écartée dans ma dernière lettre. Je me reproche, comme une sorte d'égoïsme, d'y avoir jadis pensé. Si vous visitiez le local dans cette intention, vous sentiriez que je ne saurais accepter le sacrifiee de ma bonne Sophie à cet égard. Toutes ses légitimes convenances s'y trouveraient choquées, même les plus modestes et les plus urgentes. D'ailleurs, je suis convaincu que sa santé délicate en serait altérée bientôt faute d'air et de jour. En outre, l'espoir de reprendre un jour l'appartement principal serait illusoire. Car, même quand on m'en laisserait la faculté, ce qui est plus que douteux, il aurait perdu pour mon cœur sa valeur essentielle après avoir été habité par d'autres, même pendant une seule année. Il n'y a donc point à hésiter sur la nécessité de chercher bientôt un autre domicile, à moins d'une heureuse éventualité, trop invraisemblable pour s'y arrêter, qui me permît de garder en totalité mon logement actuel. Puissé-je seulement conserver intégralement le mobilier qui m'aiderait tant à reconstruire ailleurs mon culte intime.

La séance positiviste de dimanche dernier a été très satisfaisante. Par l'influence peut-être des articles de M. Littré, l'auditoire avait notablement augmenté. L'ensemble de mon appréciation systématique du coupable rétrogradateur a été fort bien accueilli, y compris ma double proposition finale sur ses déplorables monuments. Aucun dissentiment quelconque ne s'est manifesté.

J'approuve beaucoup vos réflexions sur la propriété populaire, à propos de M. Vigier. On doit, en effet, attacher une importance fondamentale à ce que les prolétaires veuillent sciemment rester toujours tels, sans jamais aspirer à la bourgeoisie, comme je le ferai systématiquement sentir dans la grande séance de demain. Mais la mesure de leur aisance normale doit aller un peu au delà de ce que vous indiquez. A la propriété du mobilier, ils doivent joindre celle du domicile qui en est le complément, et sans laquelle, à vrai dire, le passage décisif de l'état nomade à l'état sédentaire ne me semble pas assez achevé. Ce complément existe déjà très souvent pour les ouvriers ruraux, auxquels il est plus facile. Mais ceux des villes y peuvent aussi prétendre aisément, en sous-divisant davantage les possessions urbaines. Sans changer encore la masse et la construction des maisons parisiennes, on pourrait les vendre par appartements, grands ou petits. Ce serait combiner la division verticale des propriétés avec leur division horizontale, seule admise jusqu'ici. Une telle innovation se réaliserait bientôt à l'amiable, parce qu'elle augmenterait la valeur des édifices, si quelques entrepreneurs en donnaient d'abord l'exemple spécial. Je compte indiquer demain cet aperçu social. Il importe beaucoup, ce me semble, tant au moral qu'au physique, qu'une famille ouvrière, après quelques essais de logement, puisse enfin compter sur un domicile définitif, à l'abri des caprices ou des calculs de tout propriétaire. Aujourd'hui la masse la plus nombreuse et la plus respectable des habitants de nos villes n'y est réellement que campée, et pourrait en être légalement expulsée par un suffisant concert des seigneurs fonciers.

Mon excellente Sophie est presque aussi touchée que moi-même de votre empressement actuel, comme elle avait, l'an dernier, tristement ressenti votre négligence. Elle est d'ailleurs très sensible à votre souvenir personnel, dont elle me charge de vous remercier. Votre embrassement d'adieu lui a procuré une profonde satisfaction. C'est par de tels témoignages spontanés qu'on récompense le mieux ces nobles et modestes dévouements, si dignes d'être spécialement honorés. Je vous sais moi-même beaucoup de gré d'un pareil mouvement.

Les vrais prolétaires savent seuls combiner aujourd'hui la vénération hiérarchique avec une sincère fraternité. Ma santé a été meilleure cette semaine. Profitez bien de vos vacances pour soigner radicalement la vôtre.

Tout à vous,

AUGUSTE COMTE.

(*10, rue Monsieur-le-Prince*).

VII

A Monsieur P. LAFFITTE, à Béguey, par Cadillac (Gironde).

Paris, le lundi 1er Gutenberg 61.

Mon jeune ami,

Je suis heureux d'apprendre que vous songez sérieusement à votre santé. Les symptômes moraux que vous me décrivez indiquent une grave tendance à l'inflammation chronique du gros intestin. Vous ne pouvez l'éviter ou la réparer que par un régime continu, et peut-être irrévocable. Le temps des vacances n'y saurait aucunement suffire, et me semble même peu propre à le commencer, vu les fréquents déplacements qu'il vous occasionne, et dont chacun est naturellement accompagné de quelques passagères infractions à la diète normale.

Ce n'est point dans votre saison de distractions et de fêtes privées que vous pouvez sérieusement instituer cette indispensable discipline journalière. Toutefois, vous faites bien d'en dresser le plan, et même d'en ébaucher l'exécution autant que possible, pour la mieux réaliser quand vous rentrerez au chef-lieu de votre existence finale. Efforcez-vous surtout de déterminer maintenant votre famille à vous y faciliter un domicile convenable, sans lequel vous pourriez difficilement suivre votre propre régime. Mais comptez aussi que votre constitution n'est point encore assez altérée pour ne pas se rétablir complètement par ces salutaires habitudes.

Votre lettre me prouve spécialement que vous assistez de loin à mes séances finales, dont le vrai point de vue vous est déjà familier. Elles sont de nature, comme vous l'avez très bien prévu, à abonder en formules usuelles, et même en termes caractéristiques. Dans la première, j'ai surtout introduit quelques expressions systématiques, qui me paraissent devoir vous être indiquées avant votre retour, afin de faciliter votre propagande actuelle. A la *théologie* comme dogme, répondait la *théocratie* comme régime, et la *théolâtrie* comme culte. De même, à la *sociologie* comme dogme final, doivent correspondre la *sociocratie* comme régime, et la *sociolâtrie* comme culte. L'hybridité de ces trois expressions habituelles, outre que sa nécessité l'excuse grammaticalement, est d'une haute valeur historique, pour rappeler sans cesse les deux souches, sociale et mentale, de notre civilisation occidentale. Au reste, je me suis immédiatement servi du mot *sociocratie* et ses dérivés, pour éliminer sans retour le mot *démocratie*, comme vague, impropre et subversif. J'ai été alors conduit à ces dénominations en établissant le rapprochement définitif du positivisme et du socialisme, double produit final, l'un comme doctrine, l'autre comme sentiment, de l'ensemble de la partie négative de la révolution. Le socialisme est le positivisme spontané, et le positivisme constitue le socialisme systématique. Cette assimilation finale a été aussitôt comprise et semble déjà admise généralement, du moins en écartant, des deux parts, pour insuffisance radicale, ceux qui ne seraient socialistes ou positivistes que d'esprit seulement, sans l'être surtout de cœur.

J'aime à contempler votre consciencieuse disposition à accueillir, dès la première indication, les nouveaux progrès que l'application fait accomplir au positivisme, et à vous efforcer aussitôt de les étendre davantage. Quoique cette verve juvénile ait souvent besoin d'être réglée, j'y vois un très heureux symptôme de la réalité et de l'opportunité de la nouvelle doctrine. Ma règle sur le domicile du prolétaire a été généralement accueillie. Je l'ai systématiquement déduite de cet axiome sociocratique : *Chacun doit avoir la pleine propriété de tout ce qui est à son usage exclusif et continu*. On m'a depuis signalé, comme vous le faites, divers exemples de possession d'une même maison par plusieurs propriétaires indépendants. Je vous remercie de m'avoir indiqué, à ce sujet, l'article 664, que je viens de lire dans mon

Code, et qui, d'ailleurs, est conçu dans l'esprit d'individualisme qui inspira toute cette compilation officielle. Cet ensemble de confirmations inattendues achève de me rassurer sur le caractère utopique qu'on aurait pu reprocher à ma proposition. Au reste, toutes mes idées sur la propriété, quant à la faculté de tester, complétée par la libre adoption, paraissent ne devoir rencontrer aucune grave opposition, sauf des purs anarchistes. Les conservateurs sincères commenceront peut-être à sentir ainsi quelle vigueur peut acquérir désormais la défense systématique de la propriété entre les mains de philosophes qui ont solennellement renoncé à la richesse comme au pouvoir.

Votre généreux désir que la responsabilité des avortements et des chômages porte essentiellement sur les entrepreneurs sans troubler radicalement les prolétaires, se trouve pleinement d'accord avec les principes positivistes sur l'organisation industrielle. J'exposerai, à ce sujet, dimanche prochain, une règle fondamentale, la décomposition habituelle de tout salaire industriel en deux parties distinctes et séparables, l'une relative à la subsistance du travailleur; l'autre à son travail effectif. La première partie continuerait seule d'être payée dans toute suspension d'ouvrage qui ne serait point reprochable à l'ouvrier, et aussi en cas de maladie, suivant l'usage des administrations ministérielles : cette obligation ne devant d'ailleurs durer qu'autant que le libre engagement contracté, sous peine de dédit mutuel, entre l'entrepreneur et le travailleur, pour un temps déterminé. Quant à la proportion respective de cette partie fixe du salaire à sa partie mobile, elle sort de ma compétence philosophique, et les chefs industriels peuvent seuls la déterminer, sauf l'acceptation des ouvriers. Vous avez très bien saisi la répartition délicate entre les attributions propres des philosophes et des directeurs dans la saine organisation du travail, afin d'éviter toute dégénération analogue aux utopies subversives des littérateurs régnants. La science sociale conduit le nouveau sacerdoce aux divers principes d'après lesquels il conseille aux entrepreneurs et aux travailleurs quel genre de mesures ils doivent accorder et demander pour la bonne harmonie du régime commun. Mais, outre que ce sont toujours là de purs conseils, jamais imposables légalement, les praticiens peuvent seuls leur donner, comme en toute autre relation de science à art, le degré de plénitude et de précision, sans lequel ils resteraient inapplicables.

Je regrette de ne pouvoir pas donner les mêmes éloges à votre dernier aperçu sur le mobilier, et surtout le domicile, assurés d'avance par l'ouvrier à chacun de ses fils. Vous avez là cédé probablement à votre tendance passagère vers l'excès de prévoyance. Quand même la règle deviendrait ultérieurement convenable, il faudrait l'ajourner maintenant, soit afin de réserver quelque grave besogne au sacerdoce futur, soit surtout pour ne pas compliquer, par un élément inopportun et inutile, l'énorme embarras que présente déjà la véritable organisation industrielle. Mais il y a plus : je ne crois pas que cette mesure doive jamais convenir. Outre qu'elle tendrait à élever les salaires à un taux probablement insoutenable, elle aurait surtout le grave danger moral d'altérer notablement le caractère fondamental du prolétariat. Voyez combien vous êtes ainsi jeté loin de votre précédente lettre, où vous accordiez trop peu à la possession de l'ouvrier, en la bornant au mobilier ! En y joignant celle de son domicile, je crois avoir posé la vraie limite du degré de prévoyance désirable et d'exigence réalisable. Si vous alliez jusqu'à l'obliger aussi à assurer princièrement un domicile à ses enfants, vous l'assujettiriez à une sollicitude excessive et dégradante, ou à des prétentions que les entrepreneurs ne pourraient soutenir. Mais, en outre, le jeune ouvrier ainsi nanti d'avance se trouverait trop dépourvu du stimulant initial de ses propres travaux. Après l'apprentissage, et avant le mariage, c'est à lui de gagner directement son domicile futur, et même le mobilier qui le garnira, quoique le père puisse souvent l'aider sous ce dernier aspect. Il suffit, pour que cet usage devienne normal, de retarder l'âge habituel du mariage, qui se contracte aujourd'hui trop tôt, sous beaucoup de dangers divers, surtout moraux. Le sacerdoce de l'Humanité ne mariera aucun homme avant l'accomplissement de sa vingt-huitième année. Il convient, d'ailleurs, même dès aujourd'hui, de prolonger jusqu'à trente ans le veto paternel à ce sujet. De cette manière, l'ouvrier aura communément dix années de bon travail, en sortant d'apprentissage, pour gagner, par lui-même, le mobilier et le domicile de la famille projetée. Ce sera, de sa part, le dernier complément de l'initiation sociale, afin de constater sa suffisante aptitude pratique, par un juste ensemble d'habileté et de conduite. Le dispenser gratuitement de cette épreuve finale, serait aussi dangereux pour lui que pour la société. Avec un point de départ aussi commode que vous le lui faites, ou il s'engourdirait aussitôt, ou il tendrait à sortir du prolétariat, double vice que nous devons toujours prévenir. L'Humanité a fait assez pour lui, par l'organe spécial de la famille, en l'amenant dignement à l'âge de virilité, pourvu déjà d'une précieuse éducation générale et d'un utile métier spécial. C'est à lui seul qu'il appartient d'acquérir laborieusement le degré de propriété qui lui convient normalement. En un mot, l'ouvrier doit *devenir*, mais non pas *naître*, propriétaire du mobilier et de l'appartement.

Voilà encore une longue lettre, mais ce doux épanchement philosophique me fournit aujourd'hui une heureuse récompense de ma bonne séance d'hier. En voyant approcher la fin de ce semestre exceptionnel, je sens que ces laborieux dimanches me sont déjà devenus un besoin, de cœur comme d'esprit, et leur cessation prochaine me fera tristement ressentir mon isolement actuel. Heureusement, je devrai remplir le mois de septembre en réunissant irrévocablement les précieuses acquisitions que ce nouveau travail capital m'a successivement amenées. Le reste de l'année sera naturellement consacré à la terminaison de mon premier volume, à moins de nouvelles avanies matérielles.

Après le dernier dimanche d'août, j'annoncerai au Comptoir d'escompte que mon cours recommencera le dernier dimanche de janvier. D'après vos intentions, j'avertirai que ma salle restera, pendant cet intervalle, occupée par votre cours d'arithmétique, à moins que votre prochaine lettre ne m'indique une nouvelle résolution.

Tout à vous,

AUGUSTE COMTE.

10, rue Monsieur-le-Prince.

Ma santé se soutient assez bien.

Je me suis acquitté hier soir de votre commission auprès de M. Williamson. Mais il m'a assuré, d'accord avec M. Magnin, que le troisième article de M. Littré n'était pas encore publié. Vous devriez profiter du voisinage pour faire connaissance avec notre digne coreligionnaire (M. de Tholouze), qui est peut-être maintenant en vacances à La Réole.

VIII

Paris, le lundi 8 Gutenberg 61.

Mon jeune ami,

M. Williamson m'a dit hier soir vous avoir écrit jeudi en vous envoyant le troisième article de M. Littré. Comme il vous aura peut-être parlé de ma santé actuelle, je me trouve ainsi conduit, pour prévenir toute exagération, à vous entretenir d'un accident que sans cela je n'aurais pas jugé digne de vous mander au loin. Il y a quinze jours, je reçus, sur le gros orteil du pied gauche, une bûche moyenne, tombée d'environ deux mètres d'une voiture de bois qui passait près de moi dans la rue. Ce coup n'a occasionné aucune fracture ; il a seulement produit une forte contusion, qui, traitée par les émollients et le repos, se trouve aujourd'hui presque entièrement dissipée. J'ai été, pendant tout ce temps, hors d'état de me chausser et de sortir, sauf pour accomplir, en voiture, ma sainte visite du mercredi, et pour cheminer très lentement à ma séance du dimanche, qui, heureusement, n'a nullement souffert de cette perturbation. Mais il m'est ainsi survenu, ces jours derniers, un autre dérangement, par suite de l'obligation où je m'étais trouvé de tenir, les dix nuits précédentes, mon pied hors du lit, afin d'éviter la vive douleur qu'y excitait la chaleur du lit. Ce refroidissement partiel m'a procuré une assez forte fluxion à la joue correspondante, qui gênait beaucoup ma séance d'hier, et qui prolongera encore ma séquestration. Sauf ces troubles fortuits et passagers, ma santé continue d'être assez bonne, dans l'une et l'autre vie : l'intestin et même le sommeil restent plus satisfaisants qu'avant votre départ.

En lisant hier, à l'issue de ma séance, vos dernières explications, j'ai été heureux que ma critique de votre troisième proposition reposât sur une méprise. Mais en relisant tout à l'heure cette partie de votre lettre précédente, je crois que cette méprise était inévitable, d'après une rédaction trop équivoque. Quoi qu'il en soit, je me félicite maintenant de n'avoir eu réellement rien à rectifier dans vos opinions à ce sujet, qui m'aura ainsi fourni l'occasion de préciser davantage le juste degré de prévoyance normale que comporte le prolétariat. Vous avez très bien senti la sanction qu'il recevra du sacerdoce positiviste, refusant, sauf exception spéciale et motivée, de consacrer le mariage tant que cette condition préalable n'est point assez remplie par celui qui aspire à devenir un digne chef de famille populaire. Nous écartons ainsi une objection très naturelle contre le principe positiviste qui règle le salaire en considérant tout ouvrier comme un chef de famille et non comme simple individu. On pouvait, en effet, trouver étrange que ce taux fût également appliqué à l'ouvrier avant le mariage, et pourtant toute distinction habituelle entre les deux cas eût été impraticable chez les entrepreneurs, aux yeux duquel le travail produit a la même valeur. La difficulté disparaît en regardant l'ouvrier encore célibataire, comme moralement chargé de faire alors de fortes économies pour acquérir le mobilier et l'appartement destinés à sa famille, d'après un salaire qui serait exorbitant pour lui seul. Si l'avarice le poussait à prolonger abusivement ce préambule, il serait vivement blâmé par ses camarades, ensuite par ses chefs spirituels, et enfin, au besoin, contenu par ses chefs temporels;

à moins d'indication exceptionnelle d'une vraie vocation d'entrepreneur. Vous voyez de plus en plus comment le positivisme se développe heureusement à mesure qu'il est directement poussé vers sa destination principale, systématiser la vie réelle par des prescriptions générales fournies par la théorie fondamentale, et d'où procèderaient ensuite les prescriptions spéciales par lesquelles les praticiens peuvent seuls compléter la réorganisation, de même qu'en toute autre relation de science à art.

Puisque vous êtes spécialement disposé, dans votre doux loisir domestique, aux profondes méditations sur le régime final, je crois aujourd'hui devoir ajouter, aux indications de ma dernière lettre, quelques autres aperçus propres à ma séance d'hier, et tous relatifs à la sociolâtrie, qui a rempli la première moitié de cette séance, où j'ai d'ailleurs exposé, bien entendu, dans la seconde moitié, la règle sociocratique mentionnée par ma lettre précédente, avec plusieurs autres mesures analogues.

Je dcis vous signaler surtout la théorie des sept sacrements positivistes, qui m'a semblé produire une profonde impression. Ce sont, dans l'ordre chronologique, autant de consécrations publiques de la vie privée, caractérisée par ses principales phases, ainsi sanctifiées au nom de l'Humanité, par autant d'actes solennels du sacerdoce positiviste. On construit ainsi la série suivante : 1° le sacrement de la *présentation*, correspondant au baptême catholique, auquel nous empruntons, avec des améliorations systématiques, ses précieux compléments des prénoms et des parrains ; 2° le sacrement de l'*admission*, à l'époque de la majorité, après l'éducation terminée, et avant l'invasion de la vie pratique ; 3° le sacrement de la *destination*, vers l'âge de vingt-cinq à vingt-huit ans, quand la carrière a été définitivement choisie, après les essais convenables, le catholicisme n'en eut l'équivalent que pour les prêtres et les rois ; 4° le sacrement fondamental du *mariage*, dont vous connaissez bien toutes les conditions positivistes, et qui constitue ainsi le milieu de cette succession sacrée ; 5° le sacrement de la *retraite*, vers l'âge de soixante-trois ans, quand il n'y a plus assez d'aptitude à la vie active, et que le fonctionnaire se borne désormais à l'influence consultative, digne récompense des services rendus ; 6° le sacrement de la *séparation*, remplissant l'horrible solennité extrême des catholiques, mais avec un vrai caractère social et une efficacité réelle beaucoup plus prononcée, soit pour consoler le mourant et sa famille, soit même pour réparer, autant que possible, une vie trop imparfaite ; 7° enfin le sacrement final de l'*incorporation*, trois ans au moins après la mort. Cette dernière construction religieuse n'a d'analogue que dans le régime théocratique, par le jugement égyptien des morts, dont vous sentez aisément les graves différences et l'infériorité sociale envers l'extrême sacrement du nouveau culte. Après ces trois ans de sérieuse enquête spéciale, le mort, déposé jusqu'alors dans un cimetière provisoire soumis à la seule juridiction temporelle, serait jugé solennellement, par le sacerdoce positiviste dans le temple de l'Humanité, pour être aussitôt transporté définitivement au *champ de l'incorporation,* où l'autorité spirituelle préside seule, et y être honoré, aux frais du public, d'une inscription, d'un buste ou d'une statue, selon la sentence obtenue. Dans le cas exceptionnel d'indignité, il serait finalement relégué au *champ de l'exclusion,* également soumis au sacerdoce, avec une sommaire indication monumentale des motifs du rejet. Le principe propre à ce sacrement extrême consiste à regarder, après les trois ans d'examen et d'attente, chaque mort comme appartenant définitivement à la société et non à la famille, pour subir la règle théorique du classement individuel selon le mérite, laquelle n'a pu, pendant la vie proprement dite, que modifier la règle pratique nécessairement prépondérante du classement selon la puissance, mais qui doit finalement prévaloir dans la seconde vie.

Vous sentez que l'importance et la nouveauté de cette institution sociolâtrique motivent assez l'indication spéciale que je lui accorde ici. Elle me conduit d'ailleurs à vous signaler un autre pas de même nature, quoique de moindre portée.

Après vous avoir écrit lundi dernier, je me suis senti assez excité par ma séance de la veille pour éprouver le besoin de mieux fixer mes idées et celles des autres sur les temples positivistes, en allant même, pour plus de précision, jusqu'à une petite épure générale, que je vous montrerai au retour. Le résultat principal de ces méditations nouvelles a été hier accueilli convenablement. Un sacerdoce qui parle surtout au nom du passé doit siéger au milieu des tombes honorables. Chaque Temple de l'Humanité, avec les deux édifices connexes pour l'école positiviste et pour le presbytère des sept philosophes correspondants, sera donc placé à l'extrémité d'un bois sacré, de trois hectares, servant de champ d'incoporation, selon l'indication précédente. Sur chacun des deux longs côtés de l'intérieur du Temple, seraient construites sept chapelles consacrées respectivement à nos *treize* dieux mensuels et la quatorzième aux saintes du nouveau calendrier. Au sommet de l'hémicycle suivant (ou chœur) résiderait, avec la chaire sacerdotale, la statue du vrai Grand-Être, représenté par une mère de trente ans, avec son fils dans les bras, emblème qui, pendant la transition, dériverait chez les Occidentaux du Midi, du suave type catholique de *Notre-Dame*. Une statuette analogue surmonterait les drapeaux verts du positivisme, communs à tout l'Occident. J'ai annoncé que la république occidentale pourrait se contenter normalement de *deux mille* temples (1), à chacun desquels sont attachés *sept* prêtres et *trois* adjoints nommés au concours, pour remplacer les professeurs ou prédicateurs absents par un motif quelconque. On trouve ainsi un personnel total de *vingt mille* philosophes occidentaux, dirigés par un chef suprême à Paris aidé par quatre

(1) En prenant le cinquième de ce nombre pour la France, il assurerait un temple à chaque sous-préfecture et un ou deux en plus à chaque ville considérable.

supérieurs nationaux chez les quatre autres populations d'élite.

Dans la construction du Temple et du bois sacré qui le contient, j'ai introduit une institution éminemment sociale en empruntant à Mahomet le principe, trop peu apprécié, du *Kebla* ou point fixe, destiné à faciliter matériellement la convergence mentale et morale. Le grand axe commun du Temple et du bois sera partout dirigé vers Paris, centre fondamental de l'occidentalité. Si plus tard, par l'extension complète du positivisme à l'ensemble de notre espèce, le mouvement général venait à changer son principal foyer, on se dirigerait désormais vers le nouveau centre, d'après l'esprit éminemment relatif de tous les principes positivistes. Mais il serait aujourd'hui fort déplacé de considérer cette éventualité, qui peut-être ne se réalisera jamais.

Après vous avoir ainsi fourni de nouveaux germes de hautes méditations, il ne me reste qu'à terminer cordialement cette longue effusion en vous rappelant que l'époque n'est pas encore arrivée où ma position polytechnique puisse être aucunement changée. C'est seulement au début de la nouvelle année scolaire qu'on renomme périodiquement les répétiteurs, et vous serez alors à portée de savoir aussitôt si on complétera le vol tant avancé envers moi. Quoique vous m'indiquiez un petit délai de retour, j'écrirai toujours, la semaine prochaine, au Directeur (ou mieux au simple Économe) du Comptoir d'escompte pour avertir que, jusqu'à la réouverture de mon cours à la fin de janvier, ma salle actuelle sera occupée, *à partir du quatrième dimanche de septembre*, par le cours d'arithmétique d'un de mes confrères. En causant hier avec M. Magnin de la difficulté actuelle de vous y assurer un auditoire suffisant, il a partagé mes inquiétudes, mais en se proposant de rechercher des informations spéciales, où nos confrères pourront vous aider mercredi.

Tout à vous,

AUGUSTE COMTE.

(*10, rue Monsieur-le-Prince.*)

IX

Paris, le mercredi 17 Gutenberg 61.

Mon jeune ami,

Quand vous recevrez cette réponse à la lettre qui m'est parvenue seulement hier, vous connaîtrez peut-être, d'après le *National* de vendredi, l'étrange brutalité que je viens de subir et qui va même réagir directement sur vous. Jeudi matin, une estafette spéciale ma remis une lettre officielle de M. Lacrosse, où ce ministre, sans énoncer aucun motif, me retire immédiatement la salle qu'il m'avait concédée, six mois auparavant, pour mon cours, et à laquelle il a, dit-il, *cru devoir donner une autre destination*. Une heure après cette missive inattendue, j'avais déjà mandé au *National* et au

Journal des Débats un court *Avis,* simplement destiné à éviter dimanche un déplacement inutile et peut-être scandaleux. Le lendemain, le Comptoir d'escompte, qui ne me savait pas informé, m'a averti qu'on venait d'enlever, à son insu, et sans dire par quels ordres, les banquettes, fauteuils, table, etc. Cette annonce était rédigée de manière à constituer une sorte de protestation contre cette brutalité imprévue, à laquelle je pensais bien d'avance que cette administration financière était pleinement étrangère, comme ma réponse le lui a déclaré. J'ai aussitôt écrit tout cela à M. Vieillard, qui sans doute l'ignore entièrement, en lui annonçant que, malgré cette violence passagère, je lui redemanderais la même salle à la fin de janvier, pour la reprise ordinaire de mes prédications hebdomadaires. « Quel que soit « l'aveuglement des puissants du jour (lui dis-je en « terminant), je ne puis penser qu'ils veuillent « sérieusement interdire la seule discipline philoso- « phique que comportent aujourd'hui les cœurs et les « esprits populaires. » Sa réponse, et au besoin son silence, me feront sentir jusqu'à quel point je puis maintenant compter sur lui. Mais vous voyez ainsi que votre propre cours est actuellement impossible et vous en voilà quitte jusqu'à un meilleur temps, qui, je l'espère, ne tardera pas beaucoup.

Vous concevez que ce coup d'État, uniquement dirigé contre les deux dernières séances de mon cours, suppose une active sollicitude personnelle, spécialement intéressée à les empêcher. S'il fallait suivre ici la maxime juridique (*hic fecit, cui prodest*), je n'hésiterais pas à l'attribuer au fameux Émile de Girardin, comme celui qui gagne le plus à ce silence forcé. Car je devais ouvrir, dimanche dernier, mon exposition directe de la théorie du gouvernement révolutionnaire, en dévoilant publiquement son indigne plagiat journalier, afin de ne pas sembler, aux yeux mal informés, piller ceux qui me pillent. Ayant dû prévoir cette évidente nécessité, et sentant que dès lors il ne pourrait plus continuer à s'attribuer tout cela, ce roué est certes assez dégagé de tout scrupule pour avoir éveillé indirectement l'ombrageuse inquiétude du Ministre de l'instruction publique, qui aurait réagi aisément sur son faible collègue des travaux publics. La marche était d'autant plus facile que cet homme a, comme vous savez, de secrètes accointances avec tous les partis et peut donner un tel avis sans même paraître personnellement. Cette hypothèse me semble tellement conforme au phénomène et si convenable au personnage, que je la garde provisoirement, quoique je ne l'appuie sur aucun document spécial. Plusieurs de ceux à qui j'en ai parlé la trouvent très plausible. Si cette mesure ne provenait que d'une simple antipathie générale contre le positivisme, on l'aurait naturellement employée beaucoup plus tôt, sans encourir l'odieux de briser un cours qui allait finir.

Quoi qu'il en soit, cette stupide oppression m'a valu dimanche une nombreuse députation (où figurait M. de Ribbentrop), pour me témoigner, au nom de tout l'auditoire, les vives sympathies développées à cette occasion. Dès vendredi, j'avais eu aussi une autre compensation, encore plus précieuse et plus décisive, par une cordiale visite du noble Littré, pressé de venir m'exprimer son énergique indignation à ce sujet. Ne l'ayant pas vu depuis quelques mois, j'ai été frappé de la nouvelle chaleur continue qui amène ses manifestations sociales. On sent ainsi qu'il a désormais voué sérieusement au positivisme sa vie tout entière, que la postérité jugera si précieuse à l'ascendant de la religion finale. Il m'a appris que ses importants articles du lundi seraient beaucoup plus multipliés que nous ne l'espérions ; car il compte en faire neuf ou dix, dont le cinquième a paru avant-hier. Outre la puissante efficacité philosophique de cette publication si opportune, j'ai tout lieu de présumer aujourd'hui qu'elle réagira utilement sur la noble garantie collective instituée pour ma sécurité personnelle, comme l'éminent Littré l'a vivement désiré. L'intime solidarité entre le positivisme et le socialisme a fait cette année un pas décisif, par la double voie de mon cours et de cette mémorable série d'articles. Il n'est plus au pouvoir de personne d'en empêcher le développement, que les honteuses violences de nos débiles rétrogradateurs tendent, au contraire, à mieux hâter.

Après ces nouvelles inattendues, je viens à ma réponse proprement dite, en vous félicitant, d'abord, sur votre ingénieuse et délicate appréciation, autant inspirée par le cœur que par l'esprit, du perfectionnement moral que nous pouvons artificiellement retirer de nos accès naturels d'excessive prévoyance. Je sens ainsi, de plus en plus, combien vous êtes fait pour comprendre dignement que tout peut nous fournir des moyens de perfectionnement, soit quand nous nous soumettons aux misères fondamentales de notre nature, soit quand nous en rectifions les tendances secondaires. La supposition raisonnablement fréquente d'une perte prochaine peut, en effet, nous faire mieux cultiver l'affection de ceux qui nous sont chers, comme nous faire mieux supporter l'inimitié.

Je vous remercie de votre intéressante citation au sujet des logements d'ouvriers. De tous côtés, il me vient des renseignements qui me rassurent contre l'utopicité que je craignais d'abord pour une mesure normale que j'ai imaginée systématiquement sans savoir qu'elle était déjà partiellement pratiquée par la spontanéité vulgaire. Vous avez d'ailleurs raison de trouver exorbitant le terme de trente ans proposé à Berlin ; il est trop long de moitié au moins. Si mes deux séances finales m'avaient été permises, je comptais revenir sur ce sujet, à propos des confiscations politiques. Le meilleur mode d'introduction des ventes d'appartements, surtout en France, c'est de l'accomplir d'abord dans les maisons confisquées, où le gouvernement pourrait aisément faire les dispositions convenables, en accordant de longs crédits aux ouvriers qui, une fois en possession, interdiraient toute pensée de revenir sur les confiscations. De quelque manière que ce soit, je suis fort aise que l'on sente partout combien il importe que nos barbares, aujourd'hui simplement *campés* en Occident, y soient définitivement *casés* le plus tôt possible. C'est à une telle transformation, simple complément final de l'existence sédentaire, que l'on peut réduire essentiellement la révolution pratique.

Votre manière d'accepter, de concevoir et d'appliquer ma théorie des sacrements me confirme spécialement dans l'opinion depuis longtemps arrêtée chez moi, que vous êtes maintenant celui qui adopte le positivisme de la manière la plus profonde et la plus complète. Ce concours, à la fois si parfait et si rapide, après une simple page d'indications d'une théorie toute nouvelle, m'encourage beaucoup moi-même, en vérifiant avec netteté la puissance de ralliement qui distinguera notre religion de toutes les précédentes. Je n'ai, en effet, que d'affectueux éloges à vous donner sur votre interprétation pleinement satisfaisante de cette série systématique de consécration publique qui embrasse toutes les phases réelles de la vie privée. Ce système d'institution sacerdotale peut acquérir une efficacité sociale bien supérieure à celle des sacrements catholiques, soit d'après l'ordre nécessaire des diverses consécrations, soit par l'ajournement, et quelquefois le refus, de la plupart d'entre elles. Toute cette puissance doit être acquise au nouveau sacerdoce sans qu'il sorte jamais du caractère purement consultatif de son autorité toute morale. Il importe beaucoup que chaque praticien puisse se *destiner*, se *marier* et se *retirer*, à son propre gré, malgré l'arrêt sacerdotal, qui restera toujours une simple appréciation suivie de conseil. Mais, quand ces trois grandes décisions auront été prises contre l'avis du sacerdoce, l'opinion publique les frappera d'une sorte de déconsidération inévitable, qui empêchera le plus souvent ces cas exceptionnels, à moins qu'il n'y eût abus sacerdotal. Le monde n'a pu encore apprécier une autorité théorique uniquement fondée sur le sentiment et la raison, sans aucune arme que l'opinion. Mais quand ces trois influences concourront, d'après une doctrine réelle et complète, qui pouvait seule les combiner, il en résultera une puissance morale, directrice et préventive, même répressive au besoin, dont le passé ne peut fournir aucune idée.

Je dois enfin terminer cette longue effusion en rassurant votre filiale sollicitude au sujet de ma santé actuelle. La fluxion que je vous annonçais dans ma dernière lettre s'est aggravée ensuite pendant plusieurs jours, au point de mander M. Robin, car M. Segond était déjà parti à Marseille. Mais elle est, depuis samedi, tout à fait dissipée. Quant à mon pied, sans qu'il soit complètement normal, je m'en trouve beaucoup mieux. Hier j'ai enfin pu, pour la première fois, faire impunément une longue course. Je vais tout à l'heure accomplir ma sainte visite hebdomadaire, suivant son mode accoutumé, et j'espère ne m'en pas trouver plus mal. L'ensemble de la digestion et le sommeil se soutiennent d'ailleurs en meilleur état qu'avant votre départ.

La nouvelle inattendue que je vous mande au début de cette lettre va probablement retarder un peu votre retour, dont l'urgence spéciale a ainsi cessé. Profitez toujours de ce nouveau délai pour développer, au milieu des douces émotions de la famille, l'amélioration physique dont vous m'annoncez les premiers résultats. Mais comptez néanmoins que c'est seulement ici que vous pourrez suivre complètement le régime convenable.

Ce coup d'État Lacrosse me détermine à renoncer, si je puis reprendre la parole en janvier, à la forme concrète des séances sur la philosophie de l'histoire. Je ne dois introduire cette modification qu'après avoir fait une fois le cours en totalité sous sa forme la plus systématique. Quoi qu'il n'y manque maintenant que deux séances, cela suffit pour changer mon premier projet. Car, ces deux séances finales, pour n'avoir pas le caractère utopique, ont spécialement besoin de reposer sur un examen du passé total, qui ne peut être aussi précis qu'il le faut qu'en gardant son caractère abstrait. Me voilà donc résolu à recommencer purement et simplement, en ne regardant le cours qui vient de finir que comme une préparation et une annonce.

D'après cette décision, je n'ai plus besoin d'employer septembre, comme je le comptais naguère, à recueillir et coordonner les nouveaux pas que m'a inspirés une exposition qui se renouvellera bientôt. J'espère donc pouvoir transporter immédiatement mon reste d'impulsion philosophique à terminer, avec la verve convenable, mon premier volume, qui pourrait ainsi être achevé avant le retour de ma corvée polytechnique (si elle revient).

Tout à vous,

AUGUSTE COMTE.

(*10, rue Monsieur-le-Prince.*)

X

Paris, le mardi 23 Gutenberg 61.

Mon jeune ami,

Je sympathise pleinement avec les tristes émotions filiales exprimées au début de votre lettre de vendredi, que j'ai reçue hier. Quoique je voie que vous n'avez aucun besoin d'être stimulé à cet égard, je ne saurais trop vous recommander, en général, de toujours témoigner à votre bonne mère la constante sollicitude qu'elle vous inspire. Depuis douze ans que j'ai perdu la mienne, j'ai souvent regretté de ne lui avoir pas, de son vivant, mieux manifesté l'affection et la reconnaissance qu'elle avait tant mérité de moi. J'espère que vous saurez éviter de pareils retours intérieurs. Vous ferez sagement de consulter M. Robin sur cette chère santé, quoiqu'il vienne de partir pour ses vacances; votre lettre le joindra aussi bien en Bresse qu'à Paris. Ma dernière indisposition m'a donné lieu d'apprécier moralement ce jeune médecin davantage que je ne l'avais pu jusqu'ici, pendant les quatre ou cinq matinées successives qu'il m'a spontanément consacrées avec une sorte de sollicitude filiale. C'est assurément l'un des hommes qui comprennent le plus profondément, et sans aucune affectation pratique, le principe fondamental de la nouvelle religion sur la libre subordination continue de l'esprit envers le cœur. Il m'a paru surtout avoir dignement apprécié l'efficacité intellectuelle de cette indispensable discipline. Comme il présente d'ailleurs toutes les garanties scientifiques, je crois que votre mère se trouvera bien de ses consultations judicieuses et consciencieuses, que n'altère aucun charlatanisme. Notre famille positiviste a fait en lui et en M. Segond deux acquisitions très précieuses, qui heureusement comportent un long essor.

Votre conjecture au sujet de la brutale fermeture de mon cours me semble très vraisemblable, et j'y avais d'abord pensé avant de former celle que je vous ai indiqué. Mais celle-ci m'a semblé ensuite indispensable, comme seule propre à expliquer spécialement l'interdiction des deux dernières séances, que ne représenterait point assez une influence aussi générale. Du reste, vous dites fort bien que les deux interprétations, loin de s'exclure, se complètent mutuellement, jusqu'à ce que des renseignements décisifs nous conduisent à une opinion définitive. Quoi qu'il en soit, je continue à espérer la restitution de ma salle pour janvier. M. Vieillard ne m'a point encore répondu, et je n'en attends pas de réponse très prochaine, parce que, après son retour, il voudra sans doute obtenir d'abord des informations certaines sur ce petit coup d'État, et savoir s'il peut me promettre la réouverture ultérieure. Je persiste toujours à compter sur sa loyauté et sur sa constance philosophique. Dans notre soirée de mercredi dernier, on a donné, à son égard, d'intéressants renseignements spéciaux qui confirment mon appréciation personnelle. Les rétrogrades et stationnaires lui font l'honneur de le haïr cordialement, comme leur principal antagoniste dans la quasi-cour de l'Élysée. Ses opinions avancées sont assez connues pour avoir entravé sa réélection comme représentant, obtenue seulement par égard personnel envers le Président. Je suis donc porté à présumer déjà que, si mon cours reste interdit, ce sera malgré ses efforts.

Mon pied va mieux, quoiqu'il répugne toujours à être botté, au moins pendant les deux ou trois premières heures. Je tâcherai demain de faire, sans aucun omnibus, ma visite habituelle à mon véritable *ange gardien*, tandis que mercredi dernier je fus encore obligé de revenir en voiture. Néanmoins, je me félicite beaucoup que cette indisposition n'ait apporté aucune altération essentielle dans ce doux pèlerinage hebdomadaire. Depuis plus de trois ans qu'il est institué, je n'y ai pas manqué une seule fois, et je l'ai même très rarement transposé par exception du mercredi au samedi, malgré diverses perturbations physiques, dont aucune n'a heureusement constitué de maladie sérieuse. Plus je pratique ce pieux devoir, mieux il me devient cher et précieux. Il a pris maintenant une irrévocable systématisation, en se liant à ma grande théorie religieuse sur le culte public et privé de la Femme comme préambule indispensable et stimulant continu du culte de l'Humanité. Le sacrement final de l'incorporation est maintenant célébré pour ma noble et tendre amie, dont nul ne contestera désormais les titres personnels à constituer l'un des plus dignes emblèmes du vrai Grand-Être qui se l'est associé. Si Dante put réellement concevoir sa Béatrice comme la personnification de la philosophie, il doit m'être bien plus facile et plus légitime de me représenter ma Clotilde comme l'image de l'Humanité. Mon adoration privée se trouve ainsi liée naturellement au nouveau culte public, et je ne fais là que pratiquer à mon usage, d'après un digne type personnel, ce que je recommande systématiquement à tous les vrais positivistes d'après leurs affections respectives. Cette sainte image se joint irrévocablement à celle de mon excellente et malheureuse mère, non moins digne, à sa manière, de caractériser la Femme et par suite l'Humanité. Mais, à ces deux consécrations funèbres, je réunis de plus en plus, pour compléter le type féminin, l'image heureusement vivante que j'ai journellement *sous les yeux*, et qui mérite tant cette association sacrée. La femme considérée dans la condition d'infériorité termine ainsi l'heureux ensemble d'émotions correspondant aux relations de supériorité et d'égalité. Rosalie, Clotilde, Sophie, voilà ma sainte trinité domestique, dont l'influence inaltérable devient de plus en plus précieuse à mon amélioration comme à mon bonheur ! J'espère obtenir un jour que ces trois noms se trouvent finalement inséparables du mien pour la postérité reconnaissante, et cette intime solidarité constituera la principale récompense de tous mes services.

Vous êtes assez profondément biologiste pour que de telles effusions vous rassurent déjà sur l'état actuel de ma santé fondamentale, qui soutient depuis un mois une amélioration notable et complète. Je ne me souviens pas de m'être jamais aussi bien porté pendant autant de semaines consécutives. En méditant sur l'ensemble de ce phénomène, j'ai lieu d'espérer que le progrès sera durable. Car, au fond, cela est surtout dû à l'entière terminaison de la grande crise d'intime régénération que détermina ma sainte collègue en 1845, et qui fut tant liée à la constitution finale du positivisme moral. Or, cette longue succession d'émotions, tantôt tendres, tantôt douloureuses, mais toujours profondes, n'est vraiment complète que tout récemment, depuis seulement que le positivisme se trouve enfin proclamé et accueilli comme une *religion*. C'est à un tel enfantement que pouvait se placer pour moi l'ère du vrai repos de cœur et d'esprit, par l'avènement d'un état vraiment normal, envers lequel toutes les autres phases n'offraient que des préparations ou des transitions. Dès lors, seulement, s'est établie chez moi, à un degré sans exemple historique, la plus parfaite harmonie habituelle, à la fois publique et privée, entre l'amour, la raison et l'activité. Faut-il s'étonner que ma santé ait été précaire tout le temps qu'a duré cette laborieuse reconstruction totale ? Mais aussi ne doit-on pas compter que, malgré les traverses matérielles, elle se consolidera désormais sous l'influence journalière d'une telle unité morale.

Pour répondre à votre question fort naturelle sur M. de Ribbentrop, je dois d'abord vous apprendre qu'il n'est point venu à la réunion de mercredi. Mais il m'a fait individuellement avant-hier une visite spéciale, qui fait présumer son prochain retour habituel. Il est venu me demander, en son nom et en celui de plusieurs confrères que toutefois il n'a pas désignés, de faire, au sein de notre société, l'équivalent des deux séances finales que le gouvernement m'a interdites. Cette demande honorable sera accueillie par moi dès demain; si je vois, en effet, qu'on le désire sans compliment, cela peut être urgent aujourd'hui. Je n'y vois d'autre inconvénient que de retarder un peu la reprise de ma grande élaboration écrite. Mais, si je fais cette exposition, comme je le présume, ce ne sera qu'en famille, et dès lors j'élaguerai, ou j'abrégerai beaucoup, tous les points déjà admis entre nous, pour la réduire surtout aux dispositions vraiment nouvelles que je comptais y joindre publiquement. Je vous en indiquerai les principales dans mes prochaines lettres hebdomadaires, si votre absence se prolonge encore. Quoi qu'il en soit, vous voyez notre Prussien mieux disposé qu'il ne l'a été depuis un an. S'il désire sincèrement une entière réconciliation, je m'y prêterai très volontiers. Il constitue seul, à mes yeux, une fâcheuse exception à la tendance pratique du positivisme à rallier, autant de cœur que d'esprit, ses véritables croyants. Tous, je le vois heureusement, contractent de plus en plus de vrais liens mutuels. M. Littré est allé dernièrement faire une cordiale visite à notre noble manchot hollandais. De son côté, M. de Cappellen s'est trouvé chez moi avant-hier soir avec

M. Magnin, auquel il a témoigné dignement une profonde estime. Ils sont partis ensemble, et je ne doute pas que ces deux éminentes natures, si bien faites pour s'apprécier, ne se lient cordialement sous la commune impulsion de leur sincère foi positiviste. En un mot, beaucoup de symptômes journaliers représentent de plus l'église naissante comme une véritable famille. Si M. de Ribbentrop, éclairé par la marche des événements, y rentre sincèrement, nous n'aurons (sauf le triste malade) à regretter que la fausse affiliation de M. Claudel, dont le silence caractéristique me conduit de plus en plus à le regarder comme un roué qui m'a longtemps séduit, à moins qu'une nouvelle manifestation imprévue ne me rende envers lui mes anciens sentiments, ce que je désire beaucoup sans guère l'espérer.

D'après vos renseignements personnels sur M. Vigier, je vois qu'il ressemble bien davantage à M. Jacquemin qu'à notre éminent homme d'État populaire M. Magnin, dont le mérite se développe de plus en plus. Mais on peut néanmoins utiliser beaucoup de tels types, s'ils savent se mettre convenablement à leur place, comme notre digne confrère égyptien y est si naïvement disposé par sa mémorable élévation morale. Toutefois, en approuvant vos conjectures sur le prochain avènement de M. Vigier, je dois vous rappeler le précepte pratique qui constitue la principale base de notre gouvernement révolutionnaire : aux pauvres le pouvoir central, mais aux riches le pouvoir local. Je désire presque aussi peu de voir les prolétaires être élus maires que représentants. Si le temps n'est pas encore venu de passer aux préfectures ou aux gouvernements, qu'ils se bornent à l'influence consultative. J'admets pourtant que cet avènement bâtard, qui d'ailleurs est fort probable, pourra préparer la marche convenable. Mais je crains qu'il ne suscite encore plus d'embarras ultérieurs.

Je suis heureux que vous appréciiez si pleinement la grande théorie des sacrements positivistes. Elle constitue certainement un pas décisif dans l'organisation finale de la morale systématique, en liant profondément à la vie publique toutes les phases essentielles de la vie privée. Personne autant que vous n'en a saisi la haute importance. J'espère pourtant qu'elle produira un grand effet sur M. Littré quand elle lui sera connue : mais ce moment peut maintenant se retarder beaucoup.

A votre retour, nous causerons à l'aise de vos bonnes inspirations alors plus mûries sur la première phase de l'éducation nouvelle. L'observation fondamentale qui vous les a suscitées me paraît incontestable. Mais je crois que vous ne distinguez pas assez l'état préparatoire de l'état final. La vénération de l'enfant pour sa mère doit devenir le premier germe du culte permanent de l'Humanité. Quant à l'emploi passager de l'hypocrisie, je ne le crois jamais nécessaire, je préférerais, s'il fallait opter, la violence à la fraude : mais on peut éviter l'une et l'autre. M. Williamson est parti vendredi pour son poste à Londres. Dans quelques jours M. Pascal fils va s'en aller en Piémont, afin de passer l'hiver sur la côte de Gênes. Puisse-t-il y trouver enfin l'amour, quoiqu'il n'aille y chercher que le soleil. Me voilà donc presque isolé jusqu'à votre retour.

Tout à vous,

AUGUSTE COMTE.

(*10, rue Monsieur-le-Prince*).

XI

Paris, le mercredi 3 Shakespeare 61.

Mon jeune ami,

Votre lettre de samedi explique fort bien mon appréciation systématique de l'intime connexité entre ma santé actuelle et la constitution définitive de ma grande mission. Cette solidarité fondamentale ne pourra désormais que se mieux développer, depuis que je suis enfin installé pleinement à l'état vraiment religieux, seul irrévocable. J'ai donc lieu, malgré mon âge, d'espérer pour moi la réalisation de ce que je promets aux autres sur l'aptitude des convictions fixes et complètes à fortifier l'existence, même physique. L'amélioration survenue cette année me semble ainsi plus accidentelle et passagère. Elle annonce, sans doute, le dernier état de ma pleine maturité, où les tribulations matérielles ne m'empêcheront pas d'accomplir ma principale mission, pendant les dix ou douze années de pleine vigueur cérébrale qui me restent encore, et après lesquelles une sage et noble retraite saura me préserver du fatal archevêché de Grenade.

A ces motifs généraux, dont vous comprenez si bien la réalité, je me plais à joindre une dernière explication spéciale, où vous êtes personnellement intéressé. Un précieux complément manquait à ma sécurité fondamentale, à la fois privée et publique, jusqu'à ce que je puisse directement compter sur un digne successeur futur. Or, cette garantie complémentaire ne m'est suffisamment acquise que depuis votre départ, d'après la révision générale qu'il a naturellement suscitée dans mon ancienne appréciation de votre mérite intellectuel et moral. Les remarques judicieuses, et quelquefois profondes, contenues dans vos lettres actuelles sur des théories religieuses que vous ne connaissez encore que par de simples indications, me semblent confirmer pleinement mon espoir de plus en plus développé pendant les quatre années précédentes, de trouver en vous le vrai continuateur de mon œuvre principale. En même temps, la cordiale exactitude de cette correspondance, et la satisfaction continue que vous savez enfin y puiser, m'indiquent une nouvelle tendance à remplir aussi bien les conditions morales d'une telle destination que ses simples conditions mentales. Si vous acceptez pleinement cette intime adoption, elle vous impose spécialement le devoir de vous y adapter à tous égards, même physiquement.

Le soin indispensable et soutenu que vous prendrez de votre santé matérielle acquiert ainsi plus de dignité et d'importance, puisque ce sera pour l'Humanité. Mais il faut surtout aviser à votre perfectionnement moral, relatif aux deux sens essentiels du précieux mot *cœur*. Je crois que, quant à la tendresse, vous êtes assez heureusement organisé pour un homme. Peut-être n'en est-il pas de même quant à l'énergie, que vous devez principalement travailler à développer en vous. La formule morale de la femme est *tendresse, pureté, énergie ;* mais celle de l'homme est, au contraire, *énergie, tendresse, pureté.*

Je n'ai que des remerciements à vous adresser sur vos intéressantes citations, et surtout de sincères éloges à vous donner quant aux réflexions qu'elles vous inspirent. Quoique nous ne devions aucunement traiter avec les roués, nous pouvons, sans espérer leur constance, noter et même utiliser les services indirects que leur tactique peut rendre accessoirement à la régénération finale. L'espoir insensé de s'approprier les conceptions positivistes pourrait, en effet, pousser aujourd'hui quelques-uns de ces misérables à nous seconder utilement, à mesure que le vrai public accueillera la nouvelle religion. Quant à la principale thèse actuelle du meurtrier d'Armand Carrel, il se souvient, sans doute, que les Bourbons durent surtout leur succès de 1814 au fameux programme : *Plus de conscription, plus de droits réunis,* beaucoup plus populaire que celui de l'Hôtel-de-Ville. Il a beau jeu pour le reprendre aujourd'hui, en un temps très opportun.

S'il y mettait assez d'énergie et de persistance, il pourrait se glorifier d'un beau succès, même après avoir avoué ses sources systématiques. Mais il est bien difficile et fort rare que la rouerie comporte sérieusement ces conditions indispensables, en un cas où on ne peut surmonter d'emblée une résistance intense et profonde. Dans quelques mois peut-être, nous verrons ce vil brouillon déclamer et intriguer en sens contraire. L'honneur d'une telle opération ne peut vraiment appartenir qu'aux hommes d'État populaires dont l'avènement devient de plus en plus urgent. Quant à son office d'éditeur de la vertueuse indignation posthume du noble poète, il est maintenant fort utile pour remettre à sa place l'infâme rétrogradation.

La proposition spéciale de M. de Ribbentrop est devenue, mercredi dernier, celle de tous nos confrères, et l'on est convenu que chacun pourrait amener un autre auditeur à ces deux séances exceptionnelles, dont la première aura lieu ce soir, où j'expliquerai la transition politique, en réservant pour mercredi prochain la transition philosophique. Je vous informerai des principales nouveautés que j'y indiquerai; mais ce sera surtout dans les libres causeries qui suivront votre retour, sur lequel je commence à compter comme prochain. Néanmoins, je dois aujourd'hui vous entretenir, par anticipation, de deux mesures essentielles que j'exposerai ce soir afin que vous ayez le temps d'utiliser votre dernier séjour en province pour en apprécier l'impression locale.

Occupons-nous d'abord du drapeau, destiné à nous éviter le fatal drapeau rouge. Vous connaissez déjà le drapeau occidental, au moins essentiellement, quant au fond vert comme symbole naturel d'espérance et de paix. Il en faut concevoir deux : 1° le drapeau sacré, tendu en tableau, avec la peinture de l'Humanité sur son fond blanc, et la formule complète du positivisme (*l'Amour pour principe, l'Ordre pour base* et *le Progrès pour but*) sur sa face verte ; 2° le drapeau usuel, purement vert, et flottant, avec la simple devise *Ordre et Progrès*, surmonté (au lieu de lance, coq ou aigle) de la statuette de l'Humanité. Cela posé, ce second mode de drapeau occidental fournit, à chaque population, son propre drapeau national, en y ajoutant une bordure formée de ses couleurs actuelles. Ainsi, en France, cette bordure serait tricolore, en y faisant toutefois prévaloir le blanc, d'après notre vieux drapeau historique. En sondant vos voisins sur cette proposition, dont il est superflu de vous indiquer la portée, attachez-vous surtout à constater si le vert nous exposerait sérieusement à être pris pour des légitimistes, qui ayant officiellement adopté le blanc, ne sauraient accaparer tout le spectre solaire. J'ai exprès introduit cette objection dans notre causerie de mercredi dernier : mais on a généralement reconnu qu'il ne fallait point s'y arrêter. Outre l'avantage de ce nouveau drapeau comme gage de sécurité pour les âmes honnêtes qu'effraye aujourd'hui l'imminence d'une couleur sanguinaire, vous sentez qu'il importe, aux positivistes, directeurs systématiques du vrai socialisme, de séparer nettement le véritable parti populaire d'avec les niveleurs ou jongleurs métaphysiques qui s'apprêtent déjà à exploiter ou à salir la nouvelle révolution.

Je vous indiquerai, en second lieu, l'appréciation positiviste de la seule difficulté grave qu'on oppose à la suppression de l'armée française, en faisant mousser le croquemitaine russe. On pourrait, en effet, supposer au tzar un noble projet de s'ériger en généreux restaurateur de l'ordre occidental, qui doit lui sembler radicalement compromis par l'anarchie actuelle. Mais, outre les difficultés d'exécution, il sera sans doute retenu toujours par la crainte d'infecter son armée, aussi directement exposée à la contagion révolutionnaire pendant cette périlleuse invasion, et surtout d'après la longue occupation sans laquelle son succès hypothétique resterait illusoire. Néanmoins, admettons que les suggestions égoïstes de nos rétrogrades parviennent à l'abuser assez pour tenter cette aventureuse expédition, et poursuivons cette hypothèse peu vraisemblable, afin de montrer nettement que le positivisme, malgré son caractère profondément pacifique, saurait aussi pourvoir même à la guerre. Dans cette extrême supposition, la théorie historique indique clairement un tout autre résultat que celui tant rêvé par nos misérables conservateurs. Car une telle nécessité devrait alors hâter partout la formation du nouveau gouvernement révolutionnaire, seul susceptible, comme l'ancien, de l'énergie propre à cette résistance finale de l'Occident contre l'Orient. Elle nous pousserait surtout à supprimer spécialement l'armée, afin de nous défendre à l'espagnole, pour n'être pas livrés par des officiers issus de classes où l'on invoque déjà les Cosaques contre les blouses. Ainsi, quelque fâcheuse que devînt, à beaucoup d'égards, cette déplorable lutte, elle comporterait nécessairement de précieuses compensations, soit en serrant davantage le lien occidental, soit en instituant mieux la transition politique; ses principaux dangers consisteraient à entraver la transition mentale et orale.

Enfin, sur la même question de l'armée, il faut aussi pourvoir aux cas d'intervention raisonnable pour délivrer chaque population occidentale d'une oppression fratricide ou d'une invasion orientale. La saine diplomatie révolutionnaire, exercée dignement par des hommes d'État prolétaires, rendra ces cas extrêmement rares, sous l'un ou l'autre aspect, et peut-être même ne se réaliseront-ils jamais. Supposons-les cependant, afin de concevoir la France pleinement au niveau de sa sainte mission occidentale. Ils pourraient alors exiger au plus que nous pussions envoyer promptement cent mille hommes en Italie ou en Allemagne. Mais cela n'oblige nullement à conserver sans cesse une immense armée, pour des expéditions éventuelles et temporaires. Notre gendarmerie de quatre-vingt mille hommes suffirait même à cet extrême besoin passager, pour y puiser dix mille hommes destinés à former le noyau de sous-officiers et officiers de cette armée temporaire, dont les soldats se lèveraient d'abord parmi ceux qu'on licencierait aujourd'hui jusqu'à l'expiration de leur corvée légale actuelle. Si, après les six ans que comporte ce mode transitoire, le même besoin venait à renaître, ce qui devient de plus en plus invraisemblable, on y pourvoirait par de libres enrôlements spéciaux que comporterait alors l'enthousiasme d'une telle expédition passagère ; au pis aller, une conscription restreinte et temporaire suffirait à tout; mais on peut présumer qu'elle serait toujours évitable, si notre politique extérieure était sagement conduite, en écartant la forfanterie autant que la faiblesse. En tout cas, la discussion approfondie des plus extrêmes suppositions confirme pleinement la suppression fondamentale de l'armée française, remplacée par une libre gendarmerie de quatre-vingt mille hommes d'élite. Au fond, la Restauration tenta d'abord quelque chose d'équivalent, mais avec cette hésitation qu'inspire le sentiment d'une rétrogradation antipathique au milieu social où l'on opère. Sous cet aspect, comme à divers autres, le vrai gouvernement révolutionnaire pourra seul réaliser les améliorations stérilement désirées, quoiqu'avec sincérité, sous nos divers régimes antérieurs. Adieu, me voilà spécialement préparé pour ma grande soirée, en remettant à samedi ma visite sacrée.

Tout à vous,

AUGUSTE COMTE.

(*10, rue Monsieur-le-Prince*).

XII

Paris, le mercredi 10 Shakespeare 61.

Mon jeune ami,

La sincère modestie avec laquelle vous repoussez mes espérances finales envers vous ne fait que les confirmer davantage. Je n'admets pas vos motifs tirés de l'insuffisance mentale et je me plais à vous déclarer que j'ai depuis longtemps remarqué en vous, sous ce rapport, l'honorable défaut, trop rare aujourd'hui, d'une appréciation inférieure. En vous comparant surtout à M. Pascal, vous lui avez trop généreusement accordé, à cet égard, une prééminence que je suis loin de reconnaître. Cela tient sans doute à ce qui vous manque en énergie dont l'insuffisance sentie réagit ainsi quelquefois pour se dissimuler sa vraie portée intellectuelle. Mais, puisque vous reconnaissez profondément votre imperfection à cet égard, j'ai lieu, vu votre âge, d'espérer que, aidé par la vraie théorie de la nature humaine, vous la corrigerez assez pour qu'elle n'atténue jamais les éminents services que vous pouvez rendre à la grande régénération. Considérez, d'ailleurs, que, en me succédant un jour, vous n'auriez point à surmonter les obstacles que j'ai toujours rencontrés, et qui ont habituellement exigé, en effet, une audace et une fermeté qui vous auraient manqué. Le cas sera très différent, par suite même de mes propres efforts, outre que la plénitude et la précocité des convictions irrévocables vous y soutiendraient davantage. Quoique les luttes ne soient nullement finies pour les régénérateurs, elles deviendront de plus en plus supportables, et la prudence y sera même de mise tandis que cette qualité, qui me manque pour la conduite individuelle, ne convenait nullement à ma mission initiale. Je persiste donc, jusqu'à une épreuve décisive, dans une espérance très plausible, qui tend à m'adoucir la vue de l'avenir. Vous savez que mon éminent collègue M. Littré ne peut nullement devenir mon successeur, puisque nous sommes du même âge. Or, de tous mes jeunes disciples je ne vois encore que vous qui, par l'ensemble des qualités morales et mentales, me permette à cet égard un espoir raisonnable.

Puisque vous ne marquez pas l'instant de votre retour, je satisferai volontiers à votre vœu d'amicales communications sur les mesures politiques de transition, en vous indiquant aujourd'hui quelques-unes de celles que j'ai signalées dans la séance de mercredi dernier devant une trentaine d'auditeurs zélés. La séance finale aura lieu ce soir, sur la transition philosophique.

Je dois d'abord vous compléter ma précédente indication sur le drapeau usuel de l'Occident, d'où dérive chaque drapeau national. En vous y signalant la devise politique (*Ordre et Progrès*), j'ai oublié de mentionner, à l'autre face, la devise morale (*Vivre pour autrui*), qui résulte, comme elle, de la décomposition nécessaire de la formule sacrée (*l'Amour pour principe, l'Ordre pour base* et *le Progrès pour but*). La coexistence de ces deux devises sur les drapeaux nationaux, et par suite sur les monuments, les monnaies, etc., constitue une importante innovation qui annonce la prépondérance graduelle de la morale, et sans laquelle la devise politique serait très sèche. On est ainsi dispensé surtout de rien conserver dans la devise actuelle, ce qui évite le conflit inhérent à l'indispensable suppression spéciale de l'anarchique *égalité*, dont il eût été autrement difficile de se débarrasser aujourd'hui. En même temps, l'état transitoire se rapproche ainsi autant que possible de l'état normal, duquel il faut bien, dès le début, tirer au moins la devise.

Parmi les autres innovations de cette mémorable séance qui a profondément réussi, je vous signalerai maintenant le rétablissement des *provinces*, combiné avec la conservation des *départements*. En décrivant les *deux cents* fonctionnaires politiques qu'il faut puiser chez nos prolétaires pour instituer dignement le vrai gouvernement révolutionnaire, j'ai annoncé la division de la France en *seize* intendances révolutionnaires, dont chacune comprendrait *cinq* départements et quelquefois six. D'après le tableau que j'en ai systématisé depuis, vous pourriez déjà indiquer, par exemple, l'Intendance d'*Aquitaine*, siégeant à Bordeaux, pour embrasser, autour de la Gironde, Lot-et-Garonne, Lot, Landes, Basses-Pyrénées et

Dordogne. Les Intendances de Normandie et de Brétagne, chacune avec ces cinq départements, sont trop nettes et trop historiques pour devoir ici figurer. Parmi celles qui ont quelque chose d'artificiel, mais seulement dans les noms (toujours tirés de la principale agrégation), je vous indiquerai celle de *Dauphiné*, siégeant à Lyon, et comprenant outre le Rhône, l'Ain, l'Isère, les Hautes-Alpes et la Drôme. Sans autres exemples vous concevez l'importance morale et politique de cette institution, qui consacre les souvenirs historiques restés encore inhérents aux provinces sans troubler les bonnes habitudes administratives propres aux départements. Paris se disculperait ainsi de toute tendance à une excessive centralisation, en ne craignant pas de créer seize grands foyers locaux qui, en satisfaisant aux légitimes rancunes provinciales, seconderaient beaucoup la propagation du vrai mouvement réorganisateur. En général, nous pouvons nous glorifier de réaliser aujourd'hui par le positivisme, bien au delà des vœux organiques émis en 1815 et 1816, par les sincères rétrogrades, qui n'en purent accomplir aucun en vertu même de leur rétrogradation. Mon cours de cette année a déjà présenté plusieurs exemples caractéristiques de cette précieuse propriété, qui finira par éclairer nos adversaires loyaux.

Je désire encore que vous puissiez, pendant le reste de votre séjour, essayer l'effet local des mesures que j'ai imaginées pour la paisible élimination graduelle des légistes que j'ai signalés avec les métaphysiciens, comme les seuls adversaires radicaux de notre gouvernement révolutionnaire. Quant aux juges qui en constituent la plus saine portion, mais pourtant ennemis naturels de toute vraie réorganisation spirituelle comme nécessairement hostile à leurs usurpations, il suffit d'étendre les attributions des tribunaux de commerce et de celles des juges de paix, pourvu qu'on choisisse désormais ceux-ci dans la classe convenable, c'est-à-dire chez les riches industriels retirés. Relativement aux notaires, on peut les supprimer peu à peu, sans aucune violence, en rendant leur office purement facultatif, ce qui exigerait seulement un bureau de plus dans chaque mairie pour les actes légaux qu'ils dressent maintenant. Enfin, les avocats et procureurs, principal fléau de cette engeance, seraient bientôt écartés assez d'après les tendances actuelles, si on rétablissait les règles de la convention pour dispenser de leur intervention obligatoire, en autorisant chacun à se défendre toujours par lui seul ou par un ami à son gré. Il suffirait aujourd'hui de cette faculté, dans un régime sans tribune déclamatoire et sans procès de presse, pour détruire leur ascendant actuel.

Quand nous reprendrons nos libres causeries, je serai naturellement conduit à vous faire successivement d'autres communications, qui ne peuvent surgir ici. Mais j'y dois pourtant mentionner déjà un incident heureux de la dernière séance.

J'avais eu, le matin, la visite d'un membre intéressant de l'Université d'Oxford, fort au courant du positivisme, tant politique que philosophique.

A ma grande surprise, j'ai appris ainsi que, dans cette Université rétrograde, tous les étudiants un peu distingués étudiaient maintenant le *Système de philosophie positive*, auquel le traité de Mill n'avait fait que les introduire. Ce professeur devait repartir le lendemain, je l'avais invité à la séance du soir, où j'ai dû parler des devoirs de notre diplomatie révolutionnaire pour dissiper, en Occident, tous les restes d'ancienne oppression mutuelle. A ce titre, j'ai spécialement insisté sur la nécessité de rendre Gibraltar à l'Espagne. Or, après la séance, j'ai eu la satisfaction d'apprendre, par deux mots de ce professeur, qu'une équivalente proposition venait d'être faite en Angleterre, où les classes moyennes l'avaient dignement accueillie. Cette épreuve, qui était fort délicate, montre combien nous sera facile une solide reconstruction du faisceau occidental.

J'ai reçu samedi une noble lettre de M. de Tholouze, qui doit être maintenant dans sa famille, à *Puybarban*, près La Réole, jusqu'au 7 octobre. Elle roule essentiellement sur les ressources fondamentales que procure déjà le positivisme pour une énergique défense de l'ordre proprement dit. Malheureusement il y a joint une pièce imprimée qui m'a beaucoup moins satisfait, la fin de son dernier réquisitoire dans un procès de journal local. En lui répondant lundi je lui ai fait sentir, avec tous les ménagements qu'il mérite, que « des auxiliaires tels « que l'amende et la prison gâtent nécessairement « les meilleures démonstrations. ». Si vous le voyez, assurez-vous spécialement comment il a pris cette leçon indirecte, car son silence ne m'en apprendra rien, puisqu'il répond d'ordinaire fort tard. Entre nous, je regrette que son récent avancement l'expose à de pareils conflits, qui, par les séductions de l'amour-propre, tendent un peu, s'il n'y prend garde, à altérer les convictions positivistes qu'il me proclame, et qui sont radicalement contraires à toute oppression légale ou fiscale de la liberté de discussion ou d'exposition. Il faut espérer que le vrai gouvernement révolutionnaire délivrera bientôt nos dignes magistrats d'une attribution qui les compromet et les dégrade.

Avant de terminer cette longue effusion hebdomadaire, je ne dois pas oublier de vous annoncer l'espoir naissant d'un véritable artiste positiviste, avec lequel j'ai eu hier soir un sérieux entretien. C'est un jeune homme de vingt-cinq ans, que M. Robin, en partant mercredi matin, m'avait spécialement recommandé comme son compatriote très digne d'intérêt. Longtemps ouvrier menuisier, il a peu à peu manifesté spontanément une vraie vocation de sculpteur, et son département lui fait ici une petite pension pour se développer ainsi. Quoiqu'il ne soit pas encore positiviste, il y a tout lieu d'espérer qu'il le deviendra bientôt, et déjà il me demande spécialement des sujets. Je lui ai aussitôt proposé la statue de l'Humanité, mais pour s'y préparer de loin, et je vois qu'il en sent assez bien la haute difficulté. En lui en parlant, j'ai mieux compris moi-même combien un tel signe résume d'idées et de sentiments, la théorie de la femme, celle de l'art et celle du vrai Grand-Être. Pour qu'il se prépare dignement, je lui ai donné un exemplaire de mon *Discours*. En attendant, je lui ai proposé un beau sujet historique, très convenable à la sculpture, *François Ier armé chevalier par Bayard*, comme dernier acte caractéristique de l'esprit chevaleresque.

Tous ces divers contacts, qui se multiplient et grandissent de plus en plus, développent en moi le sentiment très vif de ma mission actuelle comme directeur intellectuel et moral de la grande révolution socialiste qui s'approche rapidement. La puissance réelle d'une théorie pleinement adaptée à la pratique me permet, depuis plus d'un an, d'y prendre une part systématique que je n'ai pas eue dans les autres crises dont j'ai été le témoin presque passif. Cette noble mission, résultat naturel d'une élaboration à la fois mûre et opportune, m'échoit peu à peu avec d'autant plus de certitude que toutes les autres doctrines ont déjà reconnu leur impuissance nécessaire devant une situation fondamentale qui les discrédite radicalement. Tous les vrais positivistes, théoriciens ou praticiens, doivent partager ce sentiment glorieux propre à une époque où le mouvement social peut enfin cesser d'être empirique.

J'ai oublié, la semaine dernière, de vous répondre sur l'adresse de M. Robin. Hier, je me suis spécialement assuré qu'il avait laissé l'ordre de lui expédier aussitôt tout ce qui lui serait envoyé à son domicile parisien, 55, rue Saint-André-des-Arts.

Tout à vous,

AUGUSTE COMTE.

(10, rue Monsieur-le-Prince).

XIII

Paris, le mercredi 17 Shakespeare 61.

Mon jeune ami,

J'adopte entièrement votre projet éventuel de libre armée occidentale comme extrême complément temporaire de l'action extérieure propre à notre gouvernement révolutionnaire. Ce mode est préférable à celui que j'avais conçu, surtout en ce qu'il écarte mieux toute inquiétude d'invasion française, en caractérisant davantage la destination purement passagère d'une telle assistance fraternelle.

Votre citation du huitième article de M. Littré m'a beaucoup satisfait, en me prouvant que cet éminent collègue a dignement apprécié la portée esthétique du positivisme, et probablement aussi sa profonde sentimentalité. Je le crois ainsi disposé à bien sentir, malgré certaines suggestions personnelles, combien la nouvelle construction est intimement redevable à l'heureuse révolution morale opérée en moi sous la sainte impulsion spontanée de mon éternelle compagne. En un mot, la belle âme de ce principal apôtre positiviste me semble éprouver maintenant, à sa manière, le contre-coup, ou même l'équivalent de cette révolution. Son exaltation habituelle est aujourd'hui très remarquable, surtout par contraste à sa réserve antérieure. L'important travail qu'il publie graduellement depuis trois mois, aura sur lui-même une très précieuse réaction, en l'engageant davantage dans les voies morales et sociales du positivisme. Cette influence nécessaire m'a directement frappé dimanche dernier, en passant avec lui une heureuse demi-journée, à sa petite propriété du Ménil, où il nous avait cordialement invités, M. de Cappellen, moi et trois de nos confrères MM. Florez, Magnin et Belpaume, pour un agréable dîner champêtre, où je vous ai désiré. Il y avait pour moi une vive satisfaction secrète à me sentir le premier moteur de cet intime rapprochement entre des hommes aussi divers de nature, de pays, de condition, et même d'éducation. Dans une libre causerie d'avant-dîner, au milieu de la forêt de Saint-Germain, j'ai pu constater enfin que l'emploi systématique de l'indispensable mot de religion avec ses dérivés n'offusque plus M. Littré, très touché même de l'espoir d'écarter finalement *Dieu* comme irréligieux. Peut-être a-t-il laissé percer cette extrême évolution dans ses articles actuels, mais alors je l'ignorais. En tous cas, je me fais maintenant une vraie fête de lire l'ensemble de ce travail caractéristique, dont la publication sera bientôt complète, et où je puiserai, outre ma plus digne récompense, l'heureuse source de nouvelles méditations accessoires.

Je ne m'étonne pas que vous ayez aussitôt apprécié les seize intendances révolutionnaires, et j'apprends avec joie le bon effet que commence à produire cette sytématique reconstruction de nos principales provinces. Vous avez très bien deviné que chacune de ces seize petites capitales doit devenir le siège prochain d'une école positive, sans préjudice d'ailleurs des deux centres déjà désignés au *Rapport* et qui ne seront pas des chefs-lieux provinciaux : cela porterait à dix-neuf le nombre total de ces écoles transitoires, ce qui n'est nullement exorbitant après l'entière suppression des collèges et des facultés. Ainsi se formera bientôt un Temple de l'Humanité dans chacun de ces foyers de reconstruction. Le décret révolutionnaire sur cette réorganisation des provinces pourrait même donner lieu à une première ébauche du culte final, en ranimant partout les sentiments historiques, d'après un système de fêtes provinciales destinées à consacrer le souvenir de cette conciliation décisive entre l'avenir et le passé.

Maintenant que mon cours a pu enfin s'achever, je compte poursuivre bientôt ma grande élaboration écrite, dont le début caractéristique se trouve ainsi placé irrévocablement entre deux éminentes expositions orales, celle de l'avant-dernière année qui prépara le point de vue religieux, et celle de cette année où il a été pleinement développé et ouvertement accueilli. Dans le reste de ce premier volume, je vais éprouver une sainte satisfaction à reconstruire la science au nom de la religion, qui constitue nécessairement le dernier état de la philosophie régénératrice.

Parmi les mesures indiquées, mercredi passé, pour la transition spirituelle, je me bornerai à vous en signaler trois, comme plus urgentes à communiquer. La première concerne l'appréciation spéciale d'une réaction nécessaire de la suppression de tout le budget théologique quant à l'élimination des religieuses qui ont monopolisé si désastreusement les soins de nos malades publics. J'ai osé indiquer et approuver leur exclusion, et cette conséquence a été fort bien accueillie par tous ceux qui, comme médecins, ou comme malades, connaissent la nature altière et inhumaine, trop souvent hypocrite, de ces femmes si sottement prônées. Dorénavant elles n'interdiront plus l'accès des hôpitaux aux femmes animées d'une vraie charité, mais qui ne veulent ni s'incorporer à des confréries rétrogrades, ni en subir l'oppressive domination. Par là nos dames pourront peu à peu reprendre dignement les saintes attributions médicales qui convinrent toujours à leur sexe, surtout au moyen âge, et qui doivent acquérir encore plus d'extension dans le régime final, sans altérer aucunement l'essor domestique. En combinant cette mesure avec la suppression du privilège légal du doctorat, on hâtera l'extinction de la classe médicale, destinée à se fondre dans le corps sacerdotal, dont la femme est, à tous égards, l'auxiliaire naturel et indispensable.

Une seconde mesure est surtout destinée à prévenir ou repousser les reproches de barbarie inhérents à l'entière suppression des budgets intellectuels. Elle s'adresse à une classe fort limitée mais encore très influente, dont il faut satisfaire les vœux légitimes, en remplaçant, par des pensions dignement systématiques, les moyens d'existence que plusieurs hommes recommandables trouvent dans notre vicieux régime spéculatif, et qui fournissent sa seule excuse. J'ai donc proposé d'instituer, avec toute la publicité convenable, *vingt* pensions révolutionnaires de *douze mille francs*, *quarante* de *six mille francs* et *quatre-vingts* de *trois mille francs*. Ce minime budget remplacerait amplement les tristes moyens de récompense et d'encouragement qu'offrent aujourd'hui l'Institut, le Collège de France, etc., sans comporter jamais leurs nombreux inconvénients. Il annoncerait à cet égard le régime final, où l'on doit rétribuer le fonctionnaire spirituel sans prétendre taxer sa fonction. La proposition me semble tellement suffire aux vrais besoins, que je ne vois pas même la possibilité immédiate de dresser une liste digne pour les pensions de première classe, dont j'aperçois à peine la moitié dans les penseurs ou savants actuels.

Ma troisième annonce consiste enfin dans l'institution révolutionnaire d'un *théâtre occidental*, aux frais de la république, d'abord à Paris, et puis en chaque chef-lieu d'Intendance. Il fonctionnerait toute l'année, cinq fois par semaine, en consacrant une représentation hebdomadaire à chacune des cinq grandes littératures occidentales, soit dramatiques, soit surtout musicales. C'est la triste chute du théâtre Italien qui m'a fait mûrir cette conception à la fois esthétique et sociale, dont j'ai, depuis longtemps, annoncé l'ébauche familière. La moitié des places de toute sorte seraient habituellement réservées gratis aux prolétaires, par des billets d'invitation personnels au nom de la république occidentale, en agrandissant et régularisant une heureuse tentative du gouvernement provisoire l'an dernier. On vendrait librement l'autre moitié suivant le mode ordinaire. La république supprimerait d'ailleurs toute autre subvention théâtrale.

J'espère que cette neuvième lettre hebdomadaire sera la dernière. Car je présume que votre réponse m'indiquera votre retour, comme assez prochain pour que je ne doive pas y répliquer. Je ne comptais même pas que le prolongement d'absence résulté de l'interdiction des cours positivistes durât aussi longtemps.

Avant de finir, je dois vous annoncer une précieuse lettre, que vous lirez ici, de notre digne collègue hollandais, M. Kretzer, qui écrivit l'an dernier un article remarquable sur le projet de la *Revue occidentale*. Ce jeune officier se montre ainsi pleinement disposé à coopérer dignement à cette importante opération, dont la publication actuelle de M. Littré doit hâter l'avènement. Il continue, de son côté, à faire, par une série d'articles séparés, l'équivalent hollandais de cette puissante propagation française. L'un des articles qu'il m'a envoyés concerne la théorie féminine, qu'il paraît bien sentir de cœur et d'esprit.

Peut-être le positivisme va-t-il enfin compter un véritable adepte en Italie. J'ai lieu de l'espérer, d'après la récente visite d'un général d'artillerie piémontais, ancien élève de notre École polytechnique, qui, venant de prendre sa retraite, veut se livrer à la philosophie, et semble incliner à la nôtre. Comme il a été longtemps diplomate, j'ai présumé, malgré sa réserve, qu'il me connaît déjà beaucoup plus qu'il ne veut le montrer. Il doit revenir causer avant de retourner à Turin, et je verrai mieux si je puis compter sur lui comme positiviste italien.

M. Williamson ne m'a pas encore écrit, mais sans que je m'en formalise, sachant combien il doit être préoccupé de son installation, et surtout du discours d'ouverture qu'on lui a honorablement confié. Si vous lui écrivez bientôt, parlez-lui de la visite de M. Congreve (le professeur d'Oxford), et des heureuses nouvelles qu'il m'a portées sur le progrès du positivisme en Angleterre.

Le malheureux Pascal n'est point encore parti. Il flâne, à cet égard, comme sur tout autre sujet. Peut-être finira-t-il même par rester ici, malgré tout le mal qu'il dit des Parisiens. Je ne compte, au fond, que sur votre prochain retour pour débarrasser mes soirées du vendredi de son morne silence ou du triste étalage de son égoïsme sanguinaire. Plus je le vois maintenant et mieux j'apprécie le jugement de son père envers lui, sauf quelque espoir de régénération, qui s'affaiblit de jour en jour.

Tout à vous,

AUGUSTE COMTE.

(10, rue Monsieur-le-Prince.)

Pourriez-vous, avant votre retour, découvrir un digne *Intendant d'Aquitaine*, ou du moins déposer les germes suffisants d'une telle détermination prolétaire, qu'il importe de préparer autant que celle de nos trois dictateurs ? Je crois avoir déjà réussi heureusement pour la Bourgogne, le Dauphiné, la Picardie, la Normandie et la Bretagne. Nous devons, en général, nous tenir aussi prêts quant aux hommes que quant aux choses, afin de remplir dignement notre sainte mission, de libres conseillers systématiques du gouvernement révolutionnaire, où les bienfaits d'une théorie vraiment directrice doivent partout se manifester, en réduisant autant que possible le domaine de l'imprévu empirique.

XIV

Paris, le mardi 23 Shakespeare 61.

Mon jeune ami,

La soudaineté de ma réponse ne vous dissimulera pas, j'espère, combien je regrette de voir encore retarder votre retour, d'après la lettre, d'ailleurs si bonne, que je viens de lire. Sans un rhume de saison, qui m'interdit le travail commencé hier pour l'achèvement de mon premier volume, je ne vous aurais, comme de coutume, répondu que demain, avant l'heure de ma sainte visite. Mais je puis, du moins, compter que ce nouveau délai sera définitif, puisque vous m'annoncez déjà votre prochaine lettre comme devant être la dernière.

Je ne suis pas surpris que vous ayez vivement senti la portée morale de la petite fête privée récemment accomplie chez M. Littré, et j'apprends avec joie que ce digne exemple de véritables mœurs positivistes commence à être bien apprécié autour de nous. Les occasions ne vous manqueront pas, j'espère, d'entrer en relation personnelle avec M. de Cappellen, qui est encore plus positiviste par le cœur que par l'esprit. Vous le trouverez plus d'une fois chez moi, où je pense même que bientôt il viendra souvent. Pour compléter le tableau caractéristique de notre réunion de Corneille 61, je dois vous informer qu'il est déjà résulté un commencement de commerce personnel entre ce noble hollandais et nos deux dignes prolétaires. Le plus communicatif de ceux-ci lui a fait, quelquesjours après, une visite cordiale, que M. de Cappellen a promptement rendue. J'ai appris de lui-même combien il a goûté cette libre causerie du septième étage, au milieu des outils et des produits professionnels qui devaient, en effet, pour un cœur émancipé, mieux faire ressortir que la forêt de Saint-Germain la valeur intrinsèque du prolétaire. A ce sujet, je dois amicalement censurer votre emploi d'un mot anarchique, que nous devons écarter systématiquement, même souligné, tout autant, et peut-être davantage que le mot *droit* et tous les autres termes purement révolutionnaires. Pourquoi parler *d'égalité*, en un cas si évidemment caractérisé par *la fraternité ?* Nos éminents prolétaires seraient justement choqués qu'on ne les accueillît qu'à un titre banalement universel. Ils ne peuvent être touchés que d'une juste appréciation du mérite personnel à travers l'infériorité de l'office pratique. Ce discernement continu caractérise la principale fonction usuelle du vrai pouvoir spirituel, juger toujours la valeur propre indépendamment du rang extérieur, sans cependant altérer jamais la saine subordination temporelle, comme on le voit familièrement, avec une admirable spontanéité, chez les prolétaires du Midi, et surtout en Espagne. Le classement théorique doit ainsi former, pendant toute la vie, un utile contraste moral avec le classement pratique, pour prévaloir enfin librement quand la mort a fait cesser tous les motifs réels d'une juste condescendance provisoire, ainsi que l'indique la simple composition du système de commémoration. Dans le régime catholique, on s'interdisait de classer les saints. Sous le positivisme, ce seront eux surtout que l'on classera, comme seuls susceptibles d'une entière application des vrais principes d'appréciation respective. Au lieu de la sentence banale *la mort égalise tout*, nous proclamerons, au contraire, que la mort seule caractérise les principales inégalités personnelles, dissimulées jusqu'alors sous le poids nécessaire des éventualités extérieures. C'est ainsi que le sacrement final de l'incorporation sera quelquefois refusé à un personnage puissant ou même illustre, tandis qu'il sera solennellement conféré à d'autres qui furent dédaignés ou opprimés toute leur vie. Tout cela ne tend nullement à l'égalité, mais au meilleur classement. Je sais bien que, au fond, vous n'avez pas voulu dire autre chose et que l'expression seule est vicieuse. Mais je dois relever en vous un défaut de formule que je laisserais passer ailleurs. Nous qui sommes investis aujourd'hui de l'auguste mission de diriger la systématisation finale, nous devons attacher un soin scrupuleux à toutes les dénominations caractéristiques. Le nouveau drapeau est surtout destiné à nous séparer ouvertement des niveleurs, même sincères, encore plus que des rétrogrades et des stationnaires. Il ne faut donc pas leur faire, d'un autre côté, la moindre concession de langage, en un temps où la confusion des idées et des sentiments en résulte si facilement. Quoique M. Mill m'ait publiquement reproché une sorte de pruderie à écarter strictement le mot *cause* du langage philosophique, j'espère persister toujours à mériter cet honorable reproche, qu'on pourra même étendre à plusieurs autres termes usuels, surtout politiques.

Malgré ma petite mercuriale (qui n'est point accompagnée de réquisitoire, comme celles de notre pauvre frère de Périgueux), votre lettre a vivement renouvelé, sous divers aspects importants, la satisfaction si douce et si rare que vous m'avez déjà rendue familière, celle d'une pleine conformité spontanée de sentiments et de pensées, que nul autre, depuis ma noble et tendre Clotilde, ne m'a autant fait sentir. Je sais que l'avenir me réserve, à cet égard, des jouissances inconnues à ma solitaire jeunesse, et déjà j'en éprouve l'accroissement journalier dans divers contacts personnels. Mais aussi je désire de plus en plus faire solidement passer dans les autres un peu de cette plénitude de vie morale et mentale dont je sens en moi l'ardeur croissante, en juste retour d'une éminente activité soutenue. Or, vous êtes aujourd'hui le seul vivant qui me procure amplement une telle satisfaction. M. Littré lui-même, malgré sa belle âme digne de son rare talent, ne peut, à cet égard, vous remplacer, par la coïncidence de nos âges et la diversité de nos natures, qui ne permettent pas qu'on y voie mon élève, quoiqu'il soit, au fond, mon *disciple,* si toutefois ce dernier titre ne le choquait pas. En un mot, je puis voir en lui un précieux *collègue,* mais nullement un vrai *successeur*. Sa nature profondément consciencieuse et la rectitude spontanée de son intelligence le ramène presque toujours à mes opinions systématiques ; mais ce ne peut être que longtemps après leur exposition successive, et par suite d'un examen intime, que toute conférence, même cordiale, troublerait, au lieu de hâter. C'est en vous seul jusqu'ici, sauf mon éternelle compagne, que j'ai trouvé le bonheur d'être souvent apprécié aussitôt même que je viens d'accomplir un nouveau pas, dont le développement se fait quelquefois dans votre cerveau avant de s'opérer dans le mien, ce qui constitue le plus haut degré de la vraie solidarité philosophique, ainsi devenue comparable à la solidarité physique.

Vos réflexions nouvelles sur l'ensemble des avantages propres aux Intendances révolutionnaires m'ont spécialement inspiré ce sentiment d'intime coopération. C'est avec raison que vous signalez la tendance immédiate de cette institution à remédier, autant que possible, aux inconvénients évidents de notre exorbitante centralisation. Outre le théâtre et l'école, plusieurs administrations temporelles, aujourd'hui bornées à Paris, pourront alors se décomposer sans danger en centres provinciaux, sans altérer pourtant, comme vous le sentez si bien, la juste prépondérance de la *ville sacrée*, dont la suprématie morale et mentale ne peut, au contraire, que gagner beaucoup à cette réduction d'empire matériel et local. Par là s'annoncera de plus en plus, à mesure que la réorganisation s'accomplira dans les cœurs et les esprits, la tendance à concilier radicalement l'indépendance avec le concours, aussi bien pour les cités et les nations que pour les individus et les familles. Cette aptitude deviendra, encore plus qu'au moyen âge, l'un des principaux caractères du nouveau régime. On pourra alors concevoir même sans horreur l'abandon de quelques portions du territoire français qui ne sont vraiment pas assez assimilables pour y rester toujours agrégées. La

Corse est surtout dans ce cas, d'après les mémorables efforts, trop oubliés aujourd'hui, qu'elle fit, il y a un siècle, pour s'affranchir de toute domination étrangère. Quoique ce soit, au fond, une île italienne, elle serait, aujourd'hui, encore plus mal accouplée à l'Italie qu'à la France : les Gênois y furent plus oppressifs et plus détestés que les Français. Mais, dans un prochain avenir, quand le positivisme aura dissipé, chez les Italiens, leur déplorable confusion actuelle entre le besoin irrécusable d'une salutaire indépendance et le vœu chimérique d'une oppressive unité, alors la Corse pourra être utilement livrée à elle-même, pour devenir, comme la Sardaigne et surtout la Sicile, un libre élément de la sociocratie italienne. Ces îles ont bien, au fond, autant de titres, même matériels, à une telle indépendance que le petit état de Modène que les rêveurs métaphysiques pensent seuls à absorber dans une *jeune Italie*.

Je comptais bien que vous sentiriez aussi la haute portée morale et mentale du système des pensions révolutionnaires pour les penseurs et les savants, jeunes ou vieux. Quoique personne ne m'en ait d'ailleurs parlé encore, je pense que cette proposition aura été facilement accueillie, comme écartant les seules objections raisonnables propres à l'indispensable suppression actuelle de tous les budgets intellectuels. Elle fournit l'unique moyen d'honorer convenablement les personnes, sans prendre aucun engagement envers les doctrines, tandis que les sinécures sous forme de chaires produisent l'effet inverse. Je ne puis qu'approuver hautement l'exemple individuel que vous me signalez. M. Pierre Leroux a toujours figuré pour moi, avec M. Littré et M. Eugène Burnouf, parmi le très petit nombre de ceux que je juge déjà dignes de la pension de première classe, en les déchargeant des corvées officielles ou officieuses, qui troublent leurs utiles efforts. Au contraire, je serais très opposé à la création d'une chaire en faveur de M. Leroux, qui ne me semblerait pouvoir y faire que beaucoup de mal, en même temps qu'il s'y dégraderait. Il faut laisser, surtout aujourd'hui, à chaque digne théoricien le mode de coopération et d'exposition qu'il juge préférable, et lui fournir seulement les moyens de travailler convenablement, sans accepter d'ailleurs aucune responsabilité envers ses opinions, sous la seule condition de les sentir toujours consciencieuses, faute de quoi la pension pourrait être suspendue, réduite, ou même supprimée, comme les fiefs des prévaricateurs. Cette liberté personnelle doit ensuite se régulariser dans l'état normal, autant que le comportera la stricte précision générale du service positiviste.

Le temps me manque pour apprécier spécialement vos hautes et lumineuses réflexions sur la régénération médicale, à propos de ma suppression des infirmières théologiques. Mais je dois pourtant vous féliciter déjà de sentir aussi pleinement la nouvelle dignité morale et mentale qui est prochainement réservée à la classe où vous désirez si sagement entrer. Vous êtes assez jeune pour jouir personnellement de sa sainte transformation, après y avoir noblement coopéré.

Tout à vous,

AUGUSTE COMTE.

(10, rue Monsieur-le-Prince.)

Le général piémontais dont je vous ai parlé est déjà reparti pour Turin, sans m'avoir revu, étant revenu le jour de Corneille. Mais je sais qu'il a pris des mesures afin de se mettre sérieusement au courant du positivisme. J'espère donc que nous pourrons ainsi ébaucher bientôt de vraies relations italiennes.

XV

Paris, le jeudi 11 Descartes 61.

Mon jeune ami,

En recevant hier votre lettre de dimanche, j'ai aussitôt brûlé devant Sophie un court billet exceptionnel qu'elle allait porter à la poste pour Béguey. Quoique vous eussiez un peu mérité que je le laissasse partir, ou du moins que je vous le réservasse ici, votre naïf aveu d'un léger tort me dispose à effacer toute trace de la négligence finale qui a failli troubler l'heureuse ponctualité de notre cordiale correspondance actuelle. Pour vous répondre avec l'abandon accoutumé, je vous fais même le sacrifice sincère d'une journée de travail philosophique. Car, ayant été obligé de me recoucher ce matin d'après l'insuffisance exceptionnelle de ma nuit, je commence à midi cette extrême réponse, qui, une fois achevée, ne me laissera plus assez de temps pour ma tâche habituelle. Mais je ne regrette pas ce libre sacrifice à l'affection et au devoir; ma fonction constante s'y reproduit sous une forme privée, qui n'est pas finalement moins utile à l'Humanité que ma mission publique; au moins, je regarde de plus en plus l'une et l'autre comme faisant également partie de mon service fondamental. J'espère, d'après votre indication, que, cette lettre finale vous parvenant dimanche, elle vous suscitera d'utiles réflexions pendant votre tardif retour.

Ma situation matérielle est moins mauvaise que je ne l'avais prévu, non pas par l'accroissement des ressources, mais par la restriction des exigences. En vous faisant, au début de notre correspondance, le triste tableau de ma position *domiciliaire*, j'ai cédé à une inquiétude fort légitime, mais pourtant exagérée. Quand vous lirez bientôt les lettres échangées à ce sujet, pendant ces trois mois, entre moi et M. Basan, vous reconnaîtrez que ce propriétaire a finalement tenu à mon égard une noble conduite, à laquelle, je l'avoue, j'étais loin de m'attendre d'après sa première lettre. J'ai eu lieu depuis de présumer que cette lettre initiale, en effet peu digne du cas, devait avoir été inspirée par une irritation générale, qui m'était étrangère, due au retard simultané de plusieurs autres locations. C'est pourquoi je tiens beaucoup à rendre ma rectification finale aussi connue et aussi durable que l'a été ma plainte primitive. Je vous prierai même de l'indiquer déjà à M. Williamson, puisqu'il a eu connaissance du commencement de cette affaire exceptionnelle. En fait, je n'ai maintenant qu'à me féliciter d'avoir placé loyalement l'ensemble de ma situation financière, sans aucune dissimulation pour ou contre, sous les yeux de M. Basan, afin de le rendre pleinement juge, avec la disposition préalable de me résigner dignement à sa décision quelconque. Sa conduite finale prouve certainement, surtout de nos jours, un véritable homme de cœur, qui a vraiment compris mes motifs intimes de tenir exceptionnellement à mon grand appartement actuel, sans se laisser trop affecter par mes embarras passagers. Au lieu de me donner congé, comme je l'avais craint pour la fin de septembre, il me laisse ce saint domicile, en se fiant à moi de l'empressement à combler peu à peu mon arriéré, à mesure que les moyens m'en viendront d'une manière quelconque. Le trait est d'autant plus méritoire que cet arriéré s'élève maintenant à une année tout entière. J'ai donc obtenu dignement un notable répit, qui suffira, j'espère, pour donner à mes amis et adhérents le temps de m'assurer une paisible continuation de mes travaux. Quant à mon état physique, il est troublé, depuis trois semaines, par le dérangement que j'éprouve successivement dans presque toutes les parties de ma muqueuse, à chaque retour de la mauvaise saison, prématurée cette année. Comme de coutume, l'altération a rapidement affecté les parties supérieures, pour persister beaucoup plus, et encore aujourd'hui, dans le gros intestin, quoique je ne sois, pendant tout ce temps, sorti que pour ma course sacrée du mercredi. Mais cette grippe se distingue heureusement des précédentes en ce que mon sommeil n'en est pas troublé. C'est pourquoi j'ai pu, dimanche dernier, reprendre enfin ma grande construction, à laquelle je m'étais remis trop tôt le 1er octobre, et que maintenant je regarde comme irrévocablement engagée au point de finir, j'espère, mon premier volume avec l'année 61.

Je me félicite beaucoup de ne l'avoir pas reprise avant l'achèvement de mon dernier cours oral, qui m'a définitivement installé au vrai point de vue religieux, au delà duquel il n'y a certainement rien. C'est de cette hauteur que maintenant je sanctifie la science proprement dite en la disciplinant, comme une simple introduction fondamentale à la religion, qui seule peut *embrasser tout*, suivant la belle expression de nos Hollandais. Vous aurez d'avance une juste idée générale de cette attitude définitive de constructeur, d'après l'addition que je viens d'apporter au titre total. Au lieu de me borner, comme vous savez, à *Système de politique positive*, ou *Traité de Sociologie*, j'y ajoute le complément caractéristique, servant de base à la *Religion de l'Humanité*. En insérant ainsi, dans le titre même, la formule sacrée que je viens de conquérir pendant ma dernière campagne philosophique, je fixe irrévocablement, de l'aveu de tous, l'imposant caractère universel de cette construction finale, dont l'exécution décisive s'accomplit alors sans aucun tiraillement. Par là, j'assure même l'entière émancipation du positivisme et des socialistes. Tandis que les protestants et les déistes ont toujours attaqué la religion au nom de Dieu, nous devons, au contraire, écarter finalement Dieu au nom de la religion. Nous pourrons alors nous approprier exclusivement les trois grands mots du programme officiel des conservateurs ou rétrogrades, la propriété, la famille et la religion, dont nous devenons désormais les seuls dignes représentants systématiques, capables de contenir réellement l'anarchie actuelle.

Venant enfin à la partie de cette réponse qui concerne ses ouvertures et projets philosophiques mentionnés dans votre lettre de dimanche, je regrette beaucoup de n'avoir à y louer que les intentions et le zèle. Mais je dois déjà, pour vos méditations de voyage, remplir dignement ma paternité sacerdotale, en vous indiquant sans détour de graves rectifications, que compléteront bientôt nos douces causeries.

On avait signalé, dans une des dernières soirées positivistes, la concession inattendue que vous me rapportez de M. Littré, et M. Leblais l'avait justement relevée comme directement contraire à la théorie générale du gouvernement révolutionnaire. La séduction ainsi exercée jusque sur vous a motivé hier mes explications spéciales sur ce sujet, et personne n'a hésité à regretter cette inconséquence partielle de mon éminent collègue, qui a ainsi oublié un moment l'aptitude exclusive de Paris à représenter spontanément l'ensemble de la France. Si j'avais plus tard à modifier ma conception primitive, ce serait en sens directement contraire, c'est-à-dire en concentrant encore davantage l'élection des trois gouverneurs. Au lieu de grouper par *départements* les électeurs du premier degré, je les grouperais par *intendances*, ce qui réduirait à *seize* les quatre-vingt-cinq électeurs du second degré, afin de mieux assurer la responsabilité du choix. Mais cet amendement serait aujourd'hui prématuré et ne conviendra que quelques années après l'établissement des intendances. Je n'y ai pensé que par suite de votre erreur résultée de celle de M. Littré. Ce n'est pas la seule fois que nos confrères prolétaires ont mieux jugé politiquement que nos confrères philosophiques, et sans doute ce ne sera point la dernière, quoi qu'en puisse dire ou penser l'orgueil scientifique.

Quant à vos propres projets, je dois y insister davantage, pour vous déterminer franchement à les abandonner comme intempestifs et même, à divers égards, vicieux. Nous en causerons d'ailleurs à loisir, si vous en avez besoin.

Je ne regrette point la juste générosité philosophique avec laquelle, suivant ma nature et ma coutume, j'ai récemment livré au public beaucoup d'aperçus sociocratiques et sociolâtriques qui ne seront pourtant développés que dans l'ouvrage qui m'occupe, de manière à être publiés seulement dans quelques années. C'est là surtout ma marche depuis la république, vu l'imminence de la situation et l'heureuse accélération qu'elle imprime à la reconstruction. Mais je prévoyais bien que ces indications anticipées pourraient susciter ailleurs quelques stériles ou vicieuses divagations, quoiqu'elles fussent pour moi une vraie nécessité légitime dans mon dernier cours. Toutefois, je ne prévoyais pas que ce trouble atteindrait mes meilleurs disciples et même celui où je persiste à espérer un successeur pontifical. Comment n'avez-vous pas senti que, si vous exécutiez passablement ce que vos projets contiennent de bon, mon quatrième volume se trouverait fort entamé ? Je sais bien que vous couvririez ma gloire personnelle par de loyales déclarations réitérées sur la vraie source de tout cela. Mais vous troubleriez ma future exposition dogmatique en déflorant mes vues par des anticipations vicieuses, où elles seraient dépourvues de leur force systématique. Peut-on, par exemple, invoquer la théorie des sacrements auprès d'un public qui ne la connaît point encore ? Dans mon cours, c'était tout autre chose ; tout cela était à sa place, et la plupart des vrais auditeurs s'y trouvaient préparés. Hors de là, je désire fort qu'aucun écrit n'en parle avant mon traité. Que chacun se borne donc à l'utiliser pour soi et les siens, comme en tout autre cas de ce genre. En causant spécialement de toutes vos indications de dimanche, je vous signalerai les vices de plusieurs si vous y teniez encore. Je me borne aujourd'hui à vous annoncer seulement l'inopportunité de la plupart, et la tendance de quelques-uns à empiéter illégitimement sur les attributions normales des chefs temporels. Si vous pouviez réduire votre projet à quelques feuilles de réflexions systématiques, plutôt morales que politiques, sur les devoirs fondamentaux des riches envers les pauvres, il pourrait devenir un excellent article pour la *Revue Occidentale*, ou peut-être constituer utilement un écrit séparé et immédiat. Mais votre ensemble serait inopportun et même dangereux, en suscitant des discussions intempestives et orageuses, que nous devons aujourd'hui calmer convenablement comme prématurées. En un mot, je vous conseille de ne rien écrire là-dessus avant l'entière publication de mon traité actuel, qui fournira une base d'appréciations pour la maturité des travaux propres à seconder cette construction au lieu de la troubler. C'est à quoi j'ai conclu récemment quand on m'a honorablement invité, dans notre Société, à publier séparément les deux dernières séances orales. On a fini par comprendre mon refus, fondé sur ce que toutes les indications correspondantes se trouveraient isolées des fondements systématiques qui en assuraient la principale force dans l'ensemble de mon cours. J'ai, sans doute, donné le premier exemple de telles anticipations, par les trois grandes mesures de transition publiées depuis la république. Mais j'y étais forcé par notre situation, et vous pouvez remarquer que j'attache beaucoup de soin à ne pas dépasser à cet égard ses vraies exigences, qui, j'espère, se borneront longtemps à cela, sauf les développements convenables. Si donc je m'impose cette réserve habituelle malgré d'excusables tentations partielles, j'espère que les autres, et vous surtout, sauront être aussi sages.

J'ai à vous faire sur ce sujet une dernière remontrance, plutôt morale que mentale, d'après l'étrange admiration qui a beaucoup influé sur votre accès d'*économisme*, dont la libre extension de votre lettre vous aura, du reste, purgé déjà, peut-être spontanément.

Votre prétendu *ingénieur des finances* n'est, vous le savez, comme la plupart de ses pareils, qu'un entrepreneur manqué, ou plutôt manquant. Son plan ne mérite aucune discussion sérieuse, si ce n'est de la part de M. Louis Blanc, sur les brisées duquel court maintenant cet infâme saltimbanque. C'est le plus complet individualisme, sous le nom ou le prétexte de socialisme. Au lieu d'y rendre dignement publiques les principales fonctions privées, il tendrait à rendre ignoblement privées les principales fonctions temporelles. Un positiviste n'y devrait voir qu'une nouvelle preuve, au moins aussi complète qu'envers Louis Blanc, de l'impossibilité d'organiser l'industrie sans bases spirituelles. La prétention à rendre tout *volontaire* avant d'être parvenu à régler les *volontés* est directement et pleinement anarchique.

Mais je vous blâme surtout d'avoir ici écarté les conditions morales qui vous devraient interdire d'avance toute attention pour les divagations d'un roué, où je ne verrai jamais que le meurtrier de Carrel. Vous êtes spécialement impardonnable d'après sa récente gambade au sujet de la conscription, qu'il a abandonnée, encore plus tôt que je ne l'avais prévu, à raison de la fameuse lettre présidentielle.

Qu'avons-nous donc à faire de tous ces quarts de Mirabeau, comme de la monnaie de Voltaire ? Il nous surgirait un Mirabeau entier que nous devrions l'écarter avec indignation. La situation républicaine nous impose de plus en plus le devoir de faire toujours prévaloir les prescriptions morales sur les qualités intellectuelles, même quand celles-ci seraient plus réelles que dans ce misérable replâtrage économique. Vous qui sentez si bien cette règle normale, à quand réservez-vous son application ? Est-ce pour le temps où la régénération, déjà accomplie ou fort avancée, permettrait davantage de la faire un moment fléchir ? Voyez où vous avez été entraîné à confier la présidence et la direction des débats publics et des méditations privées à un drôle que vous savez dépourvu de toute conviction et même incapable d'apprécier aucune vraie démonstration ! Cet exemple m'offre une triste confirmation de l'intensité de notre intime anarchie....

Tout à vous,

AUGUSTE COMTE.

(*10, rue Monsieur-le-Prince.*)

XVI

A Monsieur P. *LAFFITTE, 23, rue Racine.*

Mon jeune ami,

Je m'empresse de vous avertir que je serai exceptionnellement absent de chez moi pendant toute la soirée de demain dimanche.

Tout à vous,

AUGUSTE COMTE.

(*10, rue Monsieur-le-Prince*).

XVII

A Monsieur P. *LAFFITTE, à Béguey (Gironde).*

Paris, le vendredi 24 Dante 63.

Mon jeune ami,

Je veux, pour ne pas l'oublier, répondre d'abord à la question finale de votre lettre de dimanche dernier, en vous assurant que ma santé est toujours à peu près la même. Au début de cette semaine, j'ai eu pourtant une véritable crise intestinale, d'un genre tout à fait inverse de mon état accoutumé, mais elle a peu duré, et j'ignore encore quel en sera le résultat habituel, si elle en a un. Toutefois, j'ai été aussi empêché de tenter la continuation immédiate de mon second volume. Peut-être, d'ailleurs, dois-je subir de nouveau, malgré mes espérances, l'incompatibilité mentale qui ne me permet pas de poursuivre cette composition tant que dure mon élaboration orale sur un sujet trop analogue. Je ferai pourtant un dernier essai, la semaine prochaine, pour écrire immédiatement mon second chapitre, qui ne doit pas être long. S'il n'est point exécuté avant septembre, je devrai l'ajourner en octobre parce que mes séances de septembre devant concerner l'ordre normal, elles se croiseraient trop avec mes méditations statiques.

Votre profonde appréciation de mon chapitre sur le régime intellectuel m'a pleinement satisfait. Il n'y a jusqu'ici que vous qui puissiez sentir aussi complètement la nature, la destination et les conditions de mon institution finale de la vraie discipline mentale. Tous les autres théoriciens que je connais sont, ou trop peu synthétiques, ou pas assez préparés pour la comprendre ainsi.

Les dispositions que vous m'indiquez chez votre journaliste sont très rassurantes comme signe de progrès généreux de l'esprit public. Mais je suis encore plus touché de l'antidoctorat de M. Gresou. Ce symptôme spontané me semble devoir aujourd'hui fournir, chez un médecin, le meilleur indice mental et moral.

En même temps que votre lettre, j'en ai avant-hier reçu une de M. de Tholouze à qui je répondrai demain. Il vient de passer encore le mois de juin à Vichy, sans me parler davantage de M. de Blignières. Une telle rencontre lui eût pourtant été fort précieuse pour se garantir un peu de l'influence abrutissante, et même corruptive de son triste milieu officiel. Le voilà venu à déclamer, en général, contre les *révolutions* quelconques et à regretter que j'aie proposé un gouvernement révolutionnaire ! Il recule à un avenir indéfini l'avènement nécessaire du positivisme... Si votre voisinage momentané vous permettait de le remonter un peu, vous nous rendriez un vrai service, car je le vois en train de se perdre, à moins que l'impulsion publique ne l'emporte sur sa funeste situation. S'il pouvait perdre sa place, ce serait fort heureux pour tout le monde, puisqu'il peut d'ailleurs vivre convenablement de son patrimoine. L'exercice des procès politiques le fait profondément dévier à son insu.

J'ai reçu tout à l'heure une bonne lettre de M. Profumo, écrite lundi à Gênes. Sa lecture de mon second volume lui fait déjà beaucoup d'impression. Quoiqu'il ne paraisse pas avoir renoncé à son malheureux projet théâtral, il n'en parle pas délibérément ni avec fermeté. Je vois décidément que sa seule grave lacune concerne l'énergie. Mais le ton général de cette lettre me touche beaucoup par la naïve confiance qu'il m'y témoigne plus que jamais. Il m'annonce comme presque certaine sa prochaine visite (en septembre), motivée surtout par le besoin de s'épancher librement avec moi. Alors il me sera possible, j'espère, de le remonter assez, surtout en lui procurant l'énergique contact de M. Magnin, à qui je compte le confier spécialement.

Dans la semaine qui suivit votre départ, j'écrivis expressément à chacun de nos deux dignes triumvirs au sujet de leur solennelle désignation dont le tour normal viendra dans ma première séance d'octobre. Je leur ai déclaré que non seulement je ne les nommerais pas sans leur aveu réfléchi, mais que je m'abstiendrais de toute indication si l'un d'eux y répugnait seul. Le silence que tous deux gardent encore envers moi me semble d'un bon augure pour la maturité, et même l'énergie, de leur délibération.

J'ai reçu dimanche une adhésion aussi précieuse qu'inattendue, par une lettre du *17 Dante 63*, et signée Laurent, *ouvrier tisseur*, à Lyon. Le noble canut invoque, de la manière la plus touchante, *les pages que j'ai consacrées à la mémoire de Madame Clotilde de Vaux*, pour me faire mieux accueillir ses besoins moraux. C'est la religion positive qui le préoccupe surtout, et d'après laquelle il vient de *répudier un amour illicite* auquel il tenait profondément. Dès le lendemain, je lui ai fait une longue réponse, que je l'autorise à communiquer fraternellement, sur l'institution du culte intime d'après la théorie des anges gardiens. Ceci ne me paraît que le début d'une précieuse correspondance avec le nouveau foyer lyonnais, car M. Laurent me remercie au nom collectif des *prolétaires initiés à la nouvelle foi*. Sa lettre est écrite d'ailleurs d'une manière très remarquable, dont peu de nos lettrés pourraient approcher. Je n'ai pas négligé cette occasion de recommander les prédications fraternelles par lesquelles les ouvriers positivistes doivent s'efforcer de détourner le peuple de l'agitation matérielle que les brouillons rouges espèrent y déterminer l'an prochain.

A peine avais-je achevé cette heureuse réponse que j'ai reçu la visite intéressante d'un autre ouvrier tisseur, envoyé par M. Magnin. Il est de Calais, et aussi remarquable par l'énergie que le Lyonnais par la tendresse. En admirant la franchise, la netteté et la sagacité spontanée de ce jeune homme de vingt-trois ans, j'ai mieux senti combien les prolétaires sont réellement supérieurs à leurs prétendus chefs, tant officieux qu'officiels.

Une lettre de M. Lefort, écrite le même jour que la vôtre, m'apprend, entre autres, que la discorde est maintenant au camp des réfugiés de Bruxelles. *Six* duels ont failli s'accomplir entre des rouges et des socialistes. Ils n'ont été empêchés que par la crainte de susciter, chez le gouvernement belge, une expulsion collective de tous les réfugiés. Cela tient, sans doute, à l'approche du gâteau que tous attendent, mais qui, j'espère, ne se laissera cette fois saisir par aucun d'eux. En attendant leur commun désappointement, la légitimité rouge, qui sera bientôt aussi ridicule que la blanche, doit développer l'arrogance de ceux qui trônèrent pendant quelques mois. Au reste, le positivisme doit profiter de ces scissions, qui ne manqueront pas de s'étendre et s'aggraver.

Cette lettre belge était accompagnée du second feuilleton de M. Guarin de Vitry. Je l'ai trouvé beaucoup plus satisfaisant que le premier. Décidément, ce nouvel auxiliaire possède une véritable verve voltairienne, convenablement adaptée à notre prosélytisme. Le sans-gêne avec lequel il traite Dieu donne d'ailleurs une heureuse mesure du degré de liberté dont la presse jouit en Belgique. Une citation fort piquante y indique aussi l'adhésion prochaine d'un spirituel écrivain français, M. Villegardelle, dont la visite m'a été annoncée. Nous rallierons bientôt tous les esprits de quelque valeur parmi les littérateurs proprement dits, pour peu qu'ils soient encore modifiables. L'exemple de M. Cornut me semble très décisif, maintenant que je sais qu'il écrivait dans l'*Univers* il y a trois ans. M. Lefort m'annonce aussi qu'un jeune officier de gendarmerie belge va publier, à Bruxelles, un ouvrage étendu dont l'introduction est toute positiviste. Il parle également d'une adhésion active chez une dame de Liège.

Notre société s'est enrichie avant-hier d'un nouveau membre fort intéressant. C'est un jeune médecin de vingt-six ans, M. Robinet, déjà marié depuis trois ans, et père de deux enfants. Il nous vient de M. Segond, qui vous en avait peut-être parlé. Son mariage précoce m'a paru constituer une exception assez motivée, très honorable pour son cœur, au niveau duquel l'esprit s'élèvera bientôt. J'ai eu l'avantage de fournir immédiatement à ce noble disciple d'éminentes consolations religieuses au sujet d'une digne mère qu'il va perdre, et dont je lui ai aussitôt recommandé le culte subjectif.

Puisque vous voilà spécialement en propagande, je dois vous reproduire l'importante explication dont j'accouchai récemment en donnant à M. Audiffrent quelques instructions systématiques sur son prosélytisme. Je l'ai communiqué le lendemain à nos confrères, et encore hier à M. Lefort. Elle concerne notre attitude générale envers les dignes ambitieux, que nous devons attirer en les réglant, au lieu de les repousser.

Le positivisme doit s'adresser d'abord à ceux qui obéissent, afin d'ennoblir et d'adoucir leur soumission, tout en la consolidant, d'après ses principes sur l'exercice du pouvoir, en quelques mains qu'il réside. Mais il doit aussi convenir à ceux qui sont nés pour commander, afin de les faire dignement surgir au milieu d'une anarchie qui les étouffe sous l'avènement officiel, des médiocrités de tout genre. Ce que Mahomet prédisait à ses *prédestinés*, ce que Cromwell prêchait à ses *saints*, je dois le recommander, encore mieux au nom de l'Humanité, à tous les vrais positivistes éminents : *emparez-vous du monde social ;* car il vous appartient, non d'après aucun droit, mais suivant un devoir évident, fondé sur votre aptitude exclusive à diriger la terminaison organique de la grande révolution. Quiconque croit sérieusement en Dieu, ou à la souveraineté du peuple et à l'égalité, doit être inexorablement écarté des affaires publiques et relégué dans la vie privée, ou admis seulement aux emplois spéciaux et subalternes, comme étant, par cela même, en état d'infériorité naturelle ou acquise, à la fois mentale et morale, qui le rend incapable de s'intéresser assez aux affaires humaines et de les comprendre réellement. En un mot, nous venons écarter du pouvoir tous les partisans de l'absolu tant métaphysique que théologique, pour y installer les *serviteurs de l'Humanité*, qui seuls conçoivent la marche assujettie à des lois invariables, base normale de prévision et d'action. Ceux que choquera ce hardi langage sont déjà nos ennemis irréconciliables, et il nous attirera d'énergiques coopérateurs, qui ne sentent pas encore leur digne place dans notre régime, final ou transitoire. Les perturbations que pourraient susciter leur ambition se trouveront assez contenues par leur sincère et profonde adhésion, d'ailleurs spontanée ou systématique à la séparation fondamentale des deux puissances. Mais nous devons ouvertement appeler à dominer le monde tous ceux qui sont capables de le bien conduire, d'après leurs garanties de cœur et d'esprit, les uns comme conseillers théoriques, les autres comme commandants pratiques. Tout en continuant de nous adresser aux masses, nous devons tendre surtout à y faire ainsi surgir leurs véritables chefs spirituels ou temporels. Ce sera du moins la principale tâche du positivisme pendant une génération.

Son avènement doit suivre, en effet, une marche inverse de celui du catholicisme, qui ne parvint au gouvernement qu'à force d'avoir pénétré la société, tandis que la nouvelle religion ne prévaudra dans la société qu'après s'être emparée du gouvernement. Elle ne doit maintenant solliciter que les adhésions spontanées qui sont vraiment indispensables à son avènement systématique. Vous concevez aisément d'où vient cette importante différence. Le positivisme s'applique au monde social d'une manière directe et systématique; tandis que le catholicisme ne s'y étendit que par un usage forcé et empirique, fondé sur l'absence de tout autre régulateur moral. En outre, il se développait sous un véritable gouvernement antérieur auquel il ne pouvait contester la prépondérance. Au contraire, le positivisme surgit au milieu d'une pure anarchie, où tout le pousse à s'emparer d'un gouvernement qui est essentiellement vacant afin de prévenir une entière décomposition sociale. Vous êtes assez préparé pour utiliser immédiatement ces rapides indications de l'affinité spéciale que le positivisme doit offrir aux vrais ambitieux, sur lesquels il faut surtout nous appuyer, quand ils sont suffisamment honnêtes. Cela doit se faire sentir même dans nos prédications collectives, qui pourtant s'adressent davantage aux sujets qu'aux chefs. Mais il faut surtout le développer avec opportunité dans la propagande individuelle.

Tout à vous,

AUGUSTE COMTE.

(10, rue Monsieur-le-Prince.)

P.-S. — J'oubliais de mentionner un autre envoi américain, venu récemment de New-York, mais qui n'a nul rapport avec l'éminent foyer de Philadelphie. C'est un hommage purement mathématique, consistant en un nouveau traité de géométrie élémentaire, écrit en anglais, par quelqu'un qui, dans sa longue lettre également anglaise, m'avoue naïvement ne savoir pas l'algèbre. Je me suis hâté d'y faire une réponse de simple politesse, avant de connaître le livre, que j'ai aussitôt remis à l'examen de M. Foley, et qui probablement ne mérite aucune attention. Mais j'ai appris ainsi que le premier volume de ma *Philosophie positive* vient d'être traduit en anglais et publié à New-York, comme ouvrage séparé, sous le titre spécial de *Philosophie des mathématiques*.

Dans sa récente visite à Londres, M. Lonchampt a été chargé par M. Williamson de lui procurer l'adresse de M. Caussidière ! Vous voyez où en est cette importante négociation, et combien je dois regretter de l'avoir ainsi confiée.

XVIII

A Monsieur P. LAFFITTE, *à Béguey* (*Gironde*).

Paris, le jeudi 16 Gutenberg 63.

Mon jeune ami,

Je commence à m'inquiéter sérieusement de votre silence inusité ; car il y a quinze jours maintenant que je reçus votre dernière lettre. Le lendemain du soir où vous l'écrivîtes, vous dûtes recevoir ma longue réponse à votre seconde lettre. Je l'avais écrite le vendredi matin 24 Dante ; mais elle ne partit que le lendemain, d'après une négligence exceptionnelle de mon excellente Sophie, ou plutôt de son fils. Sans ce petit accident, ma seconde lettre vous serait parvenue quelques heures avant que vous n'écrivissiez votre troisième. Ce croisement involontaire m'a déterminé à ne faire aucune réponse spéciale à cette dernière lettre, comptant y répondre bientôt en même temps qu'à celle que vous inspirerait ma grande lettre du 24 Dante. Pourtant, j'y aurais aussitôt répondu si j'eusse pu prévoir que votre silence se prolongerait autant. Je ne puis pas supposer que ce délai exceptionnel tienne à aucune résolution systématique d'attendre d'abord une telle réponse. Car nous n'en serons jamais, j'espère, aux formalités pointilleuses, qui feraient bientôt cesser le principal attrait de votre précieuse correspondance. D'ailleurs ma dernière lettre était aussi importante qu'étendue, et devait vous faire spontanément éprouver le besoin d'y répondre sans aucun retard inaccoutumée. Si donc vous ne l'avez point encore fait, je me vois forcer de l'attribuer à quelque forte aggravation du trouble physique et de l'abattement moral dont vous vous plaigniez auparavant. C'est uniquement pour dissiper, à cet égard, mes inquiétudes naturelles que je me décide aujourd'hui à vous écrire spécialement, sans attendre davantage une réponse envers laquelle je me trouve, depuis huit ou dix jours, déçu chaque matin. J'aurais maintenant beaucoup de choses intéressantes à vous communiquer. Mais je ne dois rien vous mander avant de savoir si vous êtes en état d'opportunité.

Tout à vous,

AUGUSTE COMTE.

(10, rue Monsieur-le-Prince).

XIX

A Monsieur P. *LAFFITTE, à Béguey (Gironde).*

Paris, le lundi 20 Gutenberg 63.

Mon jeune ami,

Pendant que vous receviez ma petite lettre exceptionnelle de jeudi dernier, je lisais la vôtre du mardi, qui me rassure enfin sur votre silence inusité, quoique sans me l'expliquer. Je peux donc vous faire aujourd'hui une réponse pleinement normale, que j'avais dû ajourner jusque-là. Toutefois, elle ne partira que demain. Car, ce matin, au moment de la commencer, j'ai reçu une visite, aussi imprévue qu'intéressante, de M. de Blignières, avec lequel je viens de causer cordialement pendant quatre heures. Pourtant, j'avais fait hier la plus longue séance hebdomadaire que j'aie encore accomplie, car elle a duré près de six heures, sans que la majorité des auditeurs ait déserté; il est vrai que je traitais de la révolution. Cette succession inoffensive de fatigues anormales doit vous donner une bonne opinion de ma santé actuelle. En effet, le dérangement qui avait suivi ma dernière crise intestinale se trouve entièrement dissipé.

M. de Blignières vient de passer un mois d'intimité chez M. Hadery, sur lequel a surtout roulé notre long entretien. Il m'a pleinement confirmé dans la haute opinion, mentale et morale, que j'avais déjà conçue de cet admirable praticien. Cette heureuse relation entre deux positivistes très dignes l'un de l'autre exercera d'ailleurs une précieuse réaction spontanée sur la décision finale de M. de Blignières au sujet de sa vocation. Quoique le contact me semble l'avoir plutôt affecté par contraste que par affinité, suivant ma prévision naturelle, je n'ai pas voulu le sonder directement à cet égard, afin de mieux respecter la juste spontanéité d'une délibération qui ne saurait encore être assez formée. Mais je présume qu'elle aboutira bientôt à le faire définitivement opter pour la carrière théorique. Un nouveau contact, d'une nature entièrement inverse, achèvera de le décider naturellement. En repartant demain pour aller prendre les bains de mer à Dunkerque ou à Ostende, il veut ensuite rentrer à Douai par Bruxelles, où il désire connaître M. Lefort. Le contraste de ces deux types dissipera facilement toute incertitude, aussitôt que le temps aura laissé surgir la résultante.

Je suis maintenant fixé sur l'hésitation que vous indiquait ma seconde lettre au sujet de la coexistence entre la continuation de mon second volume et l'accomplissement de mon cours hebdomadaire. D'après ma nouvelle tentative pour les concilier, les trois cas qu'exige toute loi empirique se trouvent aujourd'hui réalisés. Leur combinaison m'a conduit à reconnaître l'impossibilité, du moins chez moi, de conduire à la fois une élaboration écrite et une exposition orale sur des sujets distincts mais connexes. C'est pourquoi je ne tenterai plus ces efforts stériles, tant que dureront ce cours et ce traité. Je ne pourrai donc travailler à mes volumes que dans les quatre ou cinq mois qui séparent chaque cours du suivant. Mais, en regrettant cet inconvénient, j'espère qu'il retardera peu la publication effective de ces trois volumes, dont chacun peut réellement être écrit pendant cet intervalle, quand je suis assez en verve. Si, comme je le présume, mon cours historique continue encore longtemps, l'incompatibilité cessera quand ma *Politique positive* se trouvera terminée. Car, je sens bien qu'un pareil conflit n'existera point envers l'ouvrage suivant (ma *Philosophie mathématique*). Quoi qu'il en soit, l'importance du cours est telle maintenant, sous tous les rapports, que je ne dois pas sérieusement déplorer le petit retard qu'il pourra produire dans mes publications actuelles. En y attaquant dignement les anarchistes, j'y puis être inflexible envers les rétrogrades, au point de faire hier directement accueillir cette audacieuse proclamation, qu'il serait bon de propager : « Au nom du passé « et de l'avenir, les *serviteurs* de l'Humanité viennent « s'emparer de la direction générale des affaires ter- « restres, pour organiser la vraie providence, en « écartant de la vie publique tous les *esclaves* de « Dieu, comme perturbateurs et arriérés. » Je me suis heureusement servi de la mémorable réponse que vous m'avez apprise du digne cultivateur gascon, pour mieux caractériser la supériorité réelle de nos prolétaires sur leurs prétendus chefs actuels. Elle a beaucoup frappé l'auditoire, qui a sanctionné mon assertion quant à l'impuissance où seraient tous les écrivains et orateurs montagnards de produire, même réunis, une telle sentence, ou seulement de l'apprécier assez.

Depuis ma lettre du 24 Dante, j'aurais beaucoup de communications intéressantes à vous faire. Le mois d'août m'a fait produire un nombre inusité de lettres importantes, dont je n'ai pu copier aucune, faute de temps, les procédés mécaniques qu'on m'a promis à cet effet ne m'étant pas encore devenus praticables. Pendant la présente année, j'ai déjà écrit une masse d'épîtres philosophiques et sociales qui, imprimée, équivaudrait à celle de saint Paul. Ce genre d'office semble d'ailleurs devoir bientôt se développer davantage.

Ne pouvant aujourd'hui vous parler de tout, je vais me borner à ce qui concerne notre précieux foyer lyonnais.

Son importance a beaucoup augmenté pour moi depuis ma première information. La seconde lettre de M. Laurent s'est trouvée, à tous égards, encore plus remarquable que la précédente. Je vous en citerai textuellement la mémorable conclusion : « Quant à la situation politique des prolétaires « lyonnais, elle peut être ainsi caractérisée : une « défiance marquée envers tous les philosophes qui « ont eu quelque renom depuis soixante ans, et la « certitude bien fondée de n'obtenir les améliora- « tions sociales que par les efforts du peuple travail- « leur. Beaucoup ne sont pas encore assez dégagés « des préjugés métaphysiques pour recevoir conve- « nablement la foi positive. Les disciples positi- « vistes choisissent avec empressement toutes les « occasions d'initier leurs camarades à la nouvelle « doctrine. » Outre le mérite du noble tisseur, un tel langage vous montre combien les prolétaires lyonnais surpassent aujourd'hui les parisiens. Moins préoccupés que ceux-ci de la fantasmagorie politique, placés dans un milieu plus exclusivement industriel et livrés à une destinée spécialement précaire, ils doivent naturellement méditer avec plus de profondeur et de persévérance sur les questions vraiment sociales. Mais ils savent se subordonner dignement au centre parisien.

De M. Laurent, ma correspondance lyonnaise s'est déjà étendue à M. Lucas, pharmacien à la Croix-Rousse, qui est le digne chef de cet éminent foyer, où tous le regardent comme *mon digne représentant*. Je suis maintenant certain que cette confiance est très méritée par cet éminent disciple, aussi sage que dévoué. Vous serez bien aise de connaître textuellement son appréciation spéciale de M. Laurent. « C'est un ouvrier en soie, laborieux et modeste « autant que sage, aussi dévoué qu'il est généreux : « plein d'énergie morale, il n'a point de fiel contre « ses semblables ; aucun sentiment de haine, d'envie, « ni de basse jalousie n'ont jamais altéré sa belle « âme. Il domine facilement ses auditeurs par sa « supériorité intellectuelle, sa probité, sa conduite « laborieuse, et la science de son état. En un mot, « depuis que la philosophie positive enflamme ses « sentiments, je ne connais pas de prolétaire plus « distingué. Il possède une bibliothèque choisie « avec un rare discernement, enfin c'est un disciple « aussi dévoué que recommandable, dont la portée « intellectuelle et l'élévation morale constituent un « précieux propagateur de la foi qui doit régénérer « l'Occident. » Avec de tels auxiliaires, on peut hardiment compter sur le prochain ascendant du positivisme dans un milieu où le besoin de direction est déjà senti généralement.

Les conversions qu'opère M. Lucas émanent surtout des ouvriers communistes, comme on devait le présumer. Il m'annonce avoir amené récemment au positivisme l'ancien président du Club central démocratique de Lyon, prolétaire fort énergique et très-influent. Mais, malgré de tels succès, vous serez aussi surpris que moi de voir M. Lucas terminer sa lettre en me prédisant : « Dans quelque temps, « votre nom sera plus populaire à Lyon que celui de « Jacquart. » Quand même il y aurait là un peu d'exagération apostolique, un tel langage indique déjà le progrès du positivisme parmi les prolétaires lyonnais comme très supérieur à tout ce que j'aurais pu présumer.

Dans sa troisième lettre, que j'ai reçue hier, et à laquelle je répondrai demain, M. Laurent me demande spécialement des conseils sur les lectures pieuses qui lui conviendraient et sur les poèmes occidentaux qu'il doit se rendre familiers. Vous voyez à quelle délicatesse de culture et d'élévation se trouve spontanément parvenu ce noble canut, qui n'est positiviste que depuis deux ans au plus. Je lui recommanderai d'apprendre l'italien, dans une intention autant sociale qu'esthétique. Son exemple me montre de nouveau combien l'éducation catholique dispose davantage au positivisme qu'une émancipation trop précoce. Nous devons principalement compter sur ceux qui passent d'emblée de l'un à l'autre régime religieux, en évitant toute transition anarchique. Malheureusement ces nobles cas sont jusqu'ici fort rares. Toutefois, ils doivent bientôt se multiplier beaucoup, surtout parmi les prolétaires lyonnais, premier anneau du prolétariat méridional.

La situation personnelle de M. Laurent m'a conduit, comme il l'avait, du reste, admirablement espéré, à d'importantes réflexions sur le développement de la théorie positiviste du mariage, envers les couples exceptionnels qui sont physiquement impropres à la procréation. J'ai ranimé notre digne frère en lui remontrant que cette inaptitude, si elle est réelle, ne constitue un obstacle au mariage que chez les chrétiens ou les musulmans, mais nullement chez les positivistes, où cette sainte union prend une destination plus pure et plus éminente comme plus réelle, qui peut même se caractériser mieux chez des couples dignement voués à la chasteté libre. En étendant mes réflexions sur ces cas exceptionnels, j'ai reconnu qu'ils peuvent devenir beaucoup plus multipliés que je ne le croyais d'abord, quand on donne un juste poids aux réclamations des médecins contre les mariages entachés de vices héréditaires. Lorsqu'on connaîtra mieux les lois naturelles de l'hérédité biologique tant favorable que funeste, on appliquera dignement le positivisme à *concentrer la procréation* afin d'améliorer la race humaine. Ce qu'on a déjà fait envers les animaux par la force, peut être beaucoup plus réalisé pour l'homme par les moyens moraux. Malgré la sainte universalité du mariage, le sacerdoce peut obtenir, d'après l'éducation régénérée, une libre renonciation à la procréation chez ceux qui ne pourraient pas s'y livrer dignement. Ils ne seraient pourtant nullement privés des doux bienfaits de la maternité, puisque la grande extension de l'adoption leur permettrait de choisir de dignes enfants chez les couples qui, spécialement voués à la propagation de l'espèce, se trouveraient autrement trop féconds.

Une telle réaction d'une consultation purement privée sur le perfectionnement d'une grande théorie publique me fait heureusement sentir l'admirable unité qui s'est maintenant établie dans l'ensemble de mon existence, dont toutes les faces viennent s'améliorer mutuellement. C'est en même temps une précieuse confirmation de la réalité et de l'opportunité de la religion qui produit une pareille harmonie. Je suis assuré demain de satisfaire profondément mon noble correspondant en lui annonçant à quel point s'est ainsi réalisé le fruit général qu'il espérait pouvoir résulter de sa digne exception spéciale.

Tout à vous,

AUGUSTE COMTE.

(10, rue Monsieur-le-Prince).

XX

A Monsieur P. LAFFITTE, à Béguey (Gironde).

Paris, le vendredi 3 Shakespeare 63.

Mon jeune ami,

Le silence que garde envers votre mère votre lettre de dimanche doit me faire présumer que cette précieuse santé s'est maintenant remise de sa dernière crise. Je suis pareillement conduit à bien augurer de votre état physique. Quant au mien, le brusque refroidissement survenu à la fin d'août a notablement augmenté mes perturbations ordinaires, gastriques ou intestinales, avec leurs réactions nerveuses, surtout l'insuffisance du sommeil. Un redoublement passager dans la sévérité de mon régime n'a pas encore rétabli l'état moyen, mais je commence pourtant à m'habituer à cette automne anticipée, qui d'ailleurs n'a nullement troublé mes séances hebdomadaires, dont la dernière a duré sans inconvénient pendant cinq heures et un quart.

Votre lettre me prouve combien, suivant votre heureuse coutume, vous vous êtes approprié déjà mes deux dernières communications religieuses. La belle carrière que vous avez désormais en vue devait surtout vous disposer à bien sentir la systématisation de la procréation. Dans la civilisation moderne, où l'on est heureusement disposé à conserver tout ce qui naît au prix de soins souvent admirables, cette grande fonction humaine a particulièrement besoin d'être réglée, puisque cette uniforme protection doit beaucoup multiplier les types peu propres à une digne propagation, quoique comportant néanmoins une grande valeur sociale. Je crois, par aperçu, que le quart des occidentaux actuels ferait mieux de s'abstenir de procréer. Quand les lois de l'hérédité seront mieux connues, cette première approximation se trouvera peut-être notablement au-dessous de la réalité. Je me félicite donc qu'une digne occasion privée m'ait directement conduit à ce notable développement de la théorie du mariage positiviste.

Le noble prolétaire qui y a donné lieu m'intéresse de plus en plus, à mesure que je le connais mieux. Comme il n'a que votre âge, il pourra, j'espère, fournir, sous ce rapport, un grand exemple initial, dont il semble déjà comprendre assez la portée et la dignité. Tant de femmes recommandables sont naturellement disposées à cette stérilité volontaire qu'il parviendra sans doute à former convenablement cette union exceptionnelle, dont une nouvelle secte chrétienne me semble avoir, à sa manière, pressenti confusément l'avènement.

Ces importantes communications ayant absorbé ma dernière lettre, je dois surtout consacrer celle-ci à diverses indications secondaires, qui se sont ainsi trouvées retardées, sauf à les compléter ultérieurement si j'en oublie aujourd'hui quelqu'une.

Je viens de recevoir de New-York, par l'entremise de la maison Baillière, une nouvelle adhésion très prononcée. Mais j'en ignore encore la valeur, n'ayant pas vu jusqu'à présent le petit volume dont cette lettre me prie d'accepter l'hommage, et qui aurait dû l'accompagner. M. Baillière m'a promis de me l'envoyer dès son arrivée. Il ne faut donc regarder cela que comme un nouveau signe de l'extension décisive du positivisme parmi les Anglo-Américains.

Une sympathie encore moins prévue m'est survenue au commencement de septembre, d'un ancien fonctionnaire que j'avais distingué autrefois dans une tournée d'examinateur, M. Ch. Poisson, que je connus sous-préfet à Reims, en 1840 et 1841. Il s'était alors manifesté entre nous une affinité réelle, mais qui n'avait entraîné aucune relation suivie. L'ayant complètement perdu de vue depuis dix ans, sans l'avoir pourtant oublié, il vient de se rappeler à moi de la manière la plus cordiale. N'étant plus sous-préfet, il se trouve maintenant institué par M. Carlier, chef de la statistique de la préfecture de police, où il m'a dignement offert tous ses bons offices, pour moi ou les miens, si jamais le cas l'exigeait. J'ai reconnu ses anciennes gracieusetés officielles envers moi en lui faisant cadeau d'un exemplaire de mon récent volume. Quoiqu'il ne l'ait encore lu nullement, sa réponse indique une vraie tendance au positivisme. « Malgré les préoccupations de la politique, dit-il textuellement, vos travaux se creuseront peu à peu leur nid ; le ruisseau grossira, il deviendra fleuve, mer ». Nous voilà donc pénétrés à la préfecture de police, la plus recommandable de toutes les administrations actuelles. Je lui ai prédit, en retour, que l'opinion publique mettrait bientôt la police au-dessus de la justice, comme la gendarmerie au-dessus de l'armée. Mais cette adhésion spontanée m'importe surtout comme premier indice de sympathies sérieuses chez de dignes conservateurs, dont l'appui peut seul caractériser notre véritable avènement politique.

Je n'ai encore aucune nouvelle de M. Williamson, quoique son arrivée m'eût été annoncée pour la fin d'août. Peut-être la santé de son père l'aura-t-elle retenu à Londres, ou conduit à quelques courses occidentales. S'il tarde un peu plus, nous ne le verrons pas cette automne, puisque son service recommence dans trois semaines, à moins que la règle n'ait changé.

Notre excellent confrère Jacquemin a décidément quitté l'Égypte. Il parcourt maintenant l'Italie qu'il fait bien de visiter avant de venir reprendre pour longtemps, sans doute, la vie parisienne. Sa dernière lettre à M. Magnin est datée de Gênes et témoigne un vif désir de rentrer au grand foyer occidental. Je regrette de n'avoir pas su son passage dans cette ville assez à temps pour le mettre en relation avec M. Profumo. Celui-ci d'ailleurs n'a point encore réalisé le projet de visite qu'il m'avait annoncé comme devant s'accomplir en septembre. J'espère que mes mesures permettront à M. Jacquemin d'utiliser son prochain passage à Lyon, par un cordial contact avec notre précieux foyer positiviste.

J'ai eu récemment une intéressante entrevue, dignement demandée par une dame de quarante-trois ans, qui suit mon cours cette année. Elle m'a promis de constater l'efficacité que le cœur peut retirer de lambeaux de séances que l'esprit jugerait stériles. Par ses charges de ménage, cette dame ne peut jamais venir m'entendre qu'à trois heures, et seulement jusqu'à cinq heures. Néanmoins, elle a persisté, depuis le mois de mai, dans cette imparfaite assiduité, dont elle a pourtant tiré beaucoup de fruits. Vous sentez que cela tient surtout à ce qu'elle vient chercher là des impressions morales plutôt que des acquisitions intellectuelles. Le résultat décisif a consisté principalement à lui fournir de précieuses consolations habituelles pour de graves chagrins domestiques. Quoique cette dame fût probablement impropre à soutenir aucune controverse sur le positivisme, vous voyez qu'elle en a néanmoins été profondément influencée. C'est le genre d'efficacité que je désire le plus obtenir envers les femmes et même les prolétaires. L'importance de la discussion doit bientôt décroître beaucoup, en laissant surgir l'ascendant de l'adhésion silencieuse résultée des méditations solitaires.

M. Littré m'a déjà répondu sur la question officielle que je lui avais posée récemment. Il croit devoir refuser la promulgation actuelle, mais en renouvelant sa première acceptation, ce qui était pour moi l'essentiel. Comme j'avais annoncé à tous deux ma résolution de ne nommer personne si l'un d'eux y répugnait, je garderai donc, cette année, un silence total, sans attendre la réponse spéciale de M. Magnin, qui d'ailleurs me semble s'être concerté avec M. Littré pour la réponse de celui-ci. Peut-être ces Messieurs ont-ils raison de leur appréciation de l'opportunité actuelle, quoiqu'ils me paraissent concevoir d'une manière trop timide, et même trop étroite, l'avènement politique du positivisme. Au reste, en ajournant à l'an prochain cette importante déclaration personnelle, je pourrai la faire plus complète, si M. Williamson utilise assez ce délai pour réparer sa négligence envers M. Caussidière.

Tout à vous,

AUGUSTE COMTE.

(*10, rue Monsieur-le-Prince*).

P.-S. — Sophie est très touchée de votre spéciale souvenir. Elle a eu récemment une forte crise intestinale, mais qui n'a maintenant laissé aucune suite fâcheuse.

Votre réponse m'indiquera probablement votre prochain retour, à moins que votre première résolution n'ait changé.

XXI

A Monsieur P. LAFFITTE, à Béguey (Gironde).

Paris, le lundi 13 Shakespeare 63.

Mon jeune ami,

C'est au coin de mon feu (alors allumé, il est vrai, pour la première fois, mais toujours maintenu depuis) que j'ai lu vendredi votre lettre de l'avant-veille qui se termine en déplorant votre température africaine. L'espoir qu'elle vous suggérait pour ma prochaine amélioration sanitaire ne pouvait donc se réaliser. Néanmoins, mon trouble intestinal diminue et aussi ses réactions nerveuses, quoique très lentement.

Vous faites bien, dans vos flâneries philosophiques, de faire souvent alterner l'exercice contemplatif et l'exercice méditatif. C'est le meilleur moyen pour que votre cerveau utilise pleinement ses vacances actuelles, surtout si vous y pouviez joindre quelques satisfactions esthétiques. J'espère donc que vous reviendrez mieux portant que vous n'êtes parti.

En attendant le retour de nos chères causeries, je vous dois aujourd'hui de sérieuses remontrances, suscitées par votre dernière lettre. Je ne doute pas que vous ne les accueilliez convenablement, et même que vous n'en profitiez bientôt. Si jamais vous deveniez incapable d'entendre dignement la vérité ou de l'utiliser réellement, notre intimité perdrait aussitôt son principal attrait et sa destination essentielle.

La précieuse patronne que vous avez perdue vous reprochait à la fois, avec beaucoup de raison, de n'être point assez énergique et d'être trop critique. Si elle avait eu le temps de vous apprécier davantage, sa pénétration féminine lui aurait bientôt montré l'intime connexité de ces deux imperfections. Avec les convictions organiques et les tendances religieuses qui maintenant vous dominent, vous éviteriez toujours les graves accès de critique sociale, si vous aviez assez d'énergie pour vous préserver de la contagion révolutionnaire quand vous êtes longtemps entouré d'un mauvais milieu. Voici la troisième expérience annuelle que me présentent, à cet égard, vos fâcheuses vacances. Cette persistance périodique de l'accès négativiste malgré mes avis antérieurs m'oblige aujourd'hui à rendre mes représentations plus fermes et plus systématiques. Il y va de tout votre avenir, moral et même mental. C'est un devoir pour moi d'empêcher, autant que possible, une belle intelligence de se perdre, plusieurs mois chaque année, en puériles récriminations, qui altéreraient autant l'étendue de vos vues que l'élévation de vos sentiments, si vous ne vous en dégagiez pas.

Un Parisien qui séjourne quelque temps en province, doit s'y regarder comme une sorte de magistrat spirituel, chargé de faire prévaloir les tendances conciliantes et les pensées d'ordre sur les irritations locales les plus légitimes. Mais ce devoir concerne surtout un vrai théoricien. Or, au contraire, à Paris, vous êtes habituellement assez raisonnable pour sentir que les grandes sollicitudes doivent se rapporter à l'ordre, dans une situation où il est très compromis, et où le progrès ne court désormais aucun risque sérieux. Mais, quand vous avez passé quelques semaines au milieu des mesquineries provinciales, elles vous dominent presque entièrement pendant tout votre séjour, au lieu d'être vigoureusement combattues et utilement rectifiées par votre sagesse théorique. Vous tombez alors au niveau du vulgaire des journalistes rouges, et quoique cette dégénération ne dure pas, elle n'en est pas moins déplorable, en vous empêchant de faire le bien qui devrait résulter de votre présence passagère. Je ne puis vous pardonner de vous laisser momentanément aveugler par ce puéril fanatisme, jusqu'à prétendre encore, malgré plusieurs témoignages décisifs, que le positivisme n'a rien à gagner chez les défenseurs propres de l'ordre, qui, selon vous, manqueraient même toujours de loyauté ! Soyez peu surpris qu'avec de telles préventions vous ne trouverez pas de rétrograde disposé à *vous écouter*. Le ton violent que je vous ai souvent vu envers ce parti n'est propre qu'à vous y faire mal accueillir. Dans la phase triennale qui s'achève maintenant, c'est pourtant d'eux qu'a dépendu surtout le maintien si précieux de l'ordre matériel, indispensable à notre initiation républicaine. Au lieu de déclamer contre l'empirisme et la violence de leurs expédients, même contre l'égoïsme qui a dû d'abord soutenir leur énergie, il faudrait reconnaître l'impossibilité de procéder autrement dans la situation actuelle. Le parti positiviste aurait pu seul remplir mieux un tel office : mais était-il alors en mesure ? Cessez donc ces vulgaires récriminations contre une nécessité que l'histoire reconnaîtra, et où il n'y a de radicalement blâmable que l'expédition de Rome, pur épisode essentiellement étranger au régime de compression. Surtout cessez de prétendre qu'on n'a pu coopérer à ce régime passager que dans de mauvaises intentions. En cherchant, non parmi les vains discoureurs d'ordre, mais chez ceux qui participent sérieusement à son maintien, vous y trouveriez, je ne crains pas de l'assurer, plusieurs hommes qui sont, au fond, tout aussi sincèrement républicains que vous-même, quel que soit le ton officiel qu'ils croient convenable à la situation présente. Ne perdez jamais de vue les craintes générales relatives à l'an prochain. Quoique ces alarmes empiriques ne doivent pas se réaliser, il faut pourtant que nous employions tous nos efforts pour calmer les esprits que tendent à troubler tant de misérables brouillons, auxquels vous prêtez momentanément un appui involontaire. Si le positivisme devait actuellement renoncer à recruter dans le parti de l'ordre, ce serait un triste augure pour notre avènement politique, qui ne sera décisif que par le ralliement des vrais conservateurs. En donnant à la vindicte publique la satisfaction convenable, par sa juste concentration sur l'épisode romain, vous devriez disposer vos auditeurs à passer cordialement l'éponge sur tout ce qui remplit ces trois dernières années, et même à reconnaître l'utilité effective de cette compression, comme le font déjà les meilleurs prolétaires, à Paris et à Lyon. Je souffre de voir, au lieu de cela, l'un de mes plus éminents disciples, et jusqu'ici le plus chéri, se mêler à la tourbe anarchique par sa seule insuffisance d'énergie. Dans cet état, vous voyez si peu ce qui est, que vos *observations* se trouvent aussitôt démenties radicalement de plusieurs côtés. La dernière lettre de M. Audiffrent contient ce passage textuel : « Mes expériences journalières me « prouvent de plus en plus que les catholiques sincères « c'est-à-dire ceux qui ne redoutent le progrès que « dans la crainte de l'anarchie, seront plus accessibles au positivisme que les révolutionnaires « dont le stupide orgueil repousse toute discipline. » Ma réponse vient d'être retardée à son début, de manière à ne partir que demain, par l'heureuse arrivée de M. Leblais, qui revient décidément à son ancienne vie parisienne, quoique j'espère avec des chances moins rudes. Or, ses remarques spontanées aboutirent, pour l'Ouest, aux mêmes conclusions que celles de M. Audiffrent pour le Midi, sauf qu'il se plaint d'une grande apathie universelle, au lieu de l'irritation générale que vous annoncez. Je dois donc croire que vous voyez rouge parce que vous êtes dans un accès rouge.

Le défaut d'énergie qui altère ainsi votre haute intelligence vous expose à une chute, non moins réelle, quoique tout inverse, et même plus funeste à vous comme à la République, que celle que vous déplorez, à juste titre, chez M. de Tholouze. Il est aussi atteint réellement de la même imperfection, comme je m'en suis assuré dans nos cordiales entrevues de 1848, confirmées par ses révélations ultérieures. De là résulte surtout sa dégénération passagère, d'après son impuissance à résister au mauvais milieu qui l'enveloppe. Mais j'espère que ses accès blancs auront aussi peu de consistance que vos accès rouges, dès que la source en sera dissipée. Or cela ne manquera guère d'arriver l'an prochain, surtout s'il est heureusement destitué ! Toutefois, son zèle déréglé pour l'ordre me semblera toujours plus excusable que vos velléités anarchiques. Pouvez-vous me donner sérieusement, comme type des *républicains modérés,* cette masse dépourvue de convictions et d'impulsions, que je vois, depuis trente ans, devenir, dans les deux sens, l'aveugle moteur de notre triste *bascule* politique ? Il y a trois ans, ces mêmes hommes appuyaient la rétrogradation par crainte de l'anarchie. Maintenant les voilà, en haine des rétrogrades, prêts à seconder les anarchistes. A la vérité, vous me les représentez comme *résolus* à combattre toute tentative anarchique. Mais que pourraient signifier après coup ces *résolutions* de gens aussi dépourvus d'énergie que de portée, qui ne peuvent jamais apprécier à temps les vraies conséquences de leurs mouvements politiques ? Heureusement que le maintien radical de l'ordre matériel trouvera de meilleures garanties dans la sagesse spontanée des principaux prolétaires. La masse inerte dont vous parlez serait la première à seconder une nouvelle et plus violente rétrogadation si l'anarchie qu'elle se dispose insciemment à favoriser pouvait réellement prévaloir, ce qui me semble impossible, même momentanément, sauf sous le mode légal et chronique comme je l'ai déjà expliqué.

J'aurais à vous faire plusieurs communications intéressantes sur les progrès, théoriques et pratiques, accomplis récemment dans le positivisme, surtout quant à l'adhésion féminine, la plus décisive de toutes au fond. Mais, outre que cette lettre est déjà bien longue, je dois la réduire strictement à sa principale destination, afin de mieux fixer votre attention sur un danger très grave, qui mérite autant votre sollicitude que la mienne. Car, il m'importe de ne rien négliger pour mieux disposer les dignes positivistes, surtout théoriciens, à la grande et difficile mission que la situation va de plus en plus nous assigner, même dès l'an prochain, *la défense systématique de l'ordre fondamental*, qui sera dès lors violemment attaqué par les prédications métaphysiques, malheureusement secondées par les mauvaises passions populaires. Je reçois, de plusieurs côtés, des doléances très fondées sur l'ignoble cupidité et la basse jalousie qui animent les prétendus *socialistes* des campagnes. Heureusement que ceux des grandes villes valent beaucoup mieux, surtout chez les prolétaires, et leur sage énergie vous préservera suffisamment de toute dissolution effective. Mais c'est à la condition que tous les hommes avancés, dont le cœur vaut l'esprit, s'appliqueront, de toutes leurs forces, à préserver ces soutiens spontanés de la vraie sociabilité contre tous les sophismes anarchiques à l'invasion desquels l'absence de doctrine les laisse toujours exposés. Telle doit être principalement la tendance constante du nouveau sacerdoce, quelques récriminations qu'il puisse encourir ainsi, même chez ses auxiliaires naturels. Cette sainte intervention nous est vraiment possible malgré notre petit nombre actuel, d'après l'heureuse concentration croissante de tout le grand mouvement occidental dans le seul foyer parisien. Mais elle exige tous nos efforts de cœur et d'esprit et même une digne attitude envers les pouvoirs existants. Pourvu qu'ils cessent de comprimer la discussion, ce qui arrivera nécessairement, nous avons, tout en conservant notre pleine indépendance à leur égard, des intérêts communs avec les gouvernements occidentaux, d'après un semblable besoin de repousser les vains agitateurs qui seuls entravent sérieusement la terminaison de la grande révolution. Nous devons donc, au lieu d'animer contre eux les prolétaires, inviter le peuple à continuer dignement ses indispensables études sociales, sans s'occuper de la déplorable fantasmagorie politique qui va se développer devant nous, autrement que pour y faire, au besoin, prévaloir énergiquement l'inaltérable conservation de l'ordre matériel, première condition de la rapidité des succès positivistes.

Tout à vous,

AUGUSTE COMTE.

(10, rue Monsieur-le-Prince).

XXII

A Monsieur P. LAFFITTE, à Béguey (Gironde).

Paris, le mardi 27 Gutenberg 64.

Mon cher disciple,

Si mon empressement à répondre se réglait sur le vôtre, notre correspondance ne serait pas longue. Outre son inopportunité spéciale, votre lenteur m'a cette fois d'autant plus frappé qu'elle a contrasté vivement avec l'affectueux empressement de M. Audiffrent, qui, sans attendre aucune communication de moi, et sur une simple lettre de M. Lefort au sujet de ma dernière crise personnelle, a senti le besoin de me témoigner, courrier par courrier, sa tendre et dévouée sympathie, non moins exacte pourtant que votre indolente appréciation.

J'ai terminé mon *Catéchisme positiviste*, le jour

même que j'avais fixé dès le début, quoique l'étendue se soit trouvée augmentée d'un tiers. Car, ce volume in-12 aura 400 pages environ, y compris la préface ; mais j'en suis pleinement satisfait. Vous comprendrez aisément que j'aie éprouvé quelque regret de voir finir cette intime collaboration, qui m'a fait souvent sentir la profonde vérité du vers qui termine, depuis quelque temps, chacune de mes invocations quotidiennes à l'ange incomparable :

Aristote et saint Paul sont par toi combinés.

L'impression a déjà commencé, de manière à me faire espérer que cet opuscule sera publié vers le commencement d'octobre. Comme je l'avais présumé, M. Thunot n'a pas exigé la moindre garantie spéciale : en sorte que M. Robinet reste honoré de sa noble proposition, sans courir aucun risque.

Vous n'êtes pas habile à dénicher les gens. Car M. de Tholouze m'a récemment écrit des eaux où il se trouvait dans l'Aveyron, en terminant par l'annonce qu'il serait le 25 avril à Bordeaux, où je lui ai adressé ma prompte réponse. Il demeure 19, rue des Trois-Conils. Vous êtes dans l'erreur en le croyant nommé procureur général à Bordeaux. Il n'en est que le substitut, et semble tenir beaucoup à ce qu'on sache qu'il n'a pas obtenu d'avancement, mais seulement un poste plus commode. Son état moral aurait grand besoin de vos soins, malgré ma lettre; car il manque totalement de religion, quoiqu'elle lui fût spécialement nécessaire. Il en est à regarder le dogme de l'Humanité comme mystique;

et n'y voit qu'un artifice scientifique. Mais je l'aurai peut-être ébranlé en lui demandant si la Famille et la Patrie sont, à ses yeux, mystiques aussi, quoique désignant également des êtres collectifs et perpétuels, préludes nécessaires du Grand-Être.

En même temps que la vôtre, on m'a remis hier une excellente lettre de M. Lefort, qui me donne le résultat de son précieux voyage de Paris au Pertuis, en s'arrêtant d'abord chez M. Hadery, dont il est pleinement satisfait, puis à Lyon, où M. Lucas l'a ravi. Voici sa principale phrase sur cet admirable foyer positiviste : « Pendant les trois jours que j'ai « passés à Lyon, où j'étais attendu partout, j'ai été « constamment en visites le jour, et en conférences « le soir. On s'est réuni chaque fois dans des mai« sons différentes, de vingt à trente dans chaque « séance, hommes, femmes et jeunes filles, pour « entendre l'espèce d'apôtre annoncé. Cette position « inattendue qui m'était faite m'a, pour ainsi dire, « élevé jusqu'à elle par la confiance qu'on me « témoignait. Je dois avouer que les questions qui « m'étaient adressées étaient souvent plus justes et « plus opportunes que mes réponses. Le sentiment « les dominait toujours. Il n'est pas un jeune « homme de votre entourage, peu religieux, qui, « assistant à ces espèces de communions spiri« tuelles, en fût sorti sans avoir eu plusieurs fois « les larmes aux yeux. La Croix-Rousse, je vous « assure, vous appartient. »

M. Lefort a été parfaitement content aussi d'un noble de Lyon, qui, dans un entretien de trois heures, s'est montré complètement positiviste. Lyon va donc devenir notre vrai foyer religieux, jusqu'à ce que Paris renonce décidément aux parleurs et aux sophistes.

Quant à la réception de M. Audiffrent, M. Lefort l'a trouvée au delà de ce que j'avais annoncé. Il paraît déjà convaincu que ce noble disciple ne manque nullement d'énergie, quoiqu'il n'en ait pas fait encore un usage régulier, d'après les avantages mêmes de sa situation matérielle, d'ailleurs si favorable à son avènement apostolique ou plutôt sacerdotal.

Vous lirez avec intérêt cet autre passage d'une lettre fort remarquable que je viens de recevoir de M. Barbès. Elle est datée de sa prison de Belle-Isle, du 28 août; mais elle n'a pas été soumise au contrôle officiel. C'est au sujet de l'envoi de ma *Politique positive*, quoiqu'il ne l'ait pas encore reçu :

« Les épreuves par lesquelles vient de passer notre « cher pays, le rude coup porté à nos espérances, « doivent enseigner à ceux d'entre nous qui n'ont « pas jusqu'ici assez tenu compte de la science, « qu'on ne réforme pas une nation uniquement « avec des aspirations et des désirs. J'ai fait souvent « ces réflexions depuis nos désastres. Je conserve, « en dépit de tout, ma foi intacte; mais je sens le « besoin de l'éclairer, d'en subordonner les élans à « la marche et aux tendances générales de l'Huma- « nité. »

Ce noble langage est fort supérieur à la vaine jactance de M. Proudhon. Je me chargerais volontiers de convertir pleinement un tel révolutionnaire si je pouvais assez communiquer avec lui.

Tout à vous,

Auguste Comte.

(10, *rue Monsieur-le-Prince*).

P.-S. — Je suis maintenant en plein loisir, jusqu'au 5 novembre, où je commencerai d'écrire mon troisième volume, qui sera, j'espère, achevé dès le début d'août, avant la reprise probable de mon cours. Dès aujourd'hui, je reprends mes deux séances hebdomadaires chez M. Etex.

XXIII

A Monsieur P. LAFFITTE, à Béguey (Gironde).

Paris, le vendredi 9 Shakespeare 64.

Mon cher disciple,

Je suis très satisfait du compte que vous me rendez de votre précieuse entrevue avec M. de Tholouze. Si vous pouvez avoir avec lui deux autres entretiens équivalents avant de quitter la Gironde, vous l'aurez, j'espère, sauvé de la décomposition vers laquelle il tend ; ou vous l'aurez, du moins, préparé à tirer un parti décisif de l'étude de mon second volume et du catéchisme. Car il ne rentre point dans le cas ordinaire de ceux qui repoussent la religion positive, surtout par crainte d'une morale inflexible. Mais, quoique son erreur soit principalement intellectuelle, d'après un reste trop sensible de voltairianisme, elle ne tarderait point, si elle persistait, à troubler jusqu'à ses sentiments, qui ne sont pas assez dominants pour lui faire directement sentir le prix de la culture du cœur. Pourtant, c'est seulement quand il sera devenu religieux que ce noble personnage sortira de l'apathie morale où je le vois tombé, et qui le dispose à chercher péniblement des distractions matérielles dans ses voyages annuels aux eaux, où le fatal ennui, résulté du vide affectif, le poursuit toujours.

L'admirable lettre de Barbès m'a bientôt inspiré l'espoir de voir cet éminent révolutionnaire fournir peut-être un précieux triumvir de l'extérieur à notre dictature systématique, si je puis le convertir réellement au positivisme avant l'époque où je proposerai solennellement nos hommes à l'examen public, ce qui n'est possible que dans trois ans au plus tôt. Tel est le sens de la réponse que je viens de lui faire, et dont j'ai gardé copie, afin de la publier avec sa lettre, en appendice à la préface de mon troisième volume. Elle y formera, pour le commun des lecteurs, un contraste remarquable envers la lettre que je vais écrire, le mois prochain, au tzar Nicolas, en lui envoyant, par l'entremise que M. Volonski m'a promise, mes deux volumes de *Politique positive*, précédés du *Catéchisme positiviste*. Le parallèle serait complet si je pouvais, comme je le présume, publier alors (en mai prochain) la réponse que me fera probablement l'autocrate. Ce seul rapprochement de correspondance suffirait pour caractériser l'attitude définitive du positivisme.

Dans notre soirée d'avant-hier, j'ai fait connaître, d'après une lettre de M. Lucas, la grave infraction qu'il m'annonce, comme ayant conféré à Lyon le sacrement de la présentation sans mon autorisation préalable. Étant le parrain de l'enfant, il n'y pouvait officier personnellement, en sorte qu'il a vraiment usurpé, non seulement les fonctions de Prêtre de l'Humanité, mais celles même de Grand-Prêtre, puisqu'il a pris sur lui de choisir un consécrateur, qui d'ailleurs n'est heureusement pas M. Laurent, resté pur dans cette déviation. J'ai relevé hier l'abus dans une lettre décisive, où j'impose à M. Lucas et à celui qui consacre l'obligation d'aller déclarer à la famille déçue que ce sacrement est non avenu, comme s'il émanait d'une loge de francs-maçons. Quoique la vanité ne soit pas étrangère à cette infraction, qui faisait pressentir une sorte de papauté lyonnaise, j'ai tout lieu de penser que cela tient surtout à la faiblesse de M. Lucas, qui n'a pas osé résister à des obsessions réitérées. La manière dont il accomplira le juste désaveu que je lui prescris achèvera de fixer mon opinion sur ses vrais motifs. Il s'est tellement senti fautif qu'il n'a pas osé communiquer ce fait à M. Lefort, comme me l'indique le silence de celui-ci, quoique le cas ait eu lieu dès le commencement de juillet.

Outre l'importance générale de maintenir à son début la dignité de notre sacerdoce en interdisant toutes ses fonctions à ceux qui n'ont pas rempli les conditions intellectuelles et morales qu'il exige, je devais ici considérer un motif local qui aggraverait beaucoup la déviation commise. Lyon est la ville la plus profondément disposée à se séparer de Paris. Elle fit seule une résistance sérieuse à la Convention; car le siège de Toulon n'eut de poids que par les Anglais. Je vois déjà, par la lettre même de M. Lefort, qu'on y parle de poser la question sociale aussitôt que Paris posera la question politique; comme si les questions pouvaient se poser ailleurs que là où elles doivent se résoudre, et comme si l'on pouvait, à volonté, déplacer l'initiative ou la présidence. Si nous n'y veillons pas fermement, le positivisme pourrait devenir à Lyon un moyen systématique de séparation, pour peu qu'il y tombe, ce qui n'est nullement impossible, entre les mains de roués audacieux. Le danger est d'autant plus grave que ces déviations se trouvent mêlées à l'intérêt, juste, quoique confus, d'une décomposition temporelle de la France. Mon catéchisme, qui s'imprime assez rapidement pour paraître avant le milieu d'octobre, annonce déjà ce paisible partage de notre République actuelle en dix-sept républiques indépendantes, avant la fin du siècle actuel, comme le démontrera mon volume final. En instituant nos intendances, j'eus surtout en vue de faciliter cette séparation temporelle. Ainsi, les Girondins ne se trompèrent réellement que d'un siècle, quoique cette erreur ait suffi pour qu'ils aient été justement écrasés en s'opposant alors à une concentration indispensable autant que passagère. L'erreur ne serait donc plus aujourd'hui que d'un demi-siècle chez les Lyonnais, Bordelais, etc.; ce qui la rend plus spécieuse et plus dangereuse aussi. Car, si la tendance était poussée jusqu'à la tentative, on ne trouverait guère à Paris une assez forte activité pour la contenir, tant qu'on n'y craindrait d'ailleurs aucun mélange d'invasion extérieure ou de coalitions rétrogrades, désormais devenues essentiellement impossibles. J'insiste autant sur ces indications politiques auprès de vous qu'avec M. Lefort, parce qu'elles conviennent, quoiqu'à de moindres degrés, à Bordeaux, et même à Marseille, comme à Lyon. Tels sont les motifs qui m'ont fait attacher beaucoup de prix à réprimer, dès sa naissance, une sorte de tendance schismatique, qui semble d'abord n'être émanée que d'une vaine ardeur à jouer à la chapelle. Ceci fortifie spécialement la résolution où j'étais déjà de faire, dans la préface de mon troisième volume (laquelle ne sera écrite qu'en mai), à l'occasion de la coupable chute de M. Littré, un exemple décisif qui, j'espère, ôtera l'intention de faire un schisme positiviste chez quiconque pourrait en être buté.

Tout à vous,

A^te^ Comte,

(10, rue Monsieur-le-Prince).

P.-S. — Le rapport de M. Lefort sur sa cordiale visite chez M. Hadery a complété ma disposition antérieure envers cet éminent praticien pour le triumvirat de l'intérieur, si j'ai renoncé totalement à Caussidière. Je viens de lui faire expressément cette ouverture, en répondant tout à l'heure à la noble lettre que je lus à nos confrères avant-hier. Elle contient une appréciation de mon second volume qu'on semblait ne devoir pas attendre d'un esprit absorbé, depuis deux ans, par la plus minutieuse industrie. Sa modestie est trop au niveau de son intelligence et de son énergie. Mais c'est à moi à lui procurer un digne sentiment de ses forces, comme à notre éminent Magnin, auquel je le crois supérieur.

M. Etex appartient maintenant à la Société positiviste.

XXIV

A Monsieur P. LAFFITTE, à Béguey (Gironde).

Paris, le jeudi 15 Shakespeare 64.

Mon cher disciple,

Votre bonne lettre d'avant-hier, à laquelle je suis heureux de répondre immédiatement, me prouve une fois de plus combien votre esprit est pénétrant et juste. La gravité de notre événement lyonnais vous a directement frappé, sans méconnaître la portée politique que je vous y signalai, et qui vous inspire d'excellentes réflexions. Cette tendance spontanée et croissante à la séparation temporelle envers Paris, vicieusement confondue ici avec une vaine et désastreuse séparation spirituelle, mérite toute l'attention du sacerdoce positif, surtout à Lyon. Aussi l'ai-je fortement recommandée à mes deux éminents disciples de Provence, en répondant lundi à M. Audiffrent. Le danger serait d'autant plus grave que, s'il survenait une tentative sérieuse d'isolement, Paris ne trouverait guère la force désormais de la réprimer violemment, pourvu que, suivant toute vraisemblance, elle ne se compliquât d'aucune inquiétude spéciale d'invasion extérieure ou de coalition rétrograde. Or, cette même décomposition qui s'accomplira sans inconvénient à la fin du XIXe siècle, quand la religion positive aura déjà garanti l'union spirituelle, deviendrait maintenant très nuisible, au progrès comme à l'ordre, en neutralisant la salutaire dictature que Paris doit encore exercer pendant la génération de transition, sous le triumvirat positiviste.

Mais, considérée seulement en elle-même, au point de vue sacerdotal, l'usurpation de M. Lucas m'offre une gravité croissante à mesure que je l'examine davantage, surtout comme tendant à dissoudre les conditions scientifiques du clergé positif. Si cette déviation n'était pas dignement réprimée, les éminents disciples qui maintenant poursuivent des études longues et difficiles pour mériter le sacerdoce de l'Humanité se sentiraient profondément découragés, en voyant que leur office peut être usurpé par des parleurs sans instruction réelle, et bientôt aussi par des hypocrites étrangers à toute conviction sérieuse, puisque rien n'est plus facile à feindre que le sentiment, quand la conduite ne le garantit point. M. Lucas m'a paru toujours un peu déclamateur, trop mielleux et pas assez énergique. Néanmoins, je le crois honnête, du moins encore. Mais, outre qu'il peut se corrompre, son exemple pourrait susciter surtout des *apôtres* beaucoup moins purs, aussitôt que l'essor du positivisme fera naître une nouvelle source de renommées. Les conditions scientifiques ne constituent pas seulement une garantie intellectuelle. Elles offrent aussi beaucoup d'efficacité morale, en manifestant la profondeur et la ténacité des convictions, surtout en un temps où ces pénibles efforts d'initiation encyclopédique ne présentent aucune chance d'élévation temporelle; ce qui sera, j'espère, de plus en plus vrai, d'après la nature du sacerdoce positif.

Je dois donc, au début, maintenir vigoureusement les conditions essentielles de notre clergé, dussé-je risquer ainsi la perte momentanée ou même prolongée de presque tout le troupeau lyonnais. Au reste, je tiens beaucoup moins à ces conversions si vantées depuis que j'en vois le peu de profondeur. Car, enfin, malgré la faute de M. Lucas et celle de M. Raymond (son consécrateur choisi), la famille déçue est loin d'être irréprochable dans cette affaire. Elle n'a pas craint, en effet, de faire débuter son enfant par une participation involontaire à une grave usurpation envers le fondateur de la religion où l'on prétend l'élever. Je ne dissimule point à M. Lucas que la chétive coopération des Lyonnais à ma souscription (*deux cents francs* en tout l'an dernier, dont lui-même fournit peut-être la moitié) me donne une opinion peu favorable de leurs vrais sentiments, puisqu'ils ne reconnaissent pas même ce devoir éminent envers le chef de la religion qu'ils veulent professer, devoir qui les lie directement d'ailleurs au centre parisien. Mais, sous le rapport intellectuel, je dois encore moins les estimer, s'il est vrai, comme l'annonce M. Lucas, qu'un catéchisme de 400 pages va leur sembler beaucoup trop long. Comparez ce chétif esprit à nos prolétaires parisiens, dont un grand nombre passent les soirées dans les bibliothèques publiques, et de plus nombreux dans leurs chambres, pour accomplir avec persévérance des lectures, mal choisies sans doute, mais longues et fatigantes, afin de former leurs convictions sociales. Pourtant, ils ne font aucun étalage de leur dévouement, qui leur paraît tout naturel. Mais j'espère que la masse du troupeau lyonnais vaut mieux que ne l'indique l'obséquieuse méticulosité du chef actuel, qui craindrait de leur imposer aucune fatigue. S'ils sont tels qu'il le dit, leur perte m'affligerait peu. J'aime mieux vingt disciples intelligents et dévoués que mille chétifs et tièdes.

Quoique je n'aie encore reçu aucune réponse de M. Lucas, j'espère qu'il accomplira la réparation que je lui proposais. Mais ma lettre lui témoigne que je n'ai pas la même opinion sur l'ex-communiste Raymond, que je lui adjoins pour ce désaveu. Alors je charge M. Lucas de lui déclarer, en mon nom, que ce refus seul le montre comme n'étant pas positiviste. Si, contre mon attente, M. Lucas désobéissait aussi, je passerais du premier degré de censure sacerdotale au second, en faisant succéder le blâme public à cette remontrance secrète. Il faudrait alors que M. Lefort se chargeât, en mon nom, d'aller lire à Lyon l'épître collective que j'adresserais spécialement aux positivistes de cette ville sur cette grave infraction. Mais j'espère que le cas ne s'aggravera point ainsi, et que votre prochain retour trouvera tout cela réparé, sauf peut-être l'exclusion de M. Raymond. Alors l'événement aurait servi pour manifester l'autorité réelle de la hiérarchie naissante, et m'aurait aussi fourni l'occasion de faire sentir à chaque positiviste le devoir de se rattacher personnellement à moi en participant à ma souscription, qui doit bientôt s'appliquer à d'autres théoriciens.

Le projet que vous me soumettez sur l'étude spontanée de l'histoire, mérite aussitôt mon approbation. Pour procéder toujours du plus connu au moins connu, il faut alors marcher du particulier au général dans cette acquisition des faits ; tandis qu'ensuite l'étude des lois exige un cours inverse. Vous devez avoir noté que la section historique de ma *Bibliothèque du prolétaire* dispose les lectures en partant des temps les plus proches, afin de remonter graduellement vers les plus anciens, contrairement à ce qui convient pour la systématisation. Or, les mêmes motifs pressaient aussi de faire d'abord acquérir la connaissance des histoires les plus partielles, en passant graduellement à des associations plus vastes. C'est, envers l'initiation intellectuelle, faire ce qui convient à l'initiative affective, qui développe le sentiment social en commençant par la famille, pour passer ensuite à la Patrie, et s'élever enfin à l'Humanité.

J'interromps ici le cours de ma réponse pour un petit accident que je craindrais d'oublier. M. Fili m'a dit hier que M. Vallat, ignorant votre domicile de la Gironde, a mis récemment à la *poste restante* de Bordeaux une lettre qu'il vous adresse, et que vous devez donc réclamer lors de votre prochaine excursion dans ce chef-lieu. Vous y trouverez probablement l'indication, qu'on ignore ici, sur le domicile actuel de M. Vallat à Bordeaux, ce qui vous permettra de le voir avant votre retour à Paris.

L'acquisition de M. Etex est, en effet, d'un grand prix pour notre Société positiviste. Comme membre ayant une réputation propre, il y remplace fort avantageusement M. Littré, qu'il surpasse d'ailleurs à tous égards. Mais il y donnera surtout le précieux exemple de la vénération; tandis que l'autre était presque toujours irrévérencieux et souvent insubordonné, même jusqu'à l'inconvenance, ce qui contribua beaucoup à gâter la Société. Cette subordination aura d'autant plus d'efficacité qu'elle émanera d'un homme connu pour très énergique et fort indépendant. Je compte beaucoup sur son influence, tacite mais continue, afin d'améliorer cette réunion qui en a tant besoin, quoique d'ailleurs la fraternité s'y développe mieux depuis le départ des purs révolutionnaires. Au reste, j'ai renoncé totalement à la dissoudre jamais, en me réservant toutefois d'y pratiquer avec sagesse et fermeté les épurations individuelles qui deviendraient nécessaires.

J'ai écrit lundi à M. Littré, pour lui annoncer que j'ai choisi d'autres intermédiaires trimestriels envers Mme Comte, et que je suis dorénavant le seul directeur de ma souscription. Hier, j'ai reçu sa réponse qui, quoique sèche, obéit sans récrimination. Je n'aurai donc plus à m'occuper de lui qu'en écrivant, au mois de mai, la préface de mon troisième volume, où je le *jugerai* définitivement. Dans ma circulaire de janvier prochain, je me bornerai à faire savoir aux souscripteurs que je suis devenu le seul centre de la souscription, où M. Littré n'a plus d'office, mais sans m'expliquer sur les motifs de ce changement, et en annonçant seulement qu'ils seront exposés dans cette préface. J'ai donc plus de sept mois pour mûrir cette appréciation personnelle à l'abri de toute excitation perturbatrice. Mais le quasi-schisme de Lyon donne plus d'importance à cet acte de justice envers un disciple révolté, dont le sort effrayera peut-être les autres, quoique cette réaction indirecte ne doive d'ailleurs affecter aucunement mon *jugement*.

Depuis votre départ, ma santé n'a point cessé d'être essentiellement bonne, seulement j'ai très peu profité matériellement de mon loisir actuel. Tant qu'a duré l'élaboration de mon *Catéchisme*, le temps est resté fort beau. Mais il est devenu pluvieux aussitôt que je l'ai terminé. Il est maintenant presque froid, quoique sec ; en sorte que je n'ai pas encore fait, cette année, une seule excursion accoutumée dans la campagne de Sceaux, mes visites périodiques chez M. Etex et à Clichy m'ayant d'ailleurs retenu avant le début de ce travail. Demain je compte pourtant aller faire, entre le déjeuner et le dîner, ma première, et probablement unique promenade champêtre. Il est vrai que les correspondances importantes ne m'ont pas manqué depuis que mon loisir a commencé.

Tout à vous,

AUGUSTE COMTE.

(10, rue Monsieur-le-Prince).

XXV

(Pressée).

A Monsieur LAFFITTE, Professeur de Mathématiques, 23, rue Racine, Paris.

Je prie Messieurs Laffitte, Robinet et Foley d'assister Mme Francelle pour les funérailles de son mari, en s'adjoignant le plus grand nombre possible de leurs confrères dans la cérémonie de l'inhumation, où je les charge de me représenter, en regrettant de ne pouvoir pas m'y trouver personnellement.

Le Président de la Société Positiviste,

AUGUSTE COMTE.

(*10, rue Monsieur-le-Prince*).

Jeudi soir 27 Charlemagne 65 (7 h.)

Si, par un motif quelconque, le défunt était conduit à l'église chrétienne, les positivistes devraient se retirer immédiatement, après avoir convenablement protesté contre ce mensonge.

XXVI

A Monsieur P. LAFFITTE, membre de la Société Positiviste.

Paris, le 17 août 1853.

Monsieur,

La Société Positiviste invite chacun de ses membres à fournir, selon ses convenances personnelles, ou *quinze* francs, ou *dix* francs, ou *cinq* francs, pour concourir au payement des divers frais résultés de la mort de M. Francelle, ouvrier horloger, notre confrère, décédé le 14 juillet. Veuillez donc me transmettre, le plus promptement possible, la cotisation que vous aurez choisie.

Salut et fraternité.

Le Président de la Société Positiviste,

AUGUSTE COMTE.

(*10, rue Monsieur-le-Prince*).

XXVII

A Monsieur P. LAFFITTE, à Béguey (Gironde).

Paris, le samedi 8 Gutenberg 65.

Mon cher disciple,

Je compatis sincèrement aux tribulations que vous avez trouvées là même où vous alliez chercher du repos. Mais j'espère que votre intervention aura du moins une efficacité durable envers vos dignes parents. Les suites d'un vicieux mariage doivent être réductibles à ceux qui l'ont contracté, quoiqu'on puisse en accuser aussi ceux qui l'ont permis ou conseillé.

Votre lettre contient, sous de nouvelles formes, la confirmation habituelle de l'altération que vous fait toujours subir le séjour de la province. Mais, heureusement, cela ne va plus, comme autrefois, jusqu'à retomber passagèrement à l'état rouge. Vos principes étant plus fermes et mieux exercés, la dégénération se borne maintenant à des observations insuffisantes, inspirant des découragements mal fondés d'après des désappointements que vous deviez éviter en ne cherchant pas le progrès dans un milieu qui ne le comporte point.

Mon nouveau volume vous arrivera, j'espère, assez tôt pour que vous puissiez l'utiliser envers cette rectification, où la plénitude avec laquelle votre intelligence saisira, j'en suis certain, ma théorie positive de la crise française, déduite de celle du XVIIIe siècle. Des trois écoles de celui-ci, les deux inconséquentes de Voltaire et Rousseau fournirent à la Révolution les Girondins et les Montagnards. La grande école de Diderot y fut représentée par le parti d'élite de Danton, composé d'une vingtaine de membres de la Convention, appuyés au dehors sur deux ou trois cents adhérents réels. C'est pourtant ce petit groupe qui seul caractérisa la Révolution, c'est-à-dire la République. Quand vint la rétrogradation, les voltairiens et les roussiens se firent les complices ou les courtisans de Bonaparte comme préfets, chambellans, etc., tandis que les dantoniens restèrent seuls vraiment républicains. Sous le régime parlementaire, bourbonique ou orléanique, l'école de Diderot garda ses convictions et son attitude, pendant que celle de Voltaire et de Rousseau participait au complot exceptionnel pour la réhabilitation commune de Bonaparte et Robespierre. La première, toujours clairsemée, mais dans toutes les classes, surtout prolétaires, est donc la seule qui doive aboutir collectivement au positivisme, où les deux autres ne peuvent fournir que des adhésions individuelles, qui vont devenir de plus en plus rares.

Telle est, au fond, la source générale de votre désappointement girondin, qui serait équivalent dans toute autre province. Vous cherchez une amélioration de pensées et de sentiments chez des gens profondément arriérés qui sont destinés à mourir voltairiens ou roussiens. Quoique des expériences récentes leur montre l'inanité de leurs doctrines métaphysiques, ils ne peuvent ni ne veulent y substituer des convictions positives. Outre l'ineptie et la paresse, cette stagnation est entretenue, chez les meneurs (ou ceux qui croient l'être) par la perspective de passer au dernier rang s'ils devenaient positivistes, et, chez les menés, dans l'appât que les dogmes anarchiques présentent à l'envie et l'ignorance, en dispensant de toute soumission et de toute étude. Mais il ne faut jamais perdre son temps à convertir les uns ou même les autres, et vous devez laisser leur impuissante malveillance dénigrer le positivisme qui saura bien cheminer sans leur permission. Dans le milieu révolutionnaire, il ne faut attendre de conversions que chez les dantoniens, ou l'école de Diderot, dont les types sont difficiles à rencontrer, et parmi lesquels nous avons peut-être déjà recueilli les meilleurs. A ceux-là près, ce parti doit nous sembler celui de tous qui sera le plus hostile au positivisme. Tous les autres, même les bonapartistes, ont fait maintenant des progrès appréciables, tandis que les purs révolutionnaires sont incapables de modifier aucunement leurs opinions, surtout parmi les roussiens, qui rêvent toujours le déïsme légal avec l'échafaud pour sanction.

Sans nous occuper spécialement du reste des dantoniens, qui d'eux-mêmes viendront à nous, il faut donc regarder la masse des conservateurs ou rétrogrades comme le vrai milieu du positivisme. Outre que la plupart des femmes en font spontanément partie, il comprend presque tous les chefs industriels, et même beaucoup de prolétaires, à leur insu du moins. Depuis le Directoire, cet immense parti reste passif faute d'une doctrine capable de réaliser la conciliation qu'il demande entre l'ordre et le progrès, Il faut donc l'attirer à nous en lui représentant le positivisme comme ayant, dès son début et de plus en plus, rempli cette condition fondamentale. Le principal obstacle qui l'écarte de nous résulte de ce qu'il nous prend pour une secte spéciale de révolutionnaires. Mais cette méprise, que plusieurs positivistes ont eux-mêmes accréditée par leur conduite, ne saurait persister longtemps, en présence du développement caractéristique de notre doctrine, que la haine des anarchistes contribuera d'ailleurs à faire mieux apprécier chez les conservateurs. Alors le positivisme deviendra pour eux la seule défense systématique de l'ordre contre les subversions communistes ou socialistes qui deviendront imminentes aussitôt que la liberté d'exposition et de discussion sera suffisamment développée.

Quoique j'aie remis depuis le 8 août la totalité de mon manuscrit, y compris la préface et son appendice, l'impression de mon tome troisième s'est assez ralentie vers la fin pour qu'il ne puisse point paraître avant les derniers jours d'août. Envers les deux adjonctions litigieuses, M. Thunot a finalement refusé de publier ma réponse à Barbès, et même la lettre de celui-ci, non pour son contenu, mais en vertu d'un nom qu'il regarde, avec raison sans doute, comme un épouvantail. Sa décision est entièrement favorable à l'égard de ma lettre au Tzar, sans qu'il m'ait demandé d'autres modifications que les deux suppressions secondaires que j'avais faites spontanément, comme vous le savez. Cet important manifeste va donc être publié, mais avec un blâme spécial sur l'attitude perturbatrice de l'autocrate dans ces derniers temps : quoique le conflit soit déjà dissipé, suivant mes prévisions, je ne regrette point cette occasion d'avoir personnellement réprouvé toute infraction passagère au principe de la paix. Je ferai tirer à part deux cents exemplaires de mes deux épîtres, russe et turque, qui pourront ainsi parvenir à des lecteurs peu disposés à lire mon volume.

D'après vos doléances sur les vignes de la Gironde, M. Magnin s'est trouvé conduit à déclarer qu'il ne croit point à d'autre *oïdium* réel que l'épuisement du sol d'après une culture exclusive trop prolongée, et qui rend des plantes quelconques incapables de résister aux moindres sources d'altération, faute d'une suffisante alimentation. Le remède consiste donc, suivant lui, dans le chômage des terres pendant deux ou trois ans, afin de leur laisser le temps de reprendre des éléments nutritifs. Je suis très enclin à ratifier l'ensemble de cette opinion, qui sera, sans doute, peu goûtée de vos avides ou pauvres empiriques, effrayés de perdre une seule récolte, quoiqu'ils risquent ainsi de compromettre indéfiniment leurs revenus.

L'heureuse issue du concours de M. Segond vous est déjà connue, d'après lui-même. Mais la lecture de sa thèse m'a fait envisager cet événement comme pouvant devenir une source de dégénérescence vers le type officiel. La vulgarité de cette pièce excède tout ce que j'attendais, et me paraît supposer un parti pris de s'aplatir pour réussir. Or, cette concession initiale peut en susciter de plus graves, sous l'impulsion des roués au milieu desquels vit ce jeune théoricien, surtout dans sa famille actuelle. Je n'ai pas craint de témoigner ces inquiétudes à nos confrères et même au nouvel agrégé, dans la visite qu'il me fit hier, devant partir ce matin pour le Midi. Toutefois, je suis heureux d'avouer que cette conversation m'a spécialement rassuré sur le danger de voir un troisième cas positiviste de la funeste dégradation imprimée à MM. Williamson et Robin par les positions officielles. Ici donc va commencer une grave épreuve pour le jeune biologiste : dominera-t-il la Faculté ? sera-t-il absorbé par elle ? C'est un devoir chez tous les positivistes compétents de l'aider à sortir dignement de cette lutte difficile, d'après leurs conseils, leurs secours, et même leurs remontrances.

Tout à vous,

AUGUSTE COMTE.

(*10, rue Monsieur-le-Prince*).

XXVIII

A Monsieur LAFFITTE, *à Béguey* (*Gironde*).

Paris, le samedi 3 Shakespeare 65.

Mon cher disciple,

Si j'admettais la règle du talion, je ne répondrais pas à votre lettre de vendredi le lendemain de sa réception, puisque c'est seulement la seconde que vous m'adressez depuis six semaines d'absence. Mais je comprends que les soins dus à la santé de votre mère vous ôtent le temps d'écrire, tandis que les tristes affaires dont vous êtes maintenant assailli vous en détournent. Toutefois, avec plus d'énergie, vous chercheriez, au contraire, dans une cordiale correspondance une diversion salutaire à vos différents ennuis.

Je me félicite d'avoir été conduit à vous indiquer, par ma première lettre, le point de vue sous lequel l'histoire de la révolution doit être finalement systématisé. Car votre réponse me prouve que vous avez utilisé déjà cette communication sommaire avec la merveilleuse aptitude qu'apporte ordinairement votre intelligence dans l'appréciation de mes nouvelles conceptions, même les plus difficiles à bien saisir. Une telle anticipation devient ici plus précieuse par le retard qu'éprouve l'apparition de mon volume, dont je n'ai pas encore un seul exemplaire, vu la lenteur habituelle du brochage chez M. Thunot.

Cet imprimeur a définitivement refusé de publier à part ma lettre au Tzar, qui restera donc inséparable de mon nouveau volume. Quoique je regrette beaucoup d'en voir ainsi restreindre la circulation, j'ai dû m'en rapporter à la sagesse de M. Thunot, qui connaît mieux que moi les écueils spéciaux de la compression actuelle. Il a probablement raison quand il pense que ces vingt pages publiées isolément effrayeraient un parquet qui ne s'inquiétera pas de les voir enveloppées dans un gros livre.

M. de Ribbentrop a recouvré la liberté le 24 août. Il est venu, dix jours après, me faire une visite de remerciement. Ces deux mois de retraite forcée n'ont aucunement modifié ses dispositions habituelles.

Depuis que je me repose de mon volume, je contemple péniblement ma situation matérielle, dont j'étais auparavant détourné par le travail. La recette totale d'août s'est élevée à *soixante-trois francs*, et septembre ne semble pas jusqu'ici devoir être plus satisfaisant. Ma moyenne quotidienne des huit premiers mois de 1853 correspondait pourtant au taux normal de 7.000 francs pour l'année, vu l'heureux état du premier trimestre. Elle commence maintenant à baisser au-dessous de ce chiffre, et son décroissement sera très rapide si l'extrême insuffisance des deux trimestres suivants n'est pas bientôt compensée. L'arriéré de loyer qui recommença pour moi le 15 juillet, va probablement augmenter d'un terme le mois prochain. Je n'ai pas encore la moindre partie des *cinq cents francs* trimestriels que vous devriez, dans trois semaines, remettre à Mme Comte. Quand même ils me viendraient à temps, cette détresse me fait déjà sentir la nécessité d'avertir alors cette dame, que suivant toute apparence, je serai forcé de réduire à *douze cents francs* sa pension annuelle, à partir du premier trimestre de 1854. Ne voulant, sous aucun prétexte, lui rien écrire, cet avis éventuel s'accomplirait par un billet officiel que je vous adresserais conjointement avec M. Foley, en vous autorisant à le lui communiquer. C'est une rude épreuve que j'ai tentée en me fiant exclusivement pour mon existence matérielle à la libre sollicitude du public occidental, dans un temps d'inertie et d'égoïsme. Néanmoins, je ne regrette point d'avoir été conduit à prendre ce parti, puisqu'il offre le type normal de la situation sacerdotale pendant le premier siècle du positivisme. Au reste, ne croyez pas que ces embarras, probablement passagers, mais que j'espérais cependant ne plus revoir, me fassent rien perdre de ma résignation et de mon insouciance accoutumées. Je ne me suis jamais mieux porté qu'à présent.

M. Jundzill m'a deux fois écrit des Eaux-Bonnes, qu'il quitte vers la fin d'août, pour aller passer le mois de septembre à Lausanne chez son père. Il se félicite beaucoup de l'amélioration que les eaux ont apportée à sa poitrine. Malgré la disposition trop ordinaire au fatalisme absolu dans les phénomènes réellement soumis à l'esprit positif, j'espère donc que nous conserverons cet éminent et digne confrère.

Tout à vous,

AUGUSTE COMTE.

(*10, rue Monsieur-le-Prince*).

P.-S. — Je vous invite à ne pas quitter la Gironde sans avoir, si cela se peut, vu M. de Tholouze, afin que je sache comment il a pris la proposition décisive que je lui fis, à la fin de l'hiver, de donner sa démission directe du triste office qu'il exerce, pour vivre d'après une profession indépendante, si son propre revenu ne suffit pas. Vous savez avec quelle lenteur il me répond, et le délai doit cette fois être plus long que de coutume. Je désirerais aussi savoir s'il a vu M. Ribet, suivant mon invitation.

XXIX

A Monsieur LAFFITTE, à Paris.

Paris, le mardi matin 3 Charlemagne 66.

Mon cher disciple,

La présence de M. Etex me fit hier soir oublier de vous avertir que, samedi prochain 24 juin étant le dernier samedi du trimestre, vous avez ce jour-là la corvée périodique qui vous est commune avec M. Foley. Veuillez donc inviter aujourd'hui la dame à vous assigner, comme de coutume, une entrevue pour ce motif. Je vous remettrai les 500 francs samedi matin entre 9h et 10h.

Tout à vous,

AUGUSTE COMTE.

(*10, rue Monsieur-le-Prince*).

XXX

A Monsieur P. LAFFITTE, à Béguey (Gironde).

Paris, le vendredi 6 Gutenberg 66.

Mon cher disciple,

Votre lettre de mardi, que j'ai reçue tout à l'heure, dissipe les inquiétudes que votre silence commençait à m'inspirer, non sur votre santé, qui me parut ferme au départ, mais sur celle de votre excellente mère, que je remercie avec ma bonne Sophie, de son précieux souvenir. Comme vous l'avez espéré, je sympathise profondément avec la perte, autant imprévue qu'irréparable que vous venez de subir, et dont je ne dois pas chercher à vous consoler autrement qu'en fortifiant votre tendance à constituer le culte d'un tel ami. Je regrette de ne pas savoir son nom, qui me semble plus digne d'être retenu que celui du compagnon que vous perdîtes au début de cette malheureuse année.

L'impression de mon volume final a trop traîné depuis un mois pour que je puisse regarder comme assurée sa publication à la fin d'août, quoiqu'il me soit encore permis de l'espérer. C'est à peine si la correction des épreuves se trouve achevée demain. Je vous enverrai pourtant ce volume en cas qu'il paraisse avant le 1er septembre, sans quoi je garderai l'exemplaire jusqu'à votre retour. Au reste, les passages que je vous avais lus n'ont pas excité la moindre réclamation chez M. Thunot. Dans l'immense élaboration ainsi terminée, sa prudence ne m'aura donc demandé que d'insignifiantes modifications à la fin du second volume et du *Catéchisme*.

Nous avons en ce moment la précieuse visite de deux dignes membres du foyer irlandais, M. Hutton, avocat à Dublin, et M. Allman, professeur de mathématiques à Galloway. Demain M. Foley les conduira chez M. Robinet, installé pleinement à son poste médical. Ils ont déjà fraternisé convenablement avec les principaux positivistes qui se trouvent maintenant à Paris. Tous nos confrères ont pu constater ainsi la consistance et l'importance du foyer irlandais, dont les divers membres occupent les différents centres essentiels de l'île, où tous sont nés et mariés. Ces deux messieurs regrettent beaucoup que votre éloignement passager les empêche de connaître celui de mes disciples que tous les autres s'accordent avec raison à regarder comme le plus éminent parmi les théoriciens. Je suis convaincu que ces contacts vont beaucoup consolider les dispositions naturelles. Ils seront bientôt étendus jusqu'en Hollande, d'après le noble empressement que le noyau de La Haye témoigne à recevoir la fraternelle visite d'un représentant quelconque de celui de Dublin.

Je n'ai reçu jusqu'à présent aucun envoi de la part de Miss Martineau. M. Hutton, en passant à Londres, a su que l'éditeur Chapman vient de faire faillite. Quoiqu'on espère qu'il rétablira bientôt sa situation, cet événement va déterminer au moins un retard, et peut-être une diminution, dans la recette que j'attendais de là pour payer immédiatement les frais du volume final.

Une seconde lettre, presque aussi remarquable que la première, de l'éminent enthousiaste de Long Island me permet d'espérer qu'il deviendra bientôt, suivant son vœu, le digne chef d'un foyer décisif du positivisme aux États-Unis. En lui répondant, je l'ai spécialement chargé de se mettre en relations avec M. Ewerbeck, auquel j'ai fait la même invitation. Quoique leur contact doive plus servir au second qu'au premier, il peut faciliter l'introduction du positivisme chez les Germains d'Amérique.

Tout à vous,

AUGUSTE COMTE.

(10, rue Monsieur-le-Prince).

P.-S. — Je joins ici le reçu que j'oubliai de vous remettre pour M. Ribet. N'oubliez pas de renouveler à votre digne mère mes respectueux hommages et ceux de ma fille adoptive.

XXXI

A Monsieur LAFFITTE, à Béguey (Gironde).

Paris, le dimanche 22 Gutenberg 66.

Mon cher disciple,

Avec cette réponse à votre lettre de jeudi, la poste doit vous remettre mon volume final dont les premiers exemplaires me furent apportés hier soir. Son apparition se trouve, comme celle du précédent, accompagnée de la triste conviction que mon subside exige, comme cette année, un appel exceptionnel, qui me peine d'autant plus que j'avais espéré pouvoir désormais l'éviter. Je n'ai pas, en ce moment, le premier *centime* du payement trimestriel de *mille francs* que je dois accomplir dans un mois.

En même temps, la faillite de M. Chapman m'ôte l'espoir, qui paraissait si certain, d'acquitter prochainement la facture de mon nouveau volume. Toutes ces préoccupations, et l'attente de plusieurs visites (qui peut-être n'auront pas lieu) m'interdisent de profiter de l'admirable saison que nous avons pour aller passer quatre ou cinq jours chez M. Robinet. Le mauvais temps va venir sans que j'aie fait la moindre excursion rurale.

Je ne puis approuver vos propositions sur le culte civique. Elles altéreraient la division des deux pouvoirs, en conférant au magistrat temporel une autorité morale qui ne lui convient pas. Son intervention actuelle pour le mariage est fondée sur un motif d'ordre public qui consiste à prescrire la monogamie : elle ne laisse à désirer que plus de dignité dans son accomplissement, ce qui dépend de la régénération personnelle du fonctionnaire, comme vous l'avez senti. Mais, aucune raison de ce genre n'existant envers la naissance ou la mort, l'office municipal que vous y proposez deviendrait un empiètement, oppressif ou ridicule, sur des attributions sacerdotales. Vous avez été conduit à cela par la récente impression d'insuffisance qu'a dû vous produire l'inhumation de votre digne ami. Plus de réflexion vous fera comprendre que rien ne peut suppléer à l'intervention spirituelle, et qu'il importe que sa lacune soit sentie en chaque occasion, au lieu de laisser le milieu sceptique se contenter d'une demi-satisfaction par des organes incompétents. En attendant que le sacerdoce intervienne, les besoins d'appréciation provisoire du défunt sont mieux satisfaits d'après le digne discours funèbre d'un ami laïque que si le maire venait exercer un jugement officiel.

La rectification de cette déviation passagère me fait spécialement sentir combien je suis encore nécessaire personnellement à la religion que j'ai fondée. Je vois que, sans mon influence continue, les meilleurs de mes disciples sont toujours disposés à s'égarer dans l'application de mes principes, sous la moindre impulsion imprévue. Il faut, hélas ! plusieurs années encore après l'entière publication de mon principal traité, pour que les convictions produites puissent spontanément dispenser de mon intervention spéciale.

Tous nos coreligionnaires ont été très satisfaits de la visite des deux Irlandais. On apprécie mieux M. Hutton, comme plus communicatif, et parce que son séjour aura duré le double. Mais, quoique M. Allman ne soit resté que deux semaines, tout le monde a senti combien il est intelligent, tendre et vénérant.

Tout à vous,

AUGUSTE COMTE.

(*10, rue Monsieur-le-Prince*).

P.-S. — Mme de Lanneau vient de mourir subitement d'un coup de sang (le 18 août), dans les bras de son mari, dont la santé préoccupe M. Segond d'après une telle secousse.

XXXII

A Monsieur LAFFITTE, Professeur de Mathématiques,
23, rue Racine, Paris.

Mon cher disciple,

Je viens de recevoir, de votre famille, des nouvelles que je désire vous communiquer le plus prochainement possible.

Tout à vous,
AUGUSTE COMTE.
(10, rue Monsieur-le-Prince).

Samedi 8 Frédéric 66 (3h).

XXXIII

A Monsieur P. LAFFITTE, à Béguey (Gironde).

Paris, le jeudi 18 Gutenberg 67.

Mon cher disciple,

J'ai spontanément compati, depuis votre départ, aux amères émotions décrites dans votre lettre de dimanche, que j'ai reçue hier. C'est l'inévitable caractère de l'année qui suit une telle catastrophe. Mais, après cette douloureuse initiation, vous commencerez à sentir les douceurs croissantes de la vie subjective, surtout à mesure que vous lierez mieux vos affections privées à vos travaux publics, en vous proposant, comme principale récompense de votre digne carrière, d'immortaliser celle que vous regrettez si justement et qui doit tant concourir à tous vos succès.

La disponibilité cérébrale dont je jouis exceptionnellement cette année me fait sentir mieux ces propriétés naturelles du culte intime. Après m'avoir, en avril, plus douloureusement reproduit la fatale catastrophe, elle me dispose, en août, à goûter davantage le retour de mes souvenirs les plus doux et les plus décisifs. C'est aujourd'hui, dernier jeudi d'août, que revient, comme vous savez, notre principale fête, dont j'ai tout à l'heure ranimé la mémoire spéciale en relisant, pour la première fois depuis dix ans, ma lettre inédite sur le baptême, qui mérite réellement d'être publiée, à titre de première ébauche de l'institution décisive du sacrement de la présentation.

Mon *Appel aux Conservateurs* est enfin totalement imprimé, de manière à paraître dans le cours de la semaine prochaine. Les retards typographiques sont uniquement provenus d'une surcharge exceptionnelle chez M. Thunot, par suite d'un grand nombre de thèses à publier promptement. Cette impression s'est accomplie jusqu'au bout sans que j'aie reçu la moindre demande de modifications quelconques.

Nous avons, depuis le 13 août, la visite de

M. Hutton, en même temps que le retour de M. Fisher; et tous deux resteront encore une dizaine de jours, après quoi nous verrons M. Ingram, maintenant en Allemagne. Le premier m'a porté son opuscule sur la guerre actuelle, et je me félicite réellement d'avoir lu ce travail, qui constitue à l'honneur du positivisme, et malgré de graves imperfections, un heureux début; pourvu que le jeune disciple sache surmonter les impulsions de vanité que ce succès tend à susciter. On peut aussi regarder sous le même aspect la thèse remarquable d'après laquelle M. Foley est, le 22 août, dignement devenu docteur en médecine, sans que sa noble déclaration envers moi l'ait exposé nullement aux tracasseries que l'on craignait mal à propos d'une classe où je suis passivement respecté par ceux-là même qui n'appuient pas activement mon aptitude à l'élever en la régénérant.

Une visite décisive du chef des sécularistes anglais m'a prouvé, le 21 août, l'importance du contact ébauché le 5 par ses deux frères, et la réalité des sympathies qui l'ont déterminé. M. Holyoake est un homme de trente-huit ans, plein d'énergie et de sincérité, qui paraît exercer beaucoup d'influence sur le prolétariat britannique, puisqu'il a spécialement organisé la manifestation collective récemment accomplie avec succès contre le bill du dimanche. Sa position de chef de parti ne l'a point empêché de prendre envers moi l'attitude d'une digne subordination; ce qui me semble constituer une garantie décisive chez un révolutionnaire, dont la disposition à sortir du négativisme pour atteindre son but social par le positivisme me paraît ainsi constatée. Directeur, imprimeur et libraire d'une revue hebdomadaire, il a la situation et l'activité qui peuvent seconder le mieux la propagation de notre doctrine, si ses tendances positivistes aboutissent à des convictions suffisantes. Il paraît avoir sérieusement résolu de publier en anglais le troisième volume de ma *Politique positive*, sous le titre spécial de *Philosophie de l'Histoire*, ou *Traité général du progrès humain* : or, cette opération suffirait pour dissiper l'honnête conspiration où MM. Mill, Lewes, Carlyle et Cie s'efforcent d'étouffer le positivisme social sous le positivisme intellectuel.

Hier, j'ai reçu la visite inopinée de Mme Robinet, qui vient d'être tristement frappée d'un coup imprévu par la mort subite de son excellente amie Mme Sammert, morte samedi dernier, à trente ans, dans une crise inattendue de deux heures, aux bains de mer près de Caen, où, par simple diversion, elle était depuis huit jours avec ses enfants et son mari, sans aucune maladie. Ma digne disciple s'était rendue à Paris pour se mettre, d'après le télégraphe électrique, à la disposition du malheureux veuf, surtout en se chargeant de sa fille. Elle ignorait encore la véritable source de cette catastrophe, qui rappelle de nouveau la plus douloureuse des fatalités humaines, en éteignant prématurément une digne existence, tandis que tant de parasites et de fardeaux ou fléaux restent longtemps intacts.

Au milieu de septembre, je compte décidément

écrire mon testament, dernier épisode qui me reste avant d'aborder les méditations directement relatives à l'éminent traité de l'an prochain. J'espère pouvoir dignement accomplir cet acte exceptionnel, sans m'y laisser aucunement influencer par les inquiétudes que doit naturellement susciter ma situation matérielle. Cependant, l'insuffisante efficacité du dernier appel me fait craindre, à la fin du présent trimestre, les mêmes embarras que manifesta celle du précédent.

Tout à vous,

AUGUSTE COMTE.

(10, rue Monsieur-le-Prince).

Williamson vient de se marier, sans m'en avoir aucunement fait part. C'est un mariage d'argent, d'après lequel il voyage à l'anglaise, et doit venir ici dans le courant de septembre.

XXXIV

A Monsieur P. LAFFITTE, à Béguey (Gironde).

Paris, le jeudi 25 Shakespeare 67.

Mon cher disciple,

Votre lettre de lundi que j'ai reçue hier, se taisant sur votre retour, et m'annonçant que votre famille ne viendra point avec vous, cette réponse doit vous arriver plusieurs jours avant de vous acheminer vers Paris. Ainsi, je puis une seconde fois m'entretenir librement avec vous, en attendant la reprise de nos précieux lundis.

Je ne suis pas surpris que vous ayez pleinement saisi mon *Appel aux Conservateurs*, comme vous l'avez toujours fait pour mes diverses conceptions, à mesure qu'elles ont surgi. Nul ne sent mieux que vous le véritable esprit du positivisme, consistant partout à voir les choses comme elles sont, afin de les améliorer autant que possible. L'institution de la synthèse universelle nous permet maintenant de développer cette aptitude à l'utilisation des forces quelconques, sans pouvoir jamais altérer la consistance et la pureté des règles fondamentales. Mon récent opuscule caractérise avec précision la position générale des positivistes dans le présent milieu. Systématiquement réduits d'abord à l'influence purement consultative, afin de mériter le pouvoir temporel en exerçant le pouvoir spirituel, ils secondent les gouvernements pour le maintien de l'ordre sans leur inspirer aucun ombrage, et conquièrent la confiance des populations en se plaçant à la tête du progrès. En même temps, l'homogénéité de leur action doit augmenter leur consistance, en écartant les germes de dissension propres à la rivalité finale entre les théoriciens et les praticiens, tous également préoccupés aujourd'hui d'élaborer l'opinion publique d'après une doctrine qui fournit à toutes les questions importantes des réponses complètes et toujours concordantes. Si nous sommes assez unis et dévoués, cette destination purement spirituelle, clairement assignée par la situation actuelle, nous permet des succès prochains et décisifs sans attendre que nous soyons devenus plus nombreux, ce qui n'est nécessaire que pour l'ascendant temporel.

Depuis ma précédente lettre, plusieurs entrevues importantes ont confirmé la nécessité de ne pas m'absenter. Outre les visites d'adieu de M. de Constant, j'ai reçu le 11 septembre M. de Stirum, que la brièveté de son séjour ne m'a permis de voir qu'une seule fois. Elle a suffi pour me prouver combien est motivée la supériorité que tous les autres positivistes hollandais s'accordent à lui reconnaître. J'avais eu, le 6 septembre, une entrevue très intéressante avec M. Ingram, qui, de cœur et d'esprit, surpasse M. Hutton, mais reste inférieur à M. Allman, le plus digne, à tous égards, des positivistes d'Irlande, et peut-être le seul assez complet. Les 14 et 18 septembre, j'aurais été pleinement satisfait de voir le noble et tendre M. Papot, chez lequel le cœur soutient et guide l'esprit, si je n'avais alors constaté douloureusement l'état de corps qui me fait craindre d'être bientôt privé de son concours objectif.

Mon résumé du troisième trimestre montre aggravé le décroissement du subside positiviste dans la présente année. Comparée à la partie correspondante de 1854, la diminution, qui se bornait à 500 francs pour le premier semestre, s'élève à

1.000 francs sur l'ensemble des trois premiers trimestres. Le dernier appel est resté tellement insuffisant que je n'atteindrai point le minimum normal de 7.000 francs en 1855, si le trimestre final ne fournit pas 2.000 francs, ce qui me paraît peu probable. En votre absence, M. Foley a donc écrit récemment à Mme Comte pour annoncer l'ajournement du payement qui devait s'accomplir le 29 septembre. Outre que les positivistes d'Irlande n'ont rien joint à leur modique contribution (sauf 25 francs de M. Allman), ceux de Hollande n'ont aucunement augmenté leur part envoyée au début de l'année. Quoique je doive juger sérieuse la résolution annoncée par M. de Constant de me léguer le cinquième de ses biens, je crains qu'elle ne nuise à sa coopération actuelle, en rassurant sa conscience par une éventualité très chanceuse chez un homme moins âgé que moi de dix ans. Je préférerais une donation moitié moindre, pourvu qu'elle fût immédiatement réalisée en annuité viagère ; ce qui constitue d'ailleurs le seul mode sous lequel un legs puisse être dignement accepté d'un sacerdoce nécessairement étranger à toute capitalisation, sauf pour les dépenses collectives du positivisme.

L'exiguïté de notre fraternel auditoire m'a forcé, mercredi dernier comme le précédent, d'ajourner la lecture du précieux début de la correspondance normale de M. Fisher, installé maintenant à Manchester, où vont s'accomplir ses études médicales. Cet éminent disciple me semble déjà propre à devenir finalement un digne membre du sacerdoce universel, et bientôt le véritable chef des positivistes britanniques. Auprès de vous, il sera suffisamment caractérisé par sa noble disposition à réfuter ceux qui lui reprochent comme servilité la vénération et le dévouement en se bornant à reproduire l'admirable sentence de saint Paul envers de semblables remontrances : *Étant lié, je suis libre ;* ce qui signifie réellement que la vraie discipline nous affranchit de l'ennui, du doute et de l'irrésolution où sont plongées les âmes déréglées.

Réservée d'abord à M. Williamson, qui s'en est montré finalement indigne, la présidence des positivistes britanniques ne saurait appartenir à ceux d'Irlande, soit parce qu'ils ne sont pas assez *Anglais*, soit aussi comme n'étant pas suffisamment *Irlandais*. Le positivisme devant épouser et réaliser, en les épurant et les coordonnant, tous les dignes programmes, doit autant accomplir en Irlande le *rappel à l'union* que, en Italie, l'*indépendance*. Or, nos confrères de Dublin sont incapables, d'après leur origine protestante, de remplir cette condition, quand même ils la sentiraient assez, ce qu'on peut finalement obtenir des théoriciens. Malgré leurs précieuses adhésions, ils ne peuvent former qu'un noyau préparatoire, et les positivistes vraiment irlandais n'ont pas surgi jusqu'à présent, puisqu'ils doivent émaner du milieu catholique. D'un autre côté, M. Congreve, quoique ses convictions soient assez complètes, n'a point assez d'indépendance officielle, ni même un caractère assez énergique, pour qu'il puisse jamais fournir un véritable chef aux positivistes britanniques. Il en est autrement de M. Fisher, dont les qualités personnelles, les antécédents, l'âge et la situation permettent d'espérer le prochain accomplissement des conditions qu'exige un tel office. Sa résidence à Manchester sera très favorable, puisque ce centre manufacturier de l'Angleterre (inséparable de Liverpool, centre commercial) doit naturellement devenir, plus que l'exorbitante et passagère cité de Londres, le principal foyer de la régénération britannique, comme le montre, depuis la paix, le ressentiment occidental de ses commotions sociales.

Notre excellent confrère Fili va prochainement épouser la demoiselle qu'il convertit à Troyes l'an dernier, et qui me paraît, d'après deux entrevues, devoir lui constituer une digne compagne. Ce cinquième cas du mariage positiviste est le premier pleinement normal, comme s'accomplissant après l'entière publication de ma construction religieuse. Il va donc offrir l'application initiale du chaste préambule que je me félicite de plus en plus d'avoir irrévocablement institué. De demain en huit (vendredi 12 octobre, à 2 heures), s'accomplira cette cérémonie préliminaire assez caractérisée par la formule ci-jointe, où toutes les convenances sont pleinement ménagées, de manière à dissiper tous les scrupules primitifs :

Au nom de l'Humanité,

Devant les trois témoins soussignés,

Après avoir entendu les explications sacerdotales sur le préambule positiviste du lien conjugal,

M. , futur époux de Mlle
ici présente,

Promet que leur cohabitation restera purement fraternelle pendant les trois mois qui suivront leur mariage civil,

Afin que leur union religieuse soit dignement préparée.

Toutes les objections que souleva d'abord cette institution complémentaire se trouvent spontanément surmontées aujourd'hui, sauf chez M. Hutton, dont les dispositions radicalement *protestantes* me semblent maintenant incurables, et paraissent même annoncer une prochaine défection, peu surprenante dans une classe aussi versatile. Une telle transformation est si manifestée par la libre et pleine acceptation, d'abord des deux futurs, puis des trois témoins, qui sont avec M. Henry comme positiviste marié, M. Magnin comme praticien et M. Foley comme théoricien, c'est-à-dire les deux adversaires les plus prononcés qu'ait d'abord trouvé ce complément normal du principal sacrement.

Quant au travail classique dont vous me parlez sur la mécanique, il me paraît, outre son utilité didactique, devoir vous fournir, à titre d'exercice, une précieuse efficacité scientifique, et même logique, en vous conduisant à mieux apprécier le véritable esprit de cet extrême domaine du génie mathématique. Je serais pourtant fâché que les soins de votre carrière professionnelle vous conduisissent à multiplier davantage de telles publications qui pourraient involontairement entraver, et même altérer l'avènement sacerdotal dont vous devez naturellement fournir le premier exemple. Mais ce danger ne deviendrait grave qu'à la troisième opération, deux ne suffisant pas pour instituer une habitude.

Tout à vous,

AUGUSTE COMTE.

(10, rue Monsieur-le-Prince).

XXXV

A Monsieur P. LAFFITTE, à Cadillac (Gironde).

Paris, le jeudi 24 Gutenberg 68.

Mon cher disciple,

Le mercredi qui suivit votre départ, je fis exceptionnellement, suivant l'annonce du mois précédent, le rapport à la Société positiviste de la recette du subside du mois de juillet. Elle avait été suffisante pour ne pas donner immédiatement suite aux inquiétudes résultées du trimestre précédent. Je puis aujourd'hui compléter ce renseignement en vous le communiquant, puisqu'il peut ainsi comprendre le mois d'août, pendant lequel la recette de juillet s'est trop peu prolongée pour dissiper toute alarme sur le prochain besoin d'un appel exceptionnel. Des trois payements trimestriels que vous me connaissez, deux sont maintenant assurés; mais je n'ai jusqu'ici qu'une minime partie du plus lourd, qui doit s'accomplir dans trois semaines, et peut-être envers lequel je serai forcé de réaliser l'ajournement que vous avez spécialement annoncé comme possible. Vous voyez que l'acquittement arriéré de M. Ribet serait extrêmement opportun, si vous pouvez l'obtenir.

Je vais demain commencer, en pleine santé, le dernier tiers de ma conclusion, et je serai complètement quitte de mon gros volume, y compris la préface, dans quinze jours. Je viens d'écrire expressément, pour accélérer l'impression qui n'est encore arrivée qu'au tiers de l'extension annoncée. Le premier tiers de ma conclusion, c'est-à-dire le *résumé*, fut écrit, de verve, en quatre jours, pendant lesquels j'ai caractérisé chacune des cent vingt leçons du domaine mathématique ; en sorte que le travail de ma table sera purement matériel.

Aujourd'hui, je vais célébrer la Sainte-Rosalie en recommençant, après quarante-deux ans, l'affectueuse lecture que je fis à ma vénérable mère, et dont je devrai le renouvellement à la cordiale sollicitude de M. Audiffrent. J'espère ainsi goûter, si je n'ai pas trop de visites, la douce impression ménagée depuis trois mois.

C'est jeudi prochain 3 Shakespaere qu'aura lieu le préambule du mariage de M. Foley. La cérémonie préliminaire acquiert cette fois une importance spéciale d'après les dissentiments naissants que suscite la participation catholique que j'ai cru devoir autoriser. Je regrette que Mme Robinet ait écrit, à cette occasion, une lettre que M. Foley m'a montrée (ainsi qu'à sa future malheureusement), où le zèle positiviste ranime des passions négativistes, dont je dois prévenir ou corriger la propagation par des explications spéciales et solennelles, qui serviront à d'autres cas.

La torpeur que vous déplorez chez les provinciaux est un résultat naturel du délaissement des doctrines métaphysiques, depuis que le vote universel accoucha de l'Empire. Elle est, au fond, favorable à la régénération en concentrant le travail rénovateur sur Paris, auquel seul le positivisme aura désormais affaire, à mesure que la province développera son abdication volontaire. Cette disposition doit bientôt se généraliser dans tout l'Occident, où les agitations locales vont de plus en plus s'effacer sous la subordination spontanée envers la métropole humaine.

Tout à vous,

AUGUSTE COMTE.

(*10, rue Monsieur-le-Prince*).

P.-S. — Nous avons, depuis dix jours, M. Hutton, qui vient de passer une semaine en Hollande, où MM. de Constant et de Stirum l'ont bien accueilli. Je suis plus content de lui que l'an dernier.

XXXVI

A Monsieur P. LAFFITTE, à Cadillac (Gironde).

Paris, le mardi 22 Shakespeare 68.

Mon cher disciple,

Je profite du plein chômage où je suis depuis huit jours pour faire une réponse immédiate à votre lettre d'avant-hier.

Les difficultés pécuniaires que je vous annonçais comme prochaines sont déjà réalisées. Je n'ai fait, avant-hier, par l'entremise de M. Foley, le payement trimestriel que vous faites habituellement avec lui qu'en y transportant la somme réservée pour le loyer que je dois payer le 15 octobre, et dont je suis ainsi préoccupé gravement, par la crainte de recommencer le douloureux arriéré que j'eus tant de peine à combler. Cependant, plus je méprise celle qui porte mon nom, plus je sens le besoin d'être scrupuleusement exact à lui payer sa pension, afin de ne lui devoir aucun soulagement à mes charges fatales.

Si M. Ribet résiste à vos remontrances, je serai forcé de regarder comme une véritable défection une conduite où je n'ai jusqu'ici vu qu'un simple refroidissement, suscité par un mauvais milieu. La torpeur actuelle n'est salutaire qu'autant qu'elle ne gagnera pas les positivistes eux-mêmes. Mais leur propre tiédeur, comparée à l'active ardeur manifestée chez les révolutionnaires, indique combien les impulsions altruistes sont, pour l'énergie, au-dessous de l'activité égoïste.

Tout mon volume est entièrement écrit, y compris la dédicace et la préface. L'impression a maintenant acquis assez de rapidité pour me faire espérer qu'il paraîtra vers la fin d'octobre. J'ai maintenant corrigé trente-une feuilles, et j'en possède vingt-sept tirées.

Depuis que je suis pleinement libre, j'ai déjà fait les lectures exceptionnelles que j'avais spontanément promises. Outre que l'opuscule portugais m'a montré que je savais indirectement une langue de plus, j'ai tout lieu d'espérer que la noble dame qui le composa sera bientôt une digne positiviste, susceptible d'une haute efficacité pour notre propagande féminine et méridionale. Le travail historique de M. Congreve me fait craindre que son esprit ne soit pas assez large pour la précieuse élaboration que je lui proposai. Mais il a saisi dignement cette occasion de se prononcer directement, devant un auditoire britannique, sur la nécessité d'un nouveau Cromwell, et sur la séparation fondamentale des deux pouvoirs. La petite brochure que M. Hutton vient d'écrire et de publier ici manifeste un progrès dans sa manière d'appliquer le positivisme sans faire l'étalage théorique que je dus reprocher à son opuscule de l'an dernier.

J'ai directement reçu, de M. Sabatier, une lettre décisive, à laquelle j'ai répondu de manière à rectifier et guider ses dispositions spontanées. Il se met à ma pleine disposition auprès du chef ignacien pour la négociation sur la suppression du budget théologique, qui ne peut avoir de consistance et de dignité qu'en étant demandé par les catholiques les plus complets.

Vous avez essentiellement perdu votre temps avec le jeune théologien dont vous me parlez, et qui n'était pas de taille à profiter d'un tel contact. Mais j'espère qu'il s'en trouvera plus d'un susceptible aujourd'hui de se placer au point de vue moral et social qui domina, trente ans auparavant, mes conférences avec l'abbé de La Mennais. L'abolition du budget théologique susciterait, à cet égard, des manifestations dont on ne se doute pas.

Tout à vous,

AUGUSTE COMTE.

(10, rue Monsieur-le-Prince).

XXXVII

À Monsieur P. LAFFITTE, à Paris.

Paris, le samedi matin 3 Homère 69.

Mon cher disciple,

On a probablement négligé de vous dire que hier j'envoyai trois fois chez vous. C'est pourquoi je vous prie de venir aujourd'hui (soit avant midi, soit à 7h.) lire une lettre de M. Ribet et m'expliquer un incident qu'elle suscite. Je ne veux pas attendre jusqu'à votre visite habituelle d'après-demain, afin de pouvoir, dès demain, répondre à M. Ribet.

Tout à vous,

AUGUSTE COMTE.

(10, *rue Monsieur-le-Prince*).

XXXVIII

A Monsieur LAFFITTE, à Cadillac (Gironde).

Paris, 10, *rue Monsieur-le-Prince*, le dimanche 28 Gutenberg 69.

Mon cher disciple,

Quelques jours avant l'arrivée de votre lettre du 13, j'avais fait la plus longue réponse de ma convalescence à l'excellente lettre de M. de Tholouze, ainsi renseigné pour vous parler de ma présente situation dans vos entrevues hebdomadaires. Il vous aura, sans doute, appris que, depuis le 15 août, j'emploie le vin à titre de remède, et même enfin pendant mon dîner, déjà remis à l'heure normale, et seulement réduit de moitié quant à la dose de viande : mon déjeuner (à 10 h.) consiste encore en une assiettée de succulent potage, au lieu de ma copieuse soupe au lait. Entre ces deux repas, je ne prends (à 2 h.) qu'un peu de cordial vineux, que j'avais d'abord cherché dans le meilleur bordeaux-laffitte (à 6 fr. la bouteille), lequel m'a finalement paru trop faible pour être ainsi bu seul ; je l'ai définitivement réservé pour mon dîner, au taux d'un quart de verre pur après chacun de mes deux petits plats : j'en achève ce soir la seconde bouteille, et j'essayerai demain le meilleur bordeaux blanc. Mon cordial à deux heures consiste en un quart de verre d'excellent vin de la Comète, dont une grande bouteille me fut heureusement envoyée à temps par le médecin positiviste Ch. Saurin (digne ami de M. Hadery), comme fabriqué par son père, en 1811, avec les meilleurs vignobles du Jura ; quand ce cordial sera totalement bu, j'y substituerai le Malaga, qui ne sert plus à ma tisane vineuse maintenant formée d'une stricte cuillerée à café du meilleur rhum suivant le conseil de Blainville. Tous ces vins exquis ne me feront jamais renoncer à l'usage exclusif de l'eau dans mon état normal : au contraire, maintenant employés comme remèdes, ils me représentent le liquide universel comme l'idéal du breuvage qui doit, à la limite, témoigner mon plein retour à la santé ; j'aspire au moment où rien d'alcoolique n'atteindra mon estomac.

Mes principales prévisions commencent à se confirmer quant au mode de résolution du gonflement du ventre, maintenant prolongé dans le tissu cellulaire du scrotum, et de celui des jambes : le premier d'après des selles plus fréquentes, le second suivant des abcès spontanément imminents. Néanmoins, tout cela, long et pénible, m'impose une grande patience et beaucoup de débilité physique, qui, malgré le retour croissant des forces avec la nourriture succulente sans excitation, me rend encore difficile de rien écrire longtemps. Comme vous l'aviez judicieusement présumé, je n'obtiendrai pas une disponibilité d'esprit suffisante avant la fin de septembre.

Vos méditations sur le tome Ier de ma *Synthèse subjective* vous disposeront, à votre retour, à mieux goûter les nouvelles lumières qui déjà me viennent spontanément envers le début de mon prochain volume, surtout quant à la *philosophie première*, que je vais directement incorporer à l'ensemble des notions les plus familières aux vrais positivistes. Cette étude vous rendra plus apte à bien diriger les trois leçons par semaine que M. Winstanley viendra vous demander, au début de janvier, pour achever, en dix mois, le cours complet de *logique positive*, avec la force et la concentration convenables des deux côtés. Le digne praticien futur arrivé, trois jours après votre départ, poussé par le même généreux motif que M. Audiffrent, qu'il accompagna le 17 août, chez M. Hadery près duquel il resta cinq jours, profondément admirateur de notre meilleur triumvir ; il n'est reparti pour Londres que jeudi dernier, après m'avoir revu deux jours, et connu notre noble Longchampt, ainsi que M. de Ribbentrop accidentellement.

Je vous souhaite, mon bien-aimé disciple,

Fraternité, Vénération et Dévouement.

AUGUSTE COMTE,

Fondateur de la Religion universelle
et premier Grand-Prêtre de l'Humanité.

QUARANTE-ET-UNE LETTRES
A M. HADERY

1851-1857.

D'après les originaux donnés
par le destinataire.

I

A Monsieur **HADERY**, *membre de la Société positiviste.*

Paris, le 10 César 63 (vendredi 2 mai 1851).

Monsieur et cher confrère,

Notre Société vient de décider que chaque membre fournirait immédiatement, selon ses propres convenances, ou *quinze francs*, ou *dix francs*, ou *cinq francs*, pour payer les publications déjà accomplies en 1851. Veuillez donc me faire parvenir, le plus prochainement possible, la cotisation que vous aurez choisie.

Salut et fraternité.

Le Président de la Société positiviste,

AUGUSTE COMTE.

(*10, rue Monsieur-le-Prince*).

II

A Monsieur HADERY, cultivateur, au domaine des Vattis, par Bessay (Allier).

Paris, le 17 César 63 (vendredi 9 mai 1851). [1]

Monsieur,

Notre confrère M. Belpaume mit avant-hier à ma disposition la mémorable lettre qu'il venait de recevoir de vous. Après l'avoir aussitôt lue intégralement avec toute l'attention convenable, j'en ai fait, le soir même, une lecture presque entière à nos confrères réunis, dont aucun ne l'a trouvée trop longue.

Cette précieuse communication m'impose, comme chef du positivisme, un devoir bien doux, que je m'empresse de remplir aujourd'hui, en vous adressant les félicitations spontanées tant méritées par votre admirable conduite. Je me sens pénétré d'un affectueux respect pour la sagesse profonde d'une telle résolution et pour la constante énergie qui en assure l'exécution. En même temps, j'y vois, avec un juste orgueil, une puissante manifestation de l'aptitude régénératrice d'une doctrine capable de guider un pareil dessein et d'obtenir un semblable adhérent. Cet exemple décisif doit nous rassurer tous sur le prochain ascendant du positivisme, qui, après

(1) Cette lettre est la seule qui ne soit pas inédite.

avoir constaté sa supériorité théorique, vient aussi constater déjà sa pleine efficacité pratique. Votre loyale modestie vous inspire une trop faible appréciation de la noble mission que vous avez ainsi assignée à votre existence. Sa réaction sociale ne serait inférieure à celle de l'apostolat direct et systématique que si celui-ci était exercé par des types vraiment éminents. Or, jusqu'ici M. Littré est le seul de mes disciples qui mérite une telle qualification, quoique j'espère qu'elle s'étendra bientôt à d'autres. Pendant qu'il développe dignement l'aptitude religieuse du positivisme, vous la confirmez admirablement par une pratique décisive, dont l'influence est moins étendue, mais plus profonde. La principale récompense de la grande fondation à laquelle je vouai toujours ma vie consiste à être dignement avoué pour chef spirituel par deux natures d'élite aussi différentes, et de pouvoir encore honorer et éclairer leur éminent essor avant d'atteindre l'âge normal de la retraite philosophique.

Je ne puis qu'approuver entièrement votre juste appréciation de la principale difficulté propre à l'immense problème social que nous a légué le moyen âge : l'incorporation du prolétariat à la société moderne. Vous avez admirablement senti que le plus puissant moyen consiste, à cet égard, dans l'amélioration morale des prolétaires eux-mêmes. C'est auprès d'eux, en effet, qu'il faut d'abord et surtout réhabiliter le travail, en même temps que moraliser la richesse. Quand ils auront, sur ce double sujet, assez rectifié leurs opinions et leurs habitudes, il sera facile de corriger aussi les riches, dès lors poussés d'en bas par un concours irrésistible et d'en haut par les préceptes philosophiques. Notre voix systématique ne saurait, au contraire, comporter presque aucune efficacité pratique, tant que les prolétaires aspireront secrètement à ces mêmes goûts d'oisiveté et de jouissance qu'ils reprochent ouvertement aux riches. Pendant que je démontre que la condition actuelle du prolétariat ne peut être améliorée radicalement qu'autant que les prolétaires voudront librement rester tels, vous développez en eux les sentiments et les habitudes qui les détournent de rêver la bourgeoisie comme l'unique terme désirable de leur propre carrière. Il est certainement impossible de mieux seconder, par une noble pratique spéciale, les impulsions générales d'une sainte théorie sociale. Si notre *Revue Occidentale* était déjà fondée, ce ne serait point dans une simple lettre privée, que je vous autorise d'ailleurs à répandre à votre gré, qu'il conviendrait d'honorer un tel dévouement d'une âme énergique, qui, habituée aux satisfactions intellectuelles et aux commodités parisiennes, adopte volontairement, à trente-trois ans, une existence si digne et si pleine, mais si austère et si restreinte. Un article spécial me permettrait alors de proposer ce salutaire exemple à tous ces riches Occidentaux que consument une insuffisante activité. Mais j'espère que ce plaisir ne me sera pas toujours interdit publiquement envers une entreprise de longue durée, qui ne fait aujourd'hui que commencer. En attendant cette pleine satisfaction philosophique, je me suis avant-hier servi de cet exemple décisif pour rappeler à nos confrères une importante mesure de régénération industrielle, que j'introduisis dans mon cours de 1850, comme éminemment applicable au régime normal, et pouvant même utilement améliorer la transition finale. J'ai proposé de créer systématiquement des riches, soit par de larges prêts du gouvernement, soit même par des dons publics. Leur destination consisterait à servir de types artificiels pour améliorer les riches naturels. Cet office comporterait une haute efficacité, même dans notre prochain gouvernement révolutionnaire, s'il était confié à des hommes dont la vie pratique offrirait déjà, quoique avec de faibles capitaux, de suffisantes garanties d'une profonde moralité unie à une vraie capacité. Or, votre exemple est heureusement venu donner la confirmation la plus irrécusable et la moins attendue de l'intime réalité d'une telle conception, qui ne choque aujourd'hui que des révolutionnaires routiniers ou plutôt d'envieux anarchistes.

Tous nos confrères furent frappés avant-hier de l'opportunité d'un tel rapprochement. Aussi compté-je m'autoriser dignement de votre exemple décisif pour motiver mieux cette importante mesure générale, quand je la reproduirai publiquement à la fin de mon cours actuel. Ce sera d'ailleurs une heureuse occasion de vous rendre déjà verbalement l'hommage solennel que je ne puis encore consigner par écrit.

Après des éloges aussi mérités, je vous dois un conseil essentiel également propre à perfectionner votre noble opération et à charmer votre existence privée. Il consiste à vous marier dignement. C'est le complément indispensable de votre installation pratique. Sa réaction mentale achèvera de vous placer au point de vue concret. Mais vous y trouverez surtout une puissante ressource morale, aussi utile à votre colonie qu'à vous-même. Dans votre petit monde agricole, il y a des femmes et des enfants; il y a aussi, ou il y aura bientôt, des vieillards, des malades, des affligés. A tout cela, vous devez une vraie providence féminine, digne complément de votre noble patronage. Vos propres enfants achèveraient d'ailleurs d'instituer le type de la véritable famille positiviste, même avant de pouvoir continuer ou seconder votre œuvre, ne fût-ce que par leur fraternelle éducation au milieu de vos vassaux industriels. Je ne crois pas avoir besoin d'insister davantage sur ce sujet inépuisable, auprès d'un excellent esprit bien cultivé et qu'anime un digne cœur. Quant à la difficulté de trouver un type féminin capable de bien apprécier votre nature et votre œuvre, de manière à s'y associer pleinement, je conviens qu'elle est fort grande; mais je ne la crois pas insurmontable, et d'ailleurs le célibat doit déjà vous peser beaucoup, surtout aux champs. Toutefois, je pense que vous devez surtout chercher parmi les femmes prolétaires. J'en ai sous les yeux un admirable modèle journalier dans l'éminente mère de famille qui, depuis dix ans, s'est noblement vouée à mon service matériel, tout en m'offrant, sans le savoir, un précieux type moral. Quoiqu'elle ne sache pas même lire, son esprit est vraiment au niveau de son cœur. Mais je sais combien sont rares, dans toutes les classes, des natures aussi éminentes que celles de mon incomparable Sophie, où je vois plutôt une véritable fille qu'une excellente domestique. Néanmoins, cet exemple me confirme dans la possibilité d'en trouver d'autres, surtout en province, quoique davantage au Midi qu'au Nord. Si je vous croyais capable de céder à de simples impulsions sexuelles, je me serais abstenu d'un tel conseil, comme pouvant vous engager dans une fâcheuse déviation. Mais, comptant bien que votre tendresse se développera dignement, je vous engage sans hésitation à tenter cette importante fondation, après y avoir apporté toute la maturité convenable. Un digne mariage avec une jeune paysanne, même pauvre, mais distinguée par le cœur et par l'esprit, fût-elle d'ailleurs illettrée, compléterait le type du positiviste pratique, dont vous avez si noblement posé les premières bases; et votre intime bonheur en serait aussitôt la récompense certaine, promptement suivie d'une digne approbation populaire. Quoique vous soyez encore dépourvu d'ambition politique, songez que l'âge vous y conduira; et croyez surtout que les praticiens éminents doivent aujourd'hui s'y livrer, afin de débarrasser l'Occident, et principalement notre chère France, des chefs indignes ou incapables auxquels il semble exclusivement abandonné. Or, un tel mariage constituerait une condition essentielle de cette précieuse élévation.

La situation générale ne tardera pas à solliciter

vivement une telle intervention. Tous les partis actuels sont épuisés et même discrédités, comme également anarchiques et rétrogrades; ils ne conservent des adhérents honnêtes et clairvoyants que faute de mieux, et au milieu d'un vif désir presque universel de voir bientôt surgir un nouveau parti capable de terminer enfin la grande révolution par une conciliation fondamentale entre l'ordre et le progrès. C'est l'attitude décisive que j'ai solennellement donnée au *parti positiviste*, en rompant ouvertement avec les rouges, comme avec les blancs, dans la séance initiale de mon cours actuel. Le succès soutenu d'une telle démonstration auprès d'un auditoire notablement accru nous débarrasse enfin d'une sorte de fausse position, qui semblait nous ériger en auxiliaires politiques de ces mêmes métaphysiciens dont nous sommes les principaux adversaires philosophiques. Nous pourrons ainsi seconder directement la tendance générale de la situation actuelle vers le positivisme, comme seule issue normale, encore plus nécessaire à l'ordre qu'au progrès, et bientôt désirée davantage par les riches clairvoyants que par les dignes pauvres. Cependant, il reste encore à subir un dernier intermède métaphysique, dans ce qu'on appelle d'avance la crise de 1852.

On s'y attend à l'anarchie aiguë; mais on aura seulement un surcroît d'anarchie chronique. Il consistera surtout à déprimer encore davantage le pouvoir central, déjà si dégradé, et à développer l'omnipotence parlementaire, en gouvernant tout par des commissions législatives..

Le mauvais état de l'esprit public ne permet pas d'éviter aujourd'hui cette dernière aberration métaphysique, trop désirée par tous les partis existants, et que personne ne contrarie fortement, sauf les positivistes encore impuissants.

Mais cette extrême queue de la première révolution ne me semble pas comporter un prolongement durable, ni j'espère trop dangereux. Tout cela est trop contraire au fond de la situation pour persister même pendant une législature officielle. Au bout d'un an ou deux, cette triste expérience aura assez désabusé les prolétaires parisiens de leur dernière illusion métaphysique pour qu'ils congédient brusquement l'assemblée, avec l'assentiment tacite des provinces. Si le positivisme a pris alors un ascendant suffisant, notre gouvernement révolutionnaire pourrait être essentiellement installé. Préparez-vous donc, ainsi que tous nos dignes praticiens, à y figurer convenablement. Cette issue me semble assez mûre pour je croie devoir, cette année, proclamer, à la fin de mon cours, les trois chefs suprêmes que j'eus toujours en vue dès ma proposition initiale du régime de transition.

Salut et fraternité.

AUGUSTE COMTE.

(*10, rue Monsieur-le-Prince*).

P.-S. — Je saisis cette occasion de vous signaler une faute typographique aperçue trop tard dans mon récent *Tableau cérébral*. Pour décomposer l'activité, mon manuscrit portait (courage / prudence) : l'imprimeur m'a fait dire (prudence / courage). Cette transposition est d'autant plus grave qu'elle n'offre rien d'absurde. Elle conviendrait, en effet, à l'activité réfléchie. Mais je voulais et devais caractériser l'activité spontanée où la force qui pousse précède certainement celle qui retient. L'heureuse application que vous faites de ce tableau me détermine à vous indiquer cette correction, sans attendre mon prochain volume.

III

A Monsieur **HADERY**, *cultivateur à Vattis, par Bessay (Allier).*

Paris, le lundi 6 Saint-Paul 63.

Monsieur,

L'office consultatif que je vous ai cordialement offert ne saurait constituer une faveur exceptionnelle envers un homme tel que vous.

J'y verrai toujours une fonction normale que je dois à tous ceux qui la méritent, quand ils l'invoquent dignement ou l'acceptent sincèrement.

Dans un cas aussi éminent que le vôtre, elle devient d'ailleurs une précieuse satisfaction, dont je suis extrêmement touché, puisqu'elle m'associe spécialement à l'admirable carrière que vous avez su vous créer au milieu de votre anarchie mentale et morale.

Plus je médite sur votre noble résolution, mieux elle m'inspire un véritable respect pour la profonde sagesse pratique qui attaque directement la plus intime condition du grand problème relatif à l'incorporation sociale du prolétariat, en réformant radicalement les sentiments et les habitudes des prolétaires eux-mêmes, qui sont, au fond, devenus aujourd'hui les principaux arbitres de leur propre sort. La fraternelle consultation philosophique qui me permettra de seconder spécialement une telle opération m'offre donc une douce récompense bien plus qu'un pur devoir.

Je ne suis nullement surpris que, pour en augmenter l'efficacité, vous croyez convenable de me faire d'abord une suffisante exposition de l'ensemble de votre vie. Cette judicieuse mesure est bien digne de vous, et montre que vous appréciez profondément la portée possible de mon office spirituel. Soyez assuré que j'étudierai cette monographie avec tout le soin que mérite la précieuse série d'indications que j'y devrai puiser habituellement pour mieux adapter mon intervention théorique à votre propre cas. J'ai été récemment honoré d'une équivalente communication par un jeune officier d'artillerie, devenu l'un de nos confrères quelques mois avant vous. Elle a notamment accru l'estime qu'il m'inspirait auparavant, en même temps qu'elle m'a permis de le mieux servir. Je suis certain que l'un et l'autre effet résultera davantage de la confiance encore plus précieuse que vous me préparez. Mais je dois aujourd'hui vous recommander de ne pas trop la hâter :

car je crains que votre santé n'en souffre, quand je pense que vous y employez les nuits, suivant les exigences trop naturelles de votre laborieuse existence. L'efficacité morale que vous sentez déjà résulter de cette intime expansion doit d'ailleurs augmenter en la rendant moins rapide.

Tout à vous,
AUGUSTE COMTE.
(10, rue Monsieur-le-Prince).

IV

A Monsieur HADERY, *propriétaire-cultivateur, aux Vallis (Allier).*

Paris, le jeudi 1er Homère 64.

Monsieur,

Avant les explications spéciales de votre bonne lettre du 16 Moïse, je concevais sans impatience le retard qu'éprouve la grande exposition exceptionnelle que vous m'avez spontanément destinée. Il est trop motivé par votre rude existence habituelle, et par l'éloignement qu'elle doit vous inspirer pour la plume; en sorte qu'il ne m'a jamais fait supposer que vous renonciez à cette importante communication, dont je sens autant la difficulté que le prix. L'essentiel était de savoir que les embarras, et même les dégoûts, ne vous détournaient aucunement de la noble entreprise pratique que vous avez si dignement instituée. Elle m'a fourni, dans mon dernier cours hebdomadaire, une heureuse application de ma conception générale, sur l'établissement des *riches artificiels*, construits, aux frais de la république, par avances de dons convenables à d'éminents praticiens dépourvus des capitaux nécessaires à leur pleine efficacité. Un public d'élite a, je crois, bien senti combien il serait avantageux à l'Humanité de tripler ou quadrupler le capital avec lequel vous tentez aujourd'hui de régénérer l'existence agricole.

En attendant votre intime monographie, je suis heureux de connaître vos propres sentiments sur le conseil très délicat que je vous donnai dès le début, pour compléter à la fois votre bonheur personnel et votre efficacité sociale par une digne association féminine. Vos franches explications ne me laissent rien à désirer là-dessus. Car elles me prouvent que vous sentez profondément l'importance d'une telle condition, à laquelle vous désirez pouvoir satisfaire le plus prochainement possible, mais avec la juste maturité qu'exige la principale de nos décisions privées. L'homme qui n'a pas dignement subi l'intime influence de la femme est un être nécessairement incomplet, soit pour lui-même, soit surtout pour l'Humanité. Mais, puisque vous reconnaissez pleinement ce grand principe moral, je ne suis pas surpris que l'exécution vous en paraisse embarrassante. Ce n'est pas moi, qui eus, il y a vingt-sept ans, le malheur de faire à cet égard un choix désastreux, qui blâmerai jamais la scrupuleuse circonspection que l'on doit y apporter, et les délais qu'elle peut exiger, pourvu qu'on ne cesse point d'avoir sérieusement en vue la réalisation de cet indispensable complément d'un véritable essor moral et social. Votre situation actuelle vous oblige même à redouter également les paysannes qui voudraient devenir bourgeoises et les citadines qui répugneraient à la vie champêtre.

J'ai lu avec beaucoup d'intérêt les indications de votre lettre sur votre appréciation spontanée de notre dernière crise républicaine. Elles m'ont fait admirer comment votre heureuse rectitude personnelle vous a préservé essentiellement de l'aveuglement que pouvait vous inspirer une irritation locale aggravée par votre isolement. Dans les cas semblables, la difficulté consiste surtout à juger un grand événement contemporain à peu près comme le fera la postérité, en nous plaçant d'après une théorie réelle, assistée d'une sage énergie, à la distance où nous sommes aujourd'hui de la Convention. Ceux qui ne peuvent assez remplir cette condition difficile devraient être assez raisonnables pour renoncer aux questions politiques, ou pour y soumettre leur opinion à des juges mieux disposés. Que penserait-on maintenant de ceux qui, au début de la Convention, n'y voyaient qu'une émanation des massacres de septembre ? Vous aurez pourtant appris, par la bonne visite de M. Audiffrent, que l'attitude de la plupart des positivistes n'a pas été plus digne et plus rationnelle au sujet de la grande transformation que vient d'éprouver notre république, dont presque tous déploraient déjà la perte. Il m'a fallu plusieurs semaines de pénibles efforts pour les amener à une appréciation mieux conforme aux principes inaltérables du positivisme, sur l'importance, si augmentée aujourd'hui, de la concentration politique, malgré le préjugé banal qui semble faire consister la situation républicaine dans le triomphe complet de l'anarchie parlementaire. La raison n'a même prévalu parmi eux qu'après quelques démissions spontanées de révolutionnaires incurables, qui n'étaient guère positivistes que de nom. Je ne dois pas confondre entièrement avec eux le digne M. Littré, quoiqu'il se soit aussi retiré de notre Société. M. Audiffrent vous aura probablement expliqué les vrais motifs de cette retraite, qui n'est nullement une défection. Elle tient, au fond, à la prépondérance habituelle que doit maintenant acquérir, dans le développement et la propagation du positivisme, sa physionomie religieuse, qui condense si heureusement toutes les autres, et d'après laquelle son caractère politique ou même philosophique peuvent seuls obtenir tout leur ascendant social. M. Littré ne méconnaît aucunement cette condition fondamentale de tous nos succès ultérieurs; il me l'a même spécialement recommandée en se retirant, au point d'y être trop exclusif. Mais il se sent personnellement impropre à la remplir suffisamment, soit par son âge, soit surtout comme n'ayant jamais pu subir dignement la sainte influence de la femme, seule source d'un vif essor du sentiment religieux. Dès lors, il se retire à l'écart d'un mouvement où, quoique nullement indifférent, il ne pourrait participer aussi noblement qu'il le fit d'abord au mouvement philosophique du positivisme et même ensuite, quoiqu'à un degré déjà moindre, à son mouvement politique. Telle est la véritable explication d'une retraite sur laquelle il y a déjà eu de graves méprises. Quant aux autres démissions suscitées par la dernière crise politique, il faut nous en féliciter, comme opérant une épuration spontanée, qui me dispensera, j'espère, d'exécuter la résolution extrême où je me sentais forcé de dissoudre la Société positiviste afin de la mieux réorganiser d'après le caractère religieux, qui maintenant ne répugne à aucun des membres effectifs, quoique la plupart ne l'aient pas encore assez développé, soit dans leurs convictions habituelles, soit surtout dans leurs sentiments réels, ce que le temps peut seul amener.

Les cordiales communications de M. Audiffrent vous auront fait spécialement connaître ma théorie positive de la dictature, qu'il m'a vu construire graduellement en rectifiant les aveugles aberrations de nos confrères envers la dernière crise républicaine. Votre propre raison vous a, ce me semble, suggéré spontanément une appréciation peu différente. Cependant je crois devoir y revenir sommairement ici, pour dissiper toute incertitude sur une notion aussi usuelle, qui doit désormais influer beaucoup sur l'attitude et la marche de notre doctrine.

Au second siècle positiviste, l'histoire se bornera,

je crois, à caractériser cette importante tranformation en disant brièvement : « L'heureuse crise de décembre 1851 fit irrévocablement passer la République française de la phase parlementaire, qui n'avait pu convenir qu'à la révolution négative, à la phase dictatoriale, seule convenable à la révolution positive ». Quoi qu'il arrive, en effet, le règne des parleurs est essentiellement fini; celui des faiseurs et des penseurs commence et durera. Nous pourrons, si les personnes font défaut à la situation, passer, plus d'une fois peut-être, d'une dictature à une autre, jusqu'à l'avènement décisif de la dictature positiviste conçue en 1848, seule normale et durable, comme seule propre à diriger réellement, ou plutôt à seconder la terminaison organique de la grande révolution occidentale. Mais la vigoureuse expédition de décembre nous préserve désormais de toute grave domination des assemblées métaphysiques, sauf par intermède très court d'une dictature à la suivante. Tout cet emprunt fait par l'esprit protestant au passé anglais se trouve ainsi brisé définitivement, comme directement contraire à l'ensemble du passé français et même occidental, sauf peut-être chez les Allemands non catholiques où les souverains, à 25 francs par jour, doivent aller maintenant trôner exclûsivement, si d'ailleurs on n'y met bon ordre, même là, ce qui ne serait pas difficile à des gouvernements fermes et sages.

Voilà donc la fin de ce régime constitutionnel qui, depuis la chute de la dictature impériale, s'était malheureusement accrédité parmi nous, en haine du caractère rétrograde qu'elle avait si déplorablement développé. Ce régime antifrançais a plus faussé nos esprits, plus gâté nos cœurs, et plus dégradé nos caractères que ne l'avait fait l'oppressive domination antérieure. Il y a quatre ans, le peuple, en faisant irrévocablement prévaloir la réalité républicaine sur la fiction monarchique, aurait dû écarter radicalement de la scène politique, comme incapables ou indignes, tous ceux qui avaient participé activement à cette dégénération constitutionnelle, soit dans le gouvernement, soit aussi dans l'opposition, soit même dans les conspirations. Au lieu de cela, une triste routine révolutionnaire conduisit, au contraire, à leur confier plus que jamais la haute direction de nos affaires. Dès lors, les ravages intellectuels et moraux du régime constitutionnel, concentrés jusqu'alors dans le monde parlementaire et tout au plus étendus au monde électoral, se sont développés parmi nos prolétaires, dont ils ont gravement altéré déjà la raison et la pureté par de misérables tactiques légales. Mais l'énergie du pouvoir central, indignement opprimé par l'omnipotence d'une assemblée anarchique, vient de rompre cette désastreuse routine, avec l'assentiment tacite du prolétariat parisien, si dévoué pourtant au vrai principe républicain. En présence d'un tel résultat, il faut peu se préoccuper des personnes, qui d'ailleurs peuvent s'améliorer. Vous savez qu'on ne fait pas un dictateur à volonté, surtout de nos jours, où l'anarchie mentale et morale rend si difficile, et dès lors si précieux, le concours réel de plusieurs millions de libres volontés sur une seule tête pendant plusieurs années. Le positivisme s'occupe peu de l'origine des forces quelconques, surtout temporelles; il ne pense qu'à leur bon emploi, quand il a constaté leur réalité. J'avoue d'ailleurs que le dictateur actuel me semble supérieur à l'opinion que je m'en étais formée d'après des données fausses et passionnées. Sa récente *Constitution* est sans comparaison la meilleure des dix que nous avons eues jusqu'ici depuis 1789. Elle est surtout assez progressive pour nous amener, paisiblement et promptement, par une suite de modifications systématiques, à la dictature positiviste que je conçus en 1848 d'après la saine théorie historique. L'avènement de cette dictature finale ne doit certes provenir d'aucune assemblée; il ne pourrait donc résulter que d'une ou plutôt plusieurs insurrections, ce qui serait aussi lent que désastreux; tandis que le présent régime permet de l'introduire aisément, à la seule condition de convertir un dictateur, ce qui doit être plus facile que d'amener au positivisme cent mille prolétaires, comme l'exigerait peut-être la triste méthode des insurrections.

Je sais que vous sentez déjà combien le positivisme gagne radicalement à cette nouvelle et définitive physionomie de notre situation républicaine, que seul il peut comprendre et diriger. La phase précédente posant la question du progrès en l'isolant de celle de l'ordre, constituait une marche non moins irrationnelle qu'immorale, qui ne pouvait profiter qu'aux parleurs, sans aucune liberté réelle pour les penseurs. Mais l'ordre prévaut enfin avec la situation républicaine. C'est la combinaison que j'avais toujours attendue pour l'avènement décisif du positivisme. La nature éminemment synthétique de cette question définitive, à laquelle on ne renoncera plus maintenant, doit faire promptement ressortir le besoin de la seule doctrine qui puisse reconstruire un ordre véritable. Quelque restreintes que soient encore les sollicitudes officielles, trop concentrées sur l'ordre matériel, sa connexité naturelle avec l'ordre spirituel est déjà sentie par de vrais praticiens, et ressortira de plus en plus de l'insuffisance même des répressions dirigées contre une anarchie toujours imminente. Au lieu donc de former un parti du progrès, que le positivisme prenne, suivant sa nature, la tête du parti de l'ordre, par une concurrence directe et loyale envers le catholicisme pour la réorganisation intellectuelle et morale. En un mot, je vais surtout m'adresser désormais aux vrais conservateurs, après leur avoir prouvé, dans les trois dernières années, l'aptitude du positivisme à convertir les purs révolutionnaires, tant prouvée récemment par les communistes lyonnais, comme vous l'aura conté M. Audiffrent.

Dans mon cours prochain, que j'espère accomplir sans obstacle avec mon indépendance accoutumée, ce sera là surtout l'intention normale et avouée de mes prédications hebdomadaires, dont j'attends plus de succès qu'envers les révolutionnaires. Je m'y montrerai plus organique que le gouvernement, dont j'approuverai d'ailleurs les efforts empiriques, en traitant les hommes d'État comme mes clients spirituels et mes patrons temporels.

Salut et fraternité.

AUGUSTE COMTE.

(*10, rue Monsieur-le-Prince*).

V

A Monsieur HADERY, membre de la Société positiviste.

Paris, le samedi 10 Charlemagne 64.

Monsieur et cher confrère,

La Société positiviste vient de décider que, comme dans les années précédentes, chaque membre fournirait immédiatement, selon ses propres convenances, ou *quinze* francs, ou *dix* francs, ou *cinq* francs, pour payer nos publications de 1852. Veuillez donc m'envoyer, le plus prochainement possible, la cotisation que vous aurez choisie.

Salut et fraternité.

AUGUSTE COMTE.

(*10, rue Monsieur-le-Prince*).

VI

Paris, le dimanche 4 Gutenberg 64.

Mon cher monsieur Hadery,

Je n'ai que le temps de vous annoncer sommairement la très prochaine visite de M. Lefort, l'un de mes principaux disciples, dont vous avez peut-être entendu parler à ses deux dignes amis Blignières et Audiffrent. Ce jeune homme vient d'habiter Bruxelles pendant trois ans, et va maintenant vivre en Provence avec M. Audiffrent, d'après une généreuse résolution qui les honore tous deux et rejaillit sur notre foi. Pour vous indiquer ma haute opinion sur lui, il me suffira de vous dire que je l'ai proclamé capable, par le cœur, l'esprit et le caractère, de devenir un jour mon successeur, s'il n'avorte pas dans sa difficile initiation scientifique. Le vif désir qu'il éprouve de connaître personnellement le type pratique admirable que vous offrez déjà, fortifie encore mes espérances sur cet éminent théoricien. N'ayant pas le temps d'attendre votre réponse, il part demain soir pour se hasarder à venir seul aux Vattis.

Tout à vous,

AUGUSTE COMTE.

(*10, rue Monsieur-le-Prince*).

P.-S. — Sans attendre une autre occasion, je dois vous signaler le sieur Belpaume comme un vil intrigant, capable de toutes les noirceurs, et qui doit perdre la confiance des personnes honorables, quoiqu'il ait obtenu celle de M. Littré, avec lequel je viens de rompre irrévocablement, d'après la propre indignité que vous expliquera M. Lefort.

VII

A Monsieur HADERY, *propriétaire-cultivateur aux Vattis (Allier).*

Paris, le vendredi 9 Shakespeare 64.

Monsieur et cher disciple,

Votre noble modestie suppose que les trois précieuses visites que je vous ai successivement procurées m'ont été surtout inspirées par le désir de vous protéger contre la langueur morale et mentale qui pouvait résulter de votre isolement. Mais, quoique cette réaction soit assurément très naturelle, je ne l'avais aucunement en vue. Ce n'était point à vous-même, mais à vos visiteurs, que je destinais la principale efficacité de ces cordiales entrevues. Je voulais que de jeunes théoriciens, sur lesquels je fonde de grandes espérances, pussent contempler de près un type éminent du vrai praticien positiviste, afin que leur avenir abstrait fût mieux préservé de toute fausse appréciation envers l'existence concrète. C'était donc là surtout un précieux complément d'éducation, à la fois intellectuelle et morale, que je voulais procurer à ces visiteurs et qu'ils ne pouvaient aujourd'hui trouver qu'en vous. La seule réaction indirecte que j'eusse prévue d'un tel contact concernait la confirmation décisive de ma haute opinion sur vous. Or, la merveilleuse concordance de ces trois explorateurs, non moins compétents qu'indépendants, a réalisé cette importante vérification au delà même de toutes mes espérances, de manière à mieux développer mon respect pour l'admirable nature qui supportait avec tant de succès une telle épreuve, si difficile surtout aujourd'hui, où nul autre peut-être ne pourrait la soutenir ainsi. Quant à l'intention que vous m'attribuez dans l'institution de ces visites, je ne l'avais jamais conçue.

Ce n'est pas sans un motif spécial que le dernier de ces nobles hôtes vous a fait les insinuations politiques dont vous me parlez à la fin de votre excellente lettre de samedi. Je l'en avais expressément chargé. Votre réclamation me donnant heureusement lieu de m'expliquer directement à cet égard, je vais aujourd'hui vous indiquer, une fois pour toutes, le haut avenir que je vous réserve, quoique je continue d'apprécier dignement votre précieux office actuel.

Étudiez d'abord cette petite carte de notre mouvement républicain :

MARCHE NATURELLE

DE L'EMPIRISME RÉVOLUTIONNAIRE

1° Le Gouvernement français doit être républicain, et non monarchique. (*Crise de février 1848.*)

2° La République française doit être sociale, et non politique. (*Crise de juin 1848.*)

3° La République sociale doit être dictatoriale, et non parlementaire. (*Crise de décembre 1851.*)

4° La République dictatoriale doit être temporelle et non spirituelle d'après une entière liberté d'exposition, et même de discussion. (*Crise de..... 1853.*)

5° Avènement décisif du triumvirat systématique qui caractérise la dictature temporelle proposée par le positivisme, dès 1847, comme le vrai gouvernement préparatoire propre à la transition organique. (*Paisible évolution de.......185.*).

L'enchaînement des faits accomplis y conduit à prévoir les phases prochaines, en écartant scientifiquement toute affection personnelle, *comme un astronome envers une éclipse.* Je vous annonce donc, pour le dernier trimestre de la prochaine année, une secousse finale, où la dictature passera, sans entr'acte parlementaire, de M. Bonaparte à M. Cavaignac, après un combat entre la partie républicaine et la partie *impérialiste* (ou plutôt *mamamouchiste*) de l'armée française, bientôt départagées par le prolétariat parisien. Cette nouvelle dictature monocratique sera probablement la dernière de ce genre, si son programme naturel est assez réalisé, d'après un respect continu de la liberté d'exposition et de discussion. Elle formera le second pas essentiel vers notre dictature positiviste, qui dut se préparer, l'an dernier, par une abolition quelconque du régime parlementaire. Le libre examen conduira la raison publique à faire prévaloir avant 1860 (sans que je puisse indiquer l'année) le pacifique avènement de notre triumvirat systématique qui vous est assez connu, et dont le nouveau dictateur pourrait beaucoup faciliter l'installation.

Notre Gouvernement préparatoire sera complètement expliqué, en 1854, dans le tome final de ma *Politique positive*. Dès lors, j'espère qu'il attirera fortement l'attention publique, comme seul plan convenable à la transition organique. Ainsi présenté sous le poids de l'ensemble du passé, il obtiendra certainement un accueil que ne comportait pas l'indication isolée et insuffisante qui surgit en 1848, et où manquent d'ailleurs toutes les améliorations notables que mes cours m'ont ensuite donné lieu d'introduire. Mais pour faire mieux prévaloir cette dictature positiviste, il importe de pouvoir ensuite annoncer bientôt de dignes triumvirs. Je n'ai pas cessé de m'occuper de ces choix difficiles, dès 1848, où j'avais même fixé déjà mes espérances. Néanmoins, de ces désignations primitives, deux sont maintenant écartées irrévocablement, l'une d'après l'indignité dévoilée, l'autre par l'insuffisance constatée, du personnage correspondant. Il n'est donc resté que notre éminent M. Magnin, que j'avais d'abord indiqué comme triumvir des finances, et qui continue à mériter de plus en plus mes vœux d'avenir. Quant aux deux autres triumvirats, je vous destine celui de l'intérieur, en vous invitant à diriger de plus en plus vos vues vers cette haute mission, sans négliger aucunement votre noble office actuel. Une admirable lettre reçue récemment de M. Barbès, au sujet de mon envoi de la *Politique positive* (qui n'a pas encore été transmis dans sa prison), me donne lieu d'espérer en lui un digne triumvir de l'extérieur, si je puis le rendre suffisamment positiviste, après l'avoir purgé de sa manie révolutionnaire.

Quoique je ne doive pas proposer avant trois ans ces choix personnels, même quand ils seraient complets auparavant, il importe de les préparer déjà le plus possible. Leur digne avènement ne peut résulter que d'une longue et paisible discussion, qui fera reconnaître un tel triumvirat comme pleinement capable de concilier enfin l'ordre et le progrès, non seulement par l'excellence de sa doctrine dirigeante, mais aussi d'après le propre mérite de ses membres. *Vivre au grand jour*, doit devenir la loi suprême du régime positiviste, tant public que privé.

Cette haute perspective n'étant pas réalisable avant sept ans, elle reste pleinement compatible avec notre mission actuelle. Vous ne devez, comme Cincinnatus, quitter la charrue que pour venir exercer la dictature. Jusque-là, votre présente activité, dont l'utilité propre est d'ailleurs si grande, aura le double avantage de vous faire mieux apprécier et de vous préparer davantage à cette destination supérieure. Mais, réciproquement, la contemplation familière d'une telle issue peut aujourd'hui réagir très heureusement sur votre situation pour y prévenir une trop grande restriction de vues et même de sentiments. Quoique votre rare modestie pût se contenter indéfiniment d'un théâtre aussi circonscrit, mon devoir, comme conseiller systématique de l'Occident, est de chercher partout les natures vraiment éminentes par un suffisant concours du cœur, de l'esprit et du caractère, afin de les pousser au poste que leur assigne la grande régénération. Personne, à mes yeux, ne remplit mieux que vous, ni peut-être autant, les conditions fondamentales d'une suprême destination politique. Il ne vous manque, comme à M. Magnin, qu'un sentiment assez complet de vos forces réelles, et de la principale mission que le Grand-Être vous réserve. C'est à moi, son prêtre unique jusqu'ici, qu'il appartient de développer, chez l'un et l'autre, cette confiance que je vois aujourd'hui le triste privilège de ceux qui n'ont ni cœur ni tête. Les positivistes peuvent seuls conduire dignement la régénération occidentale, les uns par le conseil, les autres par le commandement. Ils doivent donc se disposer à saisir graduellement tous les postes humains. Seuls capables de concevoir l'avenir, même prochain, il faut qu'ils emploient cette aptitude à se préparer longtemps d'avance aux destinées qui leur échoient, au lieu d'osciller entre une aveugle ambition et une torpeur indigne.

J'attache toujours une extrême importance à vous voir subir convenablement l'influence féminine. Ce n'est pas seulement une condition de bonheur qui ne peut être aucunement remplacée, mais aussi un incomparable moyen de perfectionnement intime, sans lequel toute éducation morale demeure gravement incomplète. Néanmoins, je ne puis méconnaître les motifs irrécusables que votre lettre m'explique pour la difficulté de trouver, dans votre milieu actuel, une épouse digne de vous.

Je sais tellement combien est déplorable un mauvais mariage, que je n'hésite point à vous recommander le célibat tant que vous ne pourrez trouver un bon choix. Le but essentiel de mes instances antérieures était de vous faire personnellement sentir l'importance de la vie conjugale. Or, je vois maintenant que vous êtes sans reproche à cet égard, puisque vous cherchez sincèrement une compagne qu'il ne dépend pas de vous d'obtenir.

Votre appréciation de mon second volume suffirait pour me convaincre que la vie pratique, loin de vous détourner des plus hautes méditations, vous en fait mieux apprécier la valeur réelle. C'était la partie la plus difficile et la plus décisive aussi de mon second grand ouvrage. Quoique ne pouvant être sentie que lentement, cette construction statique tend déjà visiblement à procurer à l'ensemble du positivisme une considération profonde et universelle. Tous les esprits compétents y sentent le livre le plus systématique qui ait paru sur la science du gouvernement depuis mon incomparable ancêtre Aristôte. Em même temps, la religion positive s'y montre clairement comme la seule garantie solide de l'ordre domestique et civil. Ces propriétés vont encore ressortir, d'une manière plus frappante, dans le *Catéchisme positiviste* que j'ai terminé depuis quinze jours, et que vous pourrez avoir avant le milieu d'octobre, car il s'imprime rapidement. Toutes les notions essentielles du positivisme (dogme, culte et régime) se trouvent condensées et simplifiées sur ce volume in-12 d'environ 400 pages, au delà de ce que j'espérais même en commençant, vers la mi-juillet, ce précieux épisode. Depuis qu'il est achevé, je jouis d'un loisir bien acquis, qui va durer jusqu'au 6 novembre, où débutera l'élaboration de mon troisième volume, que je compte accomplir en cinq mois, de manière à ce qu'il paraisse en juin prochain.

Quoique cette construction définitive de la vraie philosophie de l'histoire doive m'offrir un travail très intéressant, je sens déjà qu'il ne peut pas me présenter les difficultés que j'ai vaincues cet hiver pour construire la statique sociale, qui deviendra, chez les pleins connaisseurs, mon œuvre principale, contenant implicitement tout le reste.

Tout à vous,

AUGUSTE COMTE.

(10, rue Monsieur-le-Prince).

P.-S. — Je conçois fort bien tous les motifs d'après lesquels vous m'expliquez le long ajournement qu'a successivement éprouvé votre confession générale. Néanmoins, je vous invite à terminer le plus tôt possible, quoique sans précipitation, une monographie dont M. Lefort m'a dit beaucoup de bien, depuis la lecture partielle que vous lui en avez procurée.

J'oubliais de vous remercier pour votre participation à la fondation de la *Revue Occidentale*. Mais, quoique j'aie pris note de cet engagement, vous n'aurez pas lieu de le réaliser bientôt. Cette troisième tentative avorte encore davantage que les deux précédentes, quoique j'aie certes réduit les dépenses autant que possible. Après six mois de circulation du prospectus, reproduit d'ailleurs dans mon second volume, je n'ai réuni jusqu'ici que quinze souscriptions sur les *cent* qu'il faudrait. Me voilà donc obligé de renoncer à l'espoir d'utiliser prochainement les précieux avantages que présente la situation dictatoriale, même sous la compression actuelle, pour faire pénétrer partout la pensée positiviste. Si mon *Catéchisme* obtient le succès qu'on attend, il pourrait, à cet égard, améliorer beaucoup les dispositions. Toutefois, la prochaine fondation de notre Revue trimestrielle ne me semble plus possible que si quelque riche se décidait à prendre sur lui toute la charge, en concentrant aussi tout l'honneur. Mais, quoique cela puisse arriver chez les opulents Américains qui s'intéressent de plus en plus au positivisme, je ne dois aucunement y compter.

VIII

A Monsieur HADERY, au domaine des Vattis (Allier).

Paris, le jeudi 6 Moïse 65.

Monsieur et cher disciple,

La longueur exceptionnelle de votre dernière lettre indique avec quelle gravité consciencieuse vous envisagez l'importante proposition que l'intérêt public me prescrivait récemment, et dans laquelle je persiste de plus en plus en l'examinant davantage. Mais cette scrupuleuse expansion confirme aussi mes premières craintes, sur l'insuffisante confiance en vous-même qui, si elle durait à ce degré, deviendrait un obstacle puissant, et peut-être insurmontable, à la réalisation d'un tel projet. Néanmoins, votre conclusion n'est point un refus, et même elle m'annonce la résolution de poursuivre, à titre d'essai, cette haute perspective, pendant les trois années d'épreuve qui nous séparent encore du moment où je devrai publier mes vues et mes choix. Je ne puis aujourd'hui rien attendre de plus prononcé que cette sage et modeste disposition, pourvu que vous y persévériez assez. Une résolution plus précise pourrait même indiquer maintenant un excès de confiance ou une appréciation précipitée, plus contraire au succès final que la circonspection exagérée. Les nobles types de praticiens que vous me signalez comme les dignes objets de votre admiration spéciale, sont d'ailleurs très propres à confirmer mes espérances sur votre pleine acceptation quand le temps aura dissipé l'étrangeté de cette éminente perspective. Car, deux d'entre eux, Vauban, et surtout Carnot, se sont élevés heureusement jusqu'au caractère politique proprement dit, qui n'est au fond que le principal degré du vrai caractère pratique. La théorie sociologique leur permettrait aujourd'hui de mieux développer leur nature d'hommes d'*État*. Je suis donc, en résumé, satisfait de votre accueil réfléchi sur une ouverture aussi imprévue que hardie.

Toutefois, l'ensemble de votre lettre, et la majeure partie de ses développements, me paraissent exiger des rectifications essentielles, en dévoilant la funeste tendance de votre situation actuelle à rétrécir vos vues politiques. Ce grave danger réclame votre sérieuse et active sollicitude pour le combattre dignement, d'après une répulsion systématique envers les inspirations locales ou spéciales, et une culture assidue des conceptions générales, entretenues par de fréquentes correspondances avec un meilleur milieu. La lucidité de votre appréciation spontanée quant à la dictature républicaine, du moins une fois dissipée la première irritation révolutionnaire, me faisait espérer, l'an dernier, une plus saine interprétation actuelle de notre prétendue situation *impériale*. Cette phase honteuse me semble avoir trop ébranlé la rectitude naturelle de vos jugements politiques, où cet épisode acquiert maintenant une importance fort exagérée, qui vous conduit même à méconnaître radicalement le pas notable que fait maintenant l'avènement de la transition positiviste.

La situation républicaine de la France est trop enracinée, d'après l'ensemble de notre passé, pour être altérée par le vote fantastique des paysans français, qui pourraient aussi bien conférer à leur fétiche une longévité de deux siècles avec l'exemption de la goutte que lui concéder l'hérédité et l'inviolabilité. Tout le monde non officiel sent ici que la suspension de la République n'est qu'une fiction légale : personne ne peut prononcer sans rire le titre d'*empereur*. Ce chef a lui-même déclaré naïvement que le changement se réduit à la *forme*. Il aurait été plus exact en disant au *costume*. De dictateur tyrannique, il devient un simple personnage de théâtre, le pur *mamamouchi* de Molière, qui tend de plus en plus à perdre la direction effective, pour développer amplement sa nature de dandy, jusqu'ici comprimée par son *métier* d'homme d'État. Mais cette parodie impériale diminue tellement sa consistance politique qu'il ne reste chef qu'en attendant un dictateur convenable, sur lequel on puisse s'accorder assez.

Je suis si convaincu d'une telle appréciation que je l'ai récemment indiquée au noble tzar Nicolas en lui écrivant une grande lettre philosophique et politique pour l'envoi des deux volumes déjà publiés de ma *Politique positive* et du *Catéchisme positiviste*. Ce manifeste décisif du positivisme envers les dignes conservateurs est deux fois plus étendu que ma lettre imprimée à M. Vieillard : mais, dans ce cadre restreint, il contient une suffisante indication de tous nos principes essentiels en philosophie, en morale et en politique, avec leur application à la transition occidentale et à la situation russe ; il sera joint à la préface du tome IIIe de ma *Politique positive*, qui paraîtra vers le milieu de la présente année. En y décrivant l'essor empirique du républicanisme français, j'annonce la crise prochaine qui doit concilier la dictature avec la pleine liberté d'exposition. Or, à cet égard, j'ajoute cette petite note, seule mention de notre *empire* dans cette immense épître : « Le vain épisode qui s'accomplit en ce moment sous un rétrograde démagogue doit plutôt hâter que retarder cette crise, en augmentant ses motifs et diminuant ses obstacles. » Quand je lus toute ma lettre russe à nos confrères, pendant cinq quarts d'heure, le dernier mercredi de 1852, ils furent frappés d'une telle appréciation, qui résume exactement mon opinion sur l'incident *impérial*. Il *augmente les motifs* de la nouvelle crise, en accroissant la compression et le gaspillage qui déjà nous y poussaient.

En même temps, il *diminue ses obstacles*, en suspendant les dissensions entre les divers genres de républicains devant un ennemi commun, et surtout en faisant cesser le dilemme antérieur : Bonaparte ou l'anarchie. Applicable à la dictature républicaine, quelque rétrograde qu'elle fût en effet, cette alternative ne convient plus au *mamachouchat*. Entre l'*empire* et *les rouges*, ce personnage a lui-même posé la véritable intercalation qui, mieux employée, doit nous préserver à la fois de la rétrogradation et de l'anarchie. Par l'abolition opportune du régime parlementaire, il fit involontairement faire à la révolution un pas décisif, qui, quoique encore trop peu senti, devient désormais irrévocable. Quelque vicieuse qu'ait été la présidence réelle, elle a manifesté pour tous le vrai caractère du régime français, en écartant toute importation anglaise. Depuis soixante ans, les meilleurs républicains ont senti toujours qu'une digne dictature peut seule remplacer en France la royauté. Cette conviction des hommes d'élite est maintenant devenue vulgaire, et sera bientôt dominante, sauf les incurables à vingt-cinq francs par jour, qui ne sortiront jamais des bavardages d'assemblée. Tout se réduit dès lors à trouver un dictateur admissible, et certes on y parviendra prochainement, pour terminer au plus tôt la parodie impériale. La royauté cesse ainsi d'avoir le privilège exclusif de l'ordre, qui, notez bien, n'a point été du tout invoqué lors de la transformation *mamamouchique*, motivée seulement sur une sorte de fantaisie personnelle, ou tout au plus nationale. Cette caduque institution n'est plus, en France, que le symbole de la rétrogradation. Elle s'y trouve réellement abolie depuis le 10 août 1792, sans avoir jamais été rétablie ensuite, malgré les fictions officielles, comme j'osai l'établir, en 1842, dans le tome final de ma *Philosophie positive*. Les quatre ou cinq dernières années ont vulgarisé, quoique confusément, cette appréciation historique qui d'abord m'était uniquement propre. Elles ont aussi dissipé la liaison funeste que l'empirisme rétrograde avait formée entre le régime républicain et le système de guillotinades. Même elles ont prouvé que notre situation républicaine comporte en faveur de l'ordre des mesures plus énergiques que la prétendue situation monarchique. Tous ces pas irrévocables de l'esprit public sous des circonstances décisives rétabliront bientôt la vérité politique, en supprimant à jamais les illusions officielles, qui masquent notre vraie position. Il ne faut que le temps de s'accorder sur un dictateur passable, qui garantisse la liberté tout en repoussant les rouges, seul épouvantail qui soutienne la dictature rétrograde.

Mais cette courte phase procure au positivisme des avantages inaltérables, qui doivent beaucoup faciliter, et même hâter notre avènement politique, lequel précédera certainement, et même déterminera, notre triomphe religieux, à l'inverse de ce qui survint jadis au catholicisme naissant. Car, la situation pousse vers nous à la fois les révolutionnaires honnêtes et les conservateurs sincères. L'expérience qui vient d'avoir lieu tend à détruire, chez les plus arriérés des révolutionnaires, le crédit que conservaient encore les doctrines métaphysiques, puisque la souveraineté du peuple et l'égalité, condensées dans le vote universel, aboutissent finalement au mamamouchisme. Tous sentiront ainsi que la démagogie, loin d'offrir une garantie contre la rétrogradation, en devient désormais le meilleur appui. Dès lors, les positivistes, qui jamais n'admirent les dogmes révolutionnaires, sont les seuls républicains véritables, au nom des lois irrécusables de l'Humanité. Hors de notre sein, il ne peut plus exister que des républicains de sentiment, dont les principes contredisent les instincts. Cependant, le républicanisme est aujourd'hui répandu beaucoup plus qu'en 1793. Je compte maintenant en France un million de républicains, tandis qu'alors ils étaient à peine cent mille. Voilà donc une masse énergique de volontés instinctives, de volontés qui n'attendent, pour prévaloir irrévocablement, qu'une théorie capable de les systématiser dignement. Or, cette doctrine existe complètement, et son efficacité n'est encore empêchée que par la coupable interposition des lettres entre nous et le public : mais cet obstacle, qui diminue spontanément, peut être aisément surmonté par notre zèle persévérant, quelque peu nombreux que nous soyons encore.

En même temps, la situation pousse vers le positivisme tous les vrais conservateurs, qui sont effrayés de voir maintenant la rétrogradation invoquer la démagogie, pour prolonger, aux dépens des riches peut-être, la domination de quelques aventuriers, décidés à flatter, s'il le faut, les plus mauvaises passions des pauvres. Le communisme, plus ou moins explicite, est partout imminent, comme seule issue sociale de tous ceux qui repoussent la division fondamentale des deux pouvoirs humains. Tel est le stimulant irrésistible et continu qui rapprochera de nous la bourgeoisie, malgré les tendances que vous signalez, et dont vous exagérez beaucoup l'importance. Fussent-elles plus réelles et plus prononcées, elles céderont bientôt devant cette conviction inévitable : le positivisme peut seul préserver la France, et par suite tout l'Occident du communisme. Loin que la régénération sociale de la bourgeoisie doive, comme vous le supposez, précéder l'avènement du triumvirat positiviste, elle doit, au contraire, s'accomplir graduellement pendant la génération régie par notre dictature exceptionnelle. Tous les besoins essentiels, tant d'ordre que de progrès, concourent donc à déterminer maintenant l'ascendant politique du positivisme, comme seule issue commune des dignes conservateurs et des dignes révolutionnaires. La situation française nous est tellement favorable, que nous deviendrons prochainement les maîtres si seulement il existait déjà *mille* vrais positivistes, parmi lesquels il s'en trouverait bien *deux cents* assez énergiques pour former l'état-major politique de notre gouvernement préparatoire. C'est à ce nombre de conversions que nous devons maintenant prétendre dans notre propagande religieuse, surtout parmi les prolétaires d'élite, mais sans exclure les dignes exceptions provenues de toute autre source.

Néanmoins, quelque prochain que doive sembler un tel résultat, la nouvelle crise précédera certainement sa réalisation. Il faut donc encore subir une secousse empirique, due aux républicains de sentiment, auxquels en reviendront les profits comme les charges. Les positivistes continueront alors à ne figurer que comme spectateurs, qui ne doivent aspirer à aucun bénéfice spécial, sauf leur juste participation à la commune acquisition irrévocable d'une pleine liberté d'exposition et de discussion, qui ne peut être favorable qu'à nos principes. Mais, malgré cette attitude essentiellement passive d'une secte dont le tour politique n'est pas encore venu, nous pouvons améliorer beaucoup la prochaine crise, en faisant accomplir aux républicains empiriques deux pas très opportuns, qui les rapprocheront spontanément du positivisme, sans exiger leur conversion immédiate. Le premier consiste à supprimer l'*égalité* dans la devise républicaine, que M. Bonaparte, d'après son propre principe, n'a point *détruite* en la suspendant, puisqu'il ne l'a pas *remplacée*. Quand la bourgeoisie verra reparaître la bannière républicaine avec la seule inscription *Liberté* et *Fraternité*, elle se sentira rassurée contre les anarchistes qui tous se rallient à l'égalité.

Cette devise peut très bien servir comme provisoire, en préparant notre formule, seule définitive, *Ordre* et *Progrès*, qui n'est point encore mûre chez le public français. Le second pas, connexe du précédent, consiste à renoncer irrévocablement à toute domination d'assemblées, en faisant déjà prévaloir ce principe : « La république sociale doit être dictatoriale, et non parlementaire. » En renonçant à convertir là-dessus les lettrés, on trouvera beaucoup d'accueil chez les prolétaires, surtout parisiens, déjà préparés spontanément. On peut résumer ces deux pas essentiels, en les combinant dans une scission tranchée et définitive entre les *républicains* et les *révolutionnaires :* ce qui revient, historiquement, à faire enfin succéder la révolution positive à la révolution négative qui n'en dut être que le prélude.

Telle est la vérité que je vous engage finalement à substituer aux appréciations mesquines et décourageantes dont votre lettre est remplie.

Tout à vous,

AUGUSTE COMTE.

(*10, rue Monsieur-le-Prince*).

P.-S. — Je présume que vous avez maintenant reçu le *Catéchisme positiviste*, qui parut ici, le 15 octobre. Mais je regrette que vous ne vous soyez pas adressé à moi pour cela. Vous l'auriez eu, par la poste, deux jours après.

IX

A Monsieur HADERY, au domaine des Vattis (Allier).

Paris, le jeudi 20 Moïse 65.

Mon cher disciple,

Une heure après avoir reçu, hier, votre bonne lettre du 12, j'envoyai à la poste votre exemplaire du *Catéchisme positiviste* et celui de votre digne ami lorrain. L'exemplaire personnel de chaque membre de notre Société ne coûtant que *deux francs*, c'est donc, en tout, 6 fr. 90 dont vous m'êtes redevable pour ce petit envoi, le port étant de 0 fr. 95 pour un volume de dix-neuf feuilles. Selon votre annonce, je recevrai ce prix en même temps que votre souscription au subside sacerdotal, dont je suis désormais, comme vous l'avez très bien deviné, l'unique directeur, d'après les motifs que vous expliquera bientôt ma quatrième circulaire annuelle.

D'après votre empressement à me répondre, j'espère que mes cordiales explications ont enfin surmonté vos respectueux scrupules envers des communications régulières qui constituent, à mes yeux, une précieuse partie de mon office universel, surtout quand elles sont autant utilisées. Aucun de ceux qui m'écrivent une fois par mois ne peut mériter plus que vous un tel commerce. L'admirable accueil que vous venez de faire à une lettre qui changeait sans ménagement votre précédente appréciation suffirait pour me confirmer dans l'éminente résolution que je vous ai directement proposée. Tous nos confrères ont ainsi jugé votre réponse que je leur ai lue intégralement hier, après leur avoir indiqué la nature de votre lettre antérieure, qui ne pouvait leur être aucunement communiquée, puisque j'y devais voir une sorte de confession involontaire, dont le texte se concentrerait toujours entre nous deux.

Le progrès que vous avez accompli si docilement et si promptement n'honore pas moins votre caractère et votre cœur que votre esprit. Il me garantit que vous achèverez spontanément de vous approprier toute la théorie indiquée dans ma dernière lettre sur la vraie situation actuelle, envers laquelle je me trouve ainsi dispensé d'explication nouvelle. Laissez-moi seulement vous recommander davantage ma distinction finale entre les républicains et les révolutionnaires, comme très propre à faire graduellement pénétrer le positivisme chez les empiriques honnêtes et sincères, par un heureux usage des termes généralement admis. Pour faciliter cette transition, tout en rendant justice à chacun de nos précurseurs, je dois noter que cette destination ne m'appartient pas essentiellement. Je n'ai fait que reproduire avec opportunité, dans le temple plus convenable à sa prépondérance définitive, un contraste ébauché déjà par le parti de Robespierre. En tant que préoccupée, quoique prématurément faute d'une vraie théorie, d'intentions directement organiques, cette école haineuse et confuse finit, pendant son triomphe éphémère, par envelopper d'une commune réprobation les révolutionnaires et les contre-révolutionnaires, c'est-à-dire tous ceux qui se bornaient à nier, en leur opposant les vrais républicains, comme seuls constructeurs. Mais sa vaine tentative de réorganisation sociale ne pouvant aboutir qu'à la rétrogradation, parce qu'elle manquait d'une base philosophique, cette distinction dut bientôt avorter. Il est temps de la faire aujourd'hui prévaloir, puisque la doctrine rénovatrice qui doit guider les efforts politiques se trouve irrévocablement fondée. Elle s'est spontanément reproduite pendant les dernières années, puisqu'on a reconnu jusque dans les tableaux figuratifs des cohues parlementaires un parti, peu nombreux, mais très influent de républicains *conservateurs*. C'est ce parti dont les positivistes formeront bientôt la tête, en lui donnant la consistance systématique qui lui manquait radicalement. Le titre de *révolutionnaire* sera de plus en plus pris en mauvaise part, tandis que celui de *républicain* s'ennoblira. Sans aboutir encore à l'incompatibilité, leur contraste usuel est déjà prononcé. Au contraire, suivant l'intention du déclamateur sanguinaire, les qualifications de *révolutionnaire* et de *rétrograde* ou contre-révolutionnaire tentent réellement à se rapprocher, et finiront par coïncider, quand l'affinité profonde entre l'anarchie et la rétrogradation sera mieux sentie. Car je connais aujourd'hui peu de rétrogrades assez conséquents ou assez humbles pour ne pas accepter spontanément, au moins dans leur pratique privée et même publique, le principe fondamental de l'esprit révolutionnaire, c'est-à-dire la disposition de chacun à ne reconnaître d'autre autorité que la sienne envers les principales questions. La circulaire par laquelle je fondai la Société Positiviste, en mars 1848, représente surtout les positivistes comme les vrais successeurs des Jacobins, qui voulurent aussi construire, à leur manière, quoique en temps inopportun. En nous proclamant les chefs normaux des véritables républicains et les ennemis systématiques des purs révolutionnaires, nous installerons définitivement cette haute succession, qui bientôt nous rendra les dignes maîtres de la France, où nous pouvons seuls consolider l'ordre et garantir le progrès.

Je suis heureux de voir que, tout en acceptant

dignement une éminente destination politique, vous sentez le besoin de conserver activement votre noble existence pratique, jusqu'à l'avènement dictatorial. Les inconvénients intellectuels et moraux peuvent être suffisamment neutralisés par un juste essor de vos méditations et de vos études, ainsi que d'après le commerce épistolaire avec un milieu plus large. Mais les avantages pour développer votre aptitude à commander dignement et pour établir votre consistance publique ne sauraient être autrement remplacés chez vous. C'est à moi d'ailleurs qu'il appartiendra de faire mieux retentir l'illustration civique que vous aurez méritée. Il importe beaucoup que, dès son origine, le triumvirat positiviste puisse présenter un agriculteur, comme il offre d'abord un manufacturier. Si je pouvais trouver uu commerçant pour le gouvernement de l'intérieur, notre dictature de transition ne différerait de la normale que par le choix et la source des triumvirs, lesquels ne sauraient émaner aujourd'hui d'un patriciat incapable et même indigne, qu'il faut aussi régénérer graduellement sous une pression prolétaire, dirigée par le positivisme.

L'insuffisance actuelle de vos études historiques sera bientôt réparée d'après les lectures indiquées dans la 3me section de ma *bibliothèque*. Elles y sont rangées suivant l'ordre le plus favorable à l'acquisition des matériaux en remontant de notre époque vers l'antiquité par la succession graduelle d'intermédiaires suffisants, afin de procéder toujours du plus connu au moins connu. C'est précisément l'inverse de la marche classique, laquelle ne convient qu'au développement ultérieur de la filiation historique, dont les lois générales vous sont assez connues déjà, pour abréger et faciliter beaucoup le travail définitif. Mon troisième volume de la *Politique positive* devant paraître dans six mois, il achèvera de vous guider pour cette principale élaboration, puisqu'il concerne spécialement la philosophie de l'histoire. Quant à l'achat des livres qui vous manquent, le meilleur mode actuel consiste à recourir au bouquiniste parisien. Mais il faut l'employer selon sa nature, sans poursuivre directement une acquisition déterminée (qui serait ainsi tardive et coûteuse), en se bornant à profiter de toutes les occasions spontanées pour obtenir un des ouvrages désirés, ce qu'une serviable flânerie pourra vous procurer seule, avec peu de frais et de temps. Quant à l'entreprise régulière de notre *Bibliothèque*, elle exigerait une avance de *cinq cent mille francs* pour une édition à deux mille exemplaires, en vendant 450 francs la collection totale, ce qui revient à 3 francs le volume, sans permettre aucun fractionnement autre que celui du payement accompli pendant trente mois, au taux mensuel de 15 francs. C'est seulement ainsi que cette belle opération de librairie deviendrait profitable à la Compagnie qui l'entreprendrait, pourvu qu'elle pût attendre le succès pendant dix ans. Où trouver aujourd'hui ces larges dispositions chez une industrie qui tend visiblement à disparaître, comme purement relative à la transition révolutionnaire ? Il n'existe déjà plus, en Occident, aucune maison de librairie qui soit vraiment puissante. A moins d'une large munificence privée, sur laquelle on ne saurait statuer, il faut donc ajourner la digne réalisation de ce précieux recueil jusqu'au temps où vous y présiderez officiellement comme triumvir de l'intérieur, en n'acceptant l'intervention des librairies que comme purement secondaire.

Un gouvernement analogue, quoique moindre et motivé différemment, convient à votre vœu très naturel pour la composition d'une vie des saints positivistes. Trois ou quatre autres ont déjà conçu séparément le même projet, dès la première édition de mon *Calendrier*. Mais sa vraie réalisation serait aujourd'hui prématurée, faute d'une suffisante habitude de la théorie historique qui doit guider mes six collaborateurs. J'ai promis publiquement de l'instituer oralement en faisant, pendant quelques années, mon cours de philosophie de l'histoire sous une forme concrète, formée toutefois à la succession des treize types mensuels, complétés chacun par une sommaire appréciation de ses quatre sous-types hebdomadaires. Ce n'est qu'après une telle préparation qu'un comité bien choisi pourra, sous ma direction, accomplir enfin le travail que vous désirez, en poussant jusqu'aux types quotidiens. Mais cette importânte élaboration ne doit pas commencer avant six ans, sous peine d'un avortement qui discréditerait d'avance tout effort ultérieur. Jusque-là chaque positiviste doit se borner à l'ébaucher pour son propre usage, suivant son zèle et ses lumières. Ces exercices sont très propres à familiariser avec la saine théorie historique d'après une application spéciale et continue.

Tout à vous,

AUGUSTE COMTE.

(10, *rue Monsieur-le-Prince*).

X

A Monsieur HADERY, *aux Vattis* (*Allier*).

Paris, le samedi 1er Homère 65.

Mon cher disciple,

Je me suis chargé de vous transmettre une proposition exceptionnelle, fort importante pour un positiviste très intéressant, mais en vous invitant d'avance à ne l'accepter qu'autant qu'elle se trouverait assez conforme à vos propres convenances.

Elle émane de l'éminent artiste, à la fois peintre et statuaire, dont j'annonçai la précieuse acquisition à la fin de la préface du tome IIe de ma *Politique positive*, et qui fut ensuite l'objet d'une mention spéciale dans la récente préface de mon *Catéchisme Positiviste*, pour sa belle inspiration esthétique, envers le portrait remarquable qu'il m'a consacré. M. Etex fait d'ailleurs partie de notre Société Positiviste depuis le mois de septembre dernier. Si vous ne le connaissiez pas auparavant, voilà ses titres personnels à vos propres sympathies, qu'il mérite pleinement par le cœur et le caractère encore plus que par l'esprit. Plus âgé que vous de dix ans, M. Etex, dignement marié, possède, outre deux filles intéressantes, un fils de dix-sept ans, qui paraît l'être beaucoup moins. Quoique intelligent, ce jeune homme s'est jusqu'ici montré fort paresseux et surtout peu disciplinable. Il a pourtant réussi dans l'étude des langues mortes ou vivantes et d'ailleurs commencé, mais sans goût, les études mathématiques. Au reste, son cœur ne semble pas mauvais, malgré l'extrême indolence de son caractère, qui ne le pousse vers aucune autre carrière que celle de flâneur. Il compte secrètement, pour cette vocation universelle, sur l'appui résulté du nom et de la fortune de son père. Mais, outre que M. Etex n'est pas riche et ne le sera jamais, d'après la noblesse de ses sentiments et l'indépendance de sa conduite, il ne veut nullement aider son fils à devenir *un producteur de fumier*. Ayant essayé vainement plusieurs moyens de lui faire suivre une direction utile et déterminée, il vient de s'arrêter à la résolution de lui procurer une existence agricole. Dès lors, M. Etex s'estimerait fort heureux de le placer sous votre discipline pendant quelques années, si vous consentez à prendre son fils aux Vattis comme apprenti laboureur. Ce jeune homme est vigoureux et paraît aimer la vie des champs, quoiqu'il préfère la flânerie. Outre le travail manuel, qu'il peut très bien soutenir, et qui lui serait même fort salutaire à divers égards, vous pourriez aussi l'utiliser dans vos écritures, et lui confier peut-être des courses pénibles. En un mot, son père vous le remettrait, avec une entière confiance, pour l'employer comme vous le jugeriez convenable. Si vous ne croyez pas que ce jeune homme pût immédiatement gagner chez vous ce qu'il vous coûterait, M. Etex, quoique actuellement très gêné, se déciderait à payer pour lui la petite pension que vous indiqueriez. Dans le cas où vous ne pourriez aucunement vous charger de son fils, notre confrère est tellement résolu de lui faire suivre la vie agricole, qu'il tenterait de le placer chez quelque fermier fort isolé. Outre l'intention disciplinaire, qui prévaut en ce moment, il espère que ce jeune homme prendrait définitivement assez de goût pour une telle carrière, où pourtant il n'apportera jamais de capital.

En vous témoignant mon désir personnel que vous puissiez accepter une telle proposition, d'après l'estime et la sympathie que m'inspire M. Etex, je vous renouvelle spécialement la recommandation de décider sans aucune complaisance, et suivant une mûre appréciation de vos propres convenances à cet égard. Si votre résolution devient favorable, je présume que notre confrère nouveau vous amènerait lui-même son fils, afin de l'installer plus convenablement chez vous, en vous déléguant devant lui toute son autorité paternelle.

Tout à vous,

A^te^ Comte.

(*10, rue Monsieur-le-Prince*).

XI

A Monsieur HADERY, membre de la Société Positiviste.

Paris, le 23 août 1853.

Monsieur,

La Société Positiviste invite chacun de ses membres à fournir, selon ses convenances personnelles, ou *quinze* francs, ou *dix* francs, ou *cinq* francs, pour concourir au payement des divers frais résultés de la mort de M. Francelle, ouvrier horloger, notre confrère, décédé le 14 juillet. Veuillez donc me transmettre, le plus promptement possible, la cotisation que vous aurez choisie.

Salut et fraternité.

Le Président de la Société Positiviste,

AUGUSTE COMTE.

(*10, rue Monsieur-le-Prince*).

XII

A Monsieur A. HADERY, aux Vattis (Allier).

Paris, le 6 Gutenberg 65.

Mon cher disciple,

Je suis extrêmement touché de la sollicitude spéciale qui vous a, dimanche, inspiré la lettre que j'attendais depuis longtemps. Mais, si vous connaissiez M. Etex autant qu'il l'est ici, vous sentiriez que sa défection n'a pu nuire qu'à lui, dont la réputation se trouvait, à mon insu, plus capable de compromettre le positivisme que de le seconder. Ce nouveau désappointement ne me poussera pas davantage que les précédents à renoncer au principe d'après lequel je fais toujours, envers les personnes qui me sont inconnues, l'hypothèse la plus favorable que puissent comporter les données; précepte que vous trouverez systématisé, de cœur et d'esprit, dans mon nouveau volume.

Au fond, M. Etex est affecté, jusqu'au degré d'incurabilité, de la maladie occidentale, à laquelle j'ai donné place, au tableau positif de la pathologie cérébrale, sous le titre d'*orgueillo-vanitite* chronique avec accès d'acuité. Mais, quelque expressif que soit ce nom, tiré des caractères les plus intenses, il n'indique point la source, essentiellement mentale, d'une telle perturbation. Elle consiste, en effet, dans le développement graduel du principe protestant : « Nul ne doit reconnaître d'autre autorité que la sienne, du moins envers les questions les plus difficiles et les plus importantes ». Toutefois, quoique cette révolte de l'individu contre l'espèce commence toujours par l'intelligence, elle ne tarde point à vicier les sentiments, dont le trouble consolide et développe le désordre spirituel. Les rétrogrades en sont, à leur insu, presque autant affectés que les révolutionnaires, puisqu'ils manquent aussi de soumission réfléchie.

Votre bonne nature vous a préservé de cette épidémie, ou du moins vous en a guéri spontanément avant que le mal eût pu produire des fautes difficilement réparables. Le positivisme, seule source du traitement systématique, vous garantit maintenant contre toute rechute. Il faut surtout attribuer votre salut au grand sentiment de la vénération, qui, dans un haut degré, constitue le vrai signe des élus. Ne regrettez point l'enthousiasme, souvent déplacé, qu'il a dû vous inspirer ; pas plus que je ne déplore celui dont il anima ma jeunesse envers un jongleur dépravé (l'indigne Saint-Simon). Tous les révolutionnaires auxquels manque cette vénération, malgré ses divers inconvénients, doivent être aujourd'hui regardés comme incurables, et ne figureront jamais dans ce *millième* d'élite auquel le positivisme doit borner son espoir d'un vrai prosélytisme jusqu'à la fin du présent siècle.

C'est le cas de M. Etex, qui m'avait d'abord séduit par une affectation de bonhomie. Mais ce n'est point celui de M. Lefort, quoiqu'il soit fortement atteint de la fatale maladie, avec une intensité beaucoup moindre. Je crois ce jeune théoricien sincèrement susceptible d'une profonde vénération, surtout envers moi. Outre son âge et son énergie, il a maintenant reconnu le mal, et travaille dignement à le guérir, sans se faire illusion sur la difficulté d'un tel succès d'après ses antécédents littéraires. Toutefois, je regrette qu'il n'ait pu s'établir une véritable intimité parmi les deux jeunes commensaux, et l'admirable sympathie de M. Audiffrent me force à l'attribuer à M. Lefort. Mais j'ai, comme vous, conservé de l'espoir sur celui-ci, quoique j'aie dû lui déclarer formellement, ainsi qu'à nos confrères, ma renonciation finale aux vues que j'avais d'abord sur lui pour ma succession. Il a d'ailleurs subi noblement cette secousse pénible quoique nécessaire, qui me rendra plus circonspect envers la formation, et surtout la manifestation d'un nouveau choix.

La lecture attentive de votre bonne lettre me détermine à vous adresser directement quelques remontrances envers votre régime, surtout corporel, et même cérébral. Vous oubliez que la morale positiviste vous prescrit de vivre pour autrui, ce qui ne veut pas dire *mourir*, sauf en considérant une digne mort comme le dernier acte d'une noble vie. C'est donc un vrai devoir que de vous soigner de manière à rendre le plus longtemps et le plus sainement possible vos services à l'Humanité. Vous n'ignorez pas que la loi générale de l'ordre réel consiste en ce que : « Les plus nobles phénomènes sont toujours subordonnés aux plus grossiers ». En partant de ces principes, je vous reproche de ne pas vous nourrir assez, non en quantité, mais en qualité, parce que vous ne mangez pas assez de viande. Vous qui vivez du cerveau comme du corps, ne prenez pas pour type la nourriture de vos paysans, qui d'ailleurs aurait besoin d'être améliorée. Réglez-vous plutôt sur moi, dont le mauvais estomac exige des ménagements assidus, grâce auxquels je n'en souffre plus. Je dîne à six heures, avec *cent* grammes nets de viande, suivis d'un plat de légumes que je ne pèse point, mais sans potage ni dessert. Mon déjeuner, à dix heures, consiste en un bol de lait, froid en été, chaud en hiver, contenant, en outre, *soixante* grammes de sucre, le même poids de pain. Si je faisais autant d'exercice que vous je porterais mes *cent* grammes de viande à *cent cinquante*, malgré mes 55 ans, et je crois que, à votre âge, vous devriez aller jusqu'à *deux cents* grammes, au moins dans la totalité de la journée. Quant au vin, qui, surtout chez vous, est plutôt un stimulant qu'un aliment, je me trouve bien, depuis huit ans, d'en avoir entièrement cessé l'usage, d'abord pour des vues morales, et puis d'après des motifs physiques. Peut-être que vos digestions seraient meilleures, si vous suiviez cet exemple, surtout en buvant du lait.

Outre ces recommandations corporelles, je vous engage à régler votre vie cérébrale autant que le permet une situation qui, ce me semble, vous domine trop, faute d'agents secondaires, que vous pourriez trouver. Quoique je tienne beaucoup à vos lettres, je suis peiné que vous m'écriviez à trois heures du matin : car je voudrais vous savoir couché entre neuf et dix heures, puisque vous vous levez entre cinq et six. Si cette négligence continue envers les parties essentielles de votre régime personnel, vous serez bientôt responsable à l'Humanité de l'irréparable altération de la bonne constitution qu'elle vous a fournie pour la servir sagement. Quant à vos dispositions à l'égard du mariage, j'en suis maintenant très satisfait. Car vous désirez sincèrement une épouse, tandis qu'il ne dépend point de vous de l'obtenir dignement. Je commence à craindre que, sauf un heureux accident, vous ne trouviez jamais aux champs, ni même dans les bourgs, un type vraiment convenable. Si je pouvais vous en découvrir ici, par la cordiale sagesse de nos dames positivistes, j'en serais fort heureux ; mais j'en conçois peu l'espoir, quoique ce soit peut-être votre meilleure chance. Quelque prix que j'attache à vous savoir marié, je serais désolé de vous pousser vers un choix précipité. Car, je sais, mieux que personne, hélas ! que rien n'est pire qu'un mauvais mariage, auquel le célibat objectif, malgré ses graves inconvénients, restera toujours préférable, comme comportant au moins le digne essor des affections subjectives, où vous trouveriez, à toute extrémité, plus de ressources que vous ne croyez.

Je regrette que l'active cordialité de M. Audiffrent vous ait fait concevoir, envers ma prochaine tournée, un espoir que je suis obligé maintenant de détruire radicalement. Quand je le lui communiquai, c'était dans la semaine finale de son dernier séjour, et j'étais alors sous l'impulsion de l'accroissement exceptionnel que venait d'éprouver mon subside pendant le premier trimestre de la présente année. Mais cette marche se démentit complètement au second trimestre, et celui-ci semble devoir s'achever presque aussi défavorablement, ce qui m'interdit toute possibilité de me déplacer le mois prochain, quoique cela me fût très salutaire, n'ayant pas quitté Paris depuis dix ans, seulement pendant douze heures consécutives. Cependant, la moyenne des huit mois accomplis correspond encore à la stricte plénitude du taux annuel, qui sera donc atteinte enfin, si le dernier trimestre compense les deux précédents : en sorte que je n'ai point d'inquiétudes matérielles, et je travaille sans penser aucunement à ma subsistance, qui regarde le public occidental. Mais, après avoir obtenu, vers la fin d'avril, l'entière cessation d'un long arriéré de loyer, je vois une nouvelle lacune se former depuis le 15 juillet, quoique j'aie lieu d'espérer qu'elle s'arrêtera bientôt; en sorte qu'il faut renoncer à toute dépense strictement évitable, quelque utile qu'elle pût devenir : nous nous verrons, j'espère, l'an prochain. Depuis quinze jours, je suis entièrement quitte de mon troisième volume, y compris sa préface. Mais l'impression, quoique fort avancée, n'étant point achevée, il ne pourra guère paraître avant la fin d'août. Vous pouvez, en tout cas, compter que je vous en expédierai, par la poste, l'un des premiers exemplaires.

Tout à vous,

AUGUSTE COMTE.

(10, rue Monsieur-le-Prince).

XIII

A Monsieur HADERY, aux Vattis (Allier).

Paris, le lundi 3 Descartes 65.

Mon cher disciple,

M. Gagneur m'a remis hier votre bonne lettre du 25 Shakespeare, avec les *cent* francs que vous m'y annoncez, et dont je lui ai donné le reçu. Je n'ai point eu à prélever sur cette somme les petits payements que vous m'indiquez. Car ils ont été, depuis quelques semaines, accomplis par un envoyé de votre ami M. Chavard, duquel j'ai reçu 17 fr. 10, savoir : 10 francs pour votre cotisation positiviste envers l'inhumation Francelle ; 2 fr. 10 pour le port de mon nouveau volume ; enfin 5 francs pour le prix de cet exemplaire personnel, auquel j'étends, dans l'intérieur de notre association, la réduction d'un tiers que je fais habituellement au libraire.

Je suis extrêmement touché du généreux effort que vous venez de vous imposer par suite du noble appel résulté de l'insuffisance actuelle du subside sacerdotal. Mais je crains que cette intervention exceptionnelle n'apporte quelque dérangement dans une situation où vous employez journellement tous vos moyens pécuniaires.

Quant à mon propre embarras, j'espère qu'il tient davantage à l'imparfaite organisation du subside qu'à son insuffisance réelle. Depuis que je me suis vu forcé de prendre la direction générale de cette souscription, une fonction complémentaire s'est trouvée chômer, comme ne pouvant être remplie par moi, celle qui consiste à stimuler de temps en temps le zèle et l'activité des divers coopérateurs. Plusieurs des éminents disciples qui m'entourent auraient spontanément rempli cet office secondaire, si le succès exceptionnel du subside pendant le premier trimestre de la présente année ne leur avait inspiré, comme à moi, toute sécurité. Quoique j'eusse prévu que ce taux ne se soutiendrait pas, je ne pouvais prévoir que la baisse des trimestres suivants serait aussi considérable qu'elle l'est devenue. Mais la révélation de ma détresse a déterminé partout un tel élan que cette crise préviendra, j'espère, tout nouvel embarras, en disposant chacun des disciples qui m'entourent à surveiller les rentrées parmi les souscripteurs qu'il connaît, d'après la déclaration précise que je ferai, le dernier mercredi de chaque trimestre, à la Société Positiviste, du produit effectif du subside pendant ces trois mois. J'espère donc que le chiffre total de 1853 ne sera point inférieur au minimum demandé (20 francs par jour), mais grâce seulement à l'admirable zèle développé contre cette détresse imprévue. Une semblable manifestation et les nouveaux rapports personnels ainsi surgis entre les meilleurs positivistes fourniront moralement une compensation durable de cette gêne passagère. L'ensemble de ces résultats me paraît devoir bientôt dissiper l'espèce d'abattement indiqué par votre lettre. Outre la difficulté propre à l'appréciation réelle du positivisme, la lenteur de son ascension actuelle doit être surtout attribuée à ce qu'il n'a pu jusqu'ici pénétrer dans son véritable *milieu*, c'est-à-dire parmi les conservateurs, y compris les femmes. Cette double masse, qui doit aveuglément repousser toute innovation sous peine, faute de principes, d'être envahie par les utopies subversives, ne nous regarde encore que comme une secte spéciale de révolutionnaires, d'après les seuls contacts que nous ayons pu développer, jusqu'à présent, dans l'unique camp où des doctrines nouvelles puissent obtenir quelque accueil. Mais une telle méprise ne saurait persister, maintenant que, chaque année, un nouveau volume vient caractériser profondément la séparation irrévocable entre les positivistes et les révolutionnaires quelconques. Ceux-ci d'ailleurs vont beaucoup hâter cette rectification en nous attaquant avec violence. Je viens d'apprendre que le nouvel écrit de M. Proudhon me maltraite beaucoup, et je m'honore d'être signalé comme *rétrograde* par le dictateur icarien. Quand les conservateurs verront qu'on nous reproche amèrement de rejeter la souveraineté du peuple et l'égalité, la plupart d'entre eux sentiront que le positivisme n'est point une doctrine révolutionnaire, et dès lors ils pourront apprécier son aptitude à résoudre complètement le problème social qu'ils poursuivent vainement depuis le Directoire, la conciliation finale entre l'ordre et le progrès. L'énorme faute de l'*empire* nous prépare prochainement une mauvaise crise que je m'efforce de prévenir ou d'adoucir par des conseils donnés en haut comme en bas, et qui ne sont pas mieux accueillis d'un côté que de l'autre. Mais, quelle qu'en soit l'influence immédiate, la liberté d'exposition qu'elle fera nécessairement surgir aboutira bientôt à manifester le privilège naturel du positivisme, seul défenseur systématique de l'ordre, de la famille et de la propriété contre le débordement anarchique.

Outre votre noble recommandation, le mérite moral de M. Gagneur aurait assez motivé la cordiale conférence d'environ deux heures dont je me plus hier à le gratifier. Ayant appris qu'il doit encore rester ici deux semaines, j'ai cru devoir l'inviter spécialement à venir me demander, aussi souvent qu'il le désirera, les explications que nécessiteront ses lectures positivistes. Sa rare moralité me garantit qu'il sera bientôt purgé des restes de conceptions, ou niaises, ou subversives, que lui laissent encore ses antécédents utopiques.

J'ai beaucoup réfléchi, depuis hier, à votre projet de voyage à Lyon, et je conclus à vous le recommander, outre la satisfaction domestique et l'utile délassement qu'il vous procurera. Le chef de ce foyer positiviste (M. Lucas), pharmacien, Grande-

Rue-de-la-Croix-Rousse, m'a notablement trompé, sans le vouloir, sur le nombre et l'intensité des adhésions résultées de ses prédications : l'exiguë participation des lyonnais au subside sacerdotal suffirait pour le prouver. Mais, malgré ces graves illusions, il existe là réellement des conversions sincères, surtout remarquables par leur caractère religieux principalement chez les prolétaires. En les explorant directement, *avec mes pleins pouvoirs*, sans trop croire aux annonces de M. Lucas qui serviraient seulement à vous guider, vous pourrez, mieux que personne, asseoir mon opinion sur la nature et l'importance du foyer lyonnais. Mais, outre ce service passif, j'attends ainsi, de votre part, une efficacité plus active, qui motive spécialement le voyage projeté. Car, jusqu'ici, les positivistes lyonnais n'ont été visités et stimulés que par des théoriciens : M. Lucas lui-même appartient plutôt à cette catégorie qu'à toute autre, quoiqu'il en remplisse mal les conditions mentales. Or, la nature d'un tel foyer exigerait, au contraire, qu'il fût surtout soumis à l'influence suffisante d'un éminent praticien, bien mieux susceptible d'agir sur lui. Je compterais donc beaucoup sur les conférences individuelles que vous y pourriez avoir avec les meilleurs adeptes, et même sur les exhortations, ou plutôt explications, collectives, que vous adresseriez à dix ou douze ensemble.

Si vous entreprenez ce petit voyage, je vous engage à voir spécialement, outre M. Lucas, un intéressant théoricien (M. Charles Maynard, 23, rue Saint-Jean), que je connais seulement par quelques lettres récentes, mais qui me semblent décisives en sa faveur.

Vos renseignements précis sur votre régime physique me présentent un véritable attrait, et j'espère que vous les compléterez bientôt. La dose de vin que vous conservez encore me semble insignifiante, et je ne vois aucun motif de la supprimer, si vous craignez que cela puisse aucunement déranger votre commensal. Mais je voudrais bien que vous fissiez quelques efforts pour avoir habituellement de la viande fraîche de boucherie, au moins deux ou trois fois la semaine, d'après un arrangement avec le plus proche fournisseur, car vos salaisons, et même les œufs, n'y peuvent suppléer qu'imparfaitement. Quoique vous ne donniez aucun renseignement sur votre sommeil, qui sera sans doute expliqué dans le complément annoncé, je persiste à vous recommander de vous coucher ordinairement entre neuf et dix heures, puisque vous vous levez habituellement entre cinq et six heures, ce que d'ailleurs j'approuve beaucoup. M. Gagneur m'a dit, au contraire, que vous continuez à vous coucher beaucoup trop tard, ce qui, joint à l'insuffisante alimentation, tend à ruiner radicalement une constitution que vous devez ménager soigneusement, malgré votre heureuse santé, due surtout à la puissance de votre âge, et dès lors fugitive.

Tout à vous,

AUGUSTE COMTE.

(10, rue Monsieur-le-Prince).

XIV

A Monsieur HADERY, aux Vattis (Allier).

Paris, le jeudi 6 Frédéric 65.

Mon cher disciple,

Vous recevrez ce billet par notre excellent coreligionnaire M. Fortuné Lapierre, propriétaire au département de l'Hérault, qui, venant me faire sa première visite, veut saisir, en passant, la précieuse occasion de connaître le meilleur type actuel du praticien et patricien positiviste. Quoique mes relations avec ce nouveau disciple datent seulement de six mois, je suis convaincu qu'il mérite toute votre attention, comme vous ne tarderez pas, j'espère, à le constater directement. La conformité de vos âges et la similitude de vos préparations me font présumer que vous serez heureux de le posséder quelques jours, tandis que lui-même retirera de ce contact une réaction propre à fixer sa carrière, encore flottante, entre la théorie et la pratique.

Tout à vous,

AUGUSTE COMTE.

(*16, rue Monsieur-le-Prince*).

XV

A Monsieur HADERY, aux Vallis (Allier).

Paris, le 21 Frédéric 65.

Mon cher disciple,

D'après l'intéressante lettre que M. Lapierre m'apporta samedi dernier, je dois désormais trouver votre conduite personnelle aussi satisfaisante envers le régime alimentaire qu'à l'égard du mariage. Vous reconnaissez, dans les deux cas, la convenance générale de mes conseils : et j'admets, pour tous deux, vos explications sur la présente impossibilité de vous y conformer, d'après les obstacles ou les exigences de votre situation actuelle. Peut-être la dernière partie de mes avis, celle qui concerne le sommeil, reste-t-elle plus praticable : mais c'est encore à vous que j'en dois laisser l'appréciation, sans insister davantage, puisque vous sentez l'importance d'une telle hygiène pour vous mieux adapter à votre éminente destination.

Les indications spéciales auxquelles mes instances viennent de vous conduire m'ont profondément intéressé. Je ne puis qu'approuver, ou plutôt admirer votre noble persévérance dans la mission difficile spontanément imposée, par la nature de votre domaine, pour le perfectionnement de la pratique agricole. Malgré l'insuffisance de vos capitaux, vous aurez, j'espère, assez ébauché l'opération, dans quelques années, pour en caractériser l'importance et les conditions. L'obstacle même qui restreindra vos succès manifestera le besoin général de la concentration matérielle, sans laquelle aucun progrès ne devient réalisable, et qui permet d'améliorer les cas les plus défavorables. Vous aurez ainsi confirmé pleinement la maxime fondamentale que j'osai proclamer, dans mon cours public de 1851, sur la nécessité de faire systématiquement des riches, au lieu de construire des pauvres, suivant la tendance révolutionnaire. Je me féliciterai toujours d'avoir, à cette occasion, dirigé vers vous l'application spéciale d'une règle aussi contraire aux préjugés actuels que conforme aux besoins présents. Continuez donc, avec une énergique sagesse, l'œuvre vraiment sociale que vous avez noblement instituée, et que l'obscurité de son théâtre ne saurait toujours priver de l'éclat qu'elle mérite. Soyez convaincu que vous aurez ainsi développé votre aptitude civique et recommandé la foi qui vous dirige.

Je regrette l'ajournement de votre voyage à Lyon, et les grossières entraves qui vous l'imposent. Mais, comme vous finirez par réaliser cette précieuse excursion, je dois ici saisir l'occasion résultée d'un passage de votre lettre pour vous indiquer, à cet égard, une importante explication que vous pourrez alors utiliser directement.

Votre merveilleuse sagacité vient de faire, à travers M. Lapierre, une observation, aussi difficile qu'essentielle, sur la tendance spéciale du public lyonnais vers une émancipation exagérée, tant spirituelle que temporelle. Ce phénomène incontestable ne reste inaperçu des spectateurs les mieux placés que parce qu'une théorie est toujours indispensable pour voir, surtout dans un domaine aussi compliqué. Lyon est, en effet, la ville de France la plus disposée à se séparer de Paris. Elle seule résista sérieusement au Comité de Salut public, qui n'eut réellement, à Toulon, que les Anglais pour ennemis redoutables, tandis que l'insurrection des Lyonnais fut vraiment populaire.

Cette tendance contre l'initiative parisienne s'est depuis manifestée souvent à Lyon sous des formes moins dangereuses. Elle est d'autant plus opiniâtre qu'elle repose, en partie, sur des motifs légitimes, chez ceux qui ne séparent point le spirituel du temporel. On ne peut douter, en effet, qu'elle n'indique un sentiment confus du prochain avenir social, où la France doit se décomposer, mais librement et paisiblement, en républiques indépendantes dont je crois pouvoir fixer le nombre à dix-sept, en groupant dans chacune cinq départements connexes. Lyon, Marseille et Bordeaux deviendront certainement les premiers types de cette division nécessaire, à laquelle la première de ces trois capitales méridionales est la mieux préparée. Au fond, les Girondins, plus émancipés et plus cultivés que leurs antagonistes, avaient, quoique confusément, un meilleur sentiment de l'avenir français. Ils ne se trompèrent véritablement que d'un siècle dans leur prévision politique. Ce fut toutefois un motif suffisant pour justifier leur sort tragique : puisque, en vertu de cette confuse appréciation théorique, leur coupable orgueil tenta de troubler une concentration évidemment nécessaire à la défense républicaine, que l'instinct pratique de leurs rivaux put seul comprendre suffisamment.

Mais la séparation politique qui doit s'accomplir ainsi vers la fin du siècle actuel, en commençant par Lyon, ne devient convenable, et même possible, que d'après l'avènement de la condensation religieuse de la France autour de Paris, systématiquement érigé, sous l'impulsion positiviste, en métropole occidentale. Tant que les Lyonnais ne feront pas cette distinction, fondée sur la division nécessaire des deux pouvoirs, leurs vœux d'indépendance conserveront un caractère anarchique, qui pourrait beaucoup entraver la dictature à laquelle vous devez participer. Quand l'armée sera supprimée, et remplacée par huitante mille gendarmes, une insurrection de Lyon contre Paris pourra devenir autrement difficile à réprimer qu'en 1793. Car il ne faudra guère compter alors sur la possibilité de levées volontaires spécialement destinées à cette répression. Mais, ces tendances ne pouvant devenir vraiment dangereuses qu'en invoquant vicieusement le positivisme, nous devons, dès à présent, apporter un soin scrupuleux à prévenir ou dissiper les germes de division qui peuvent résulter d'une mauvaise interprétation de la foi nouvelle par le prolétariat lyonnais, égaré sous des chefs vaniteux ou superficiels.

Vous savez peut-être que le cas s'est déjà présenté quand M. Lucas tenta, l'an dernier, d'usurper l'office sacerdotal, pour conférer le sacrement de la *présentation* dans une famille populaire. L'aberration fut d'autant plus grave que, ne pouvant officier lui-même dans une célébration à laquelle il assistait comme parrain, il se trouva conduit à s'ériger alors, non seulement en prêtre, mais en Grand-Prêtre, en désignant celui qui dirigea la cérémonie. Aucune urgence ne motivait d'ailleurs une telle violation, inspirée, sans doute, par les vanités locales, en un cas où l'on pouvait aisément attendre que j'eusse autorisé la consécration et délégué quelqu'un pour m'y remplacer spécialement. Tant qu'il n'existera d'autre prêtre de l'Humanité que moi-même, il faudra bien se contenter de ces célébrations par délégation, quand je ne pourrai pas me transporter sur les lieux. Mais elles pourront vraiment suffire à tous les besoins du culte provincial, sans jamais violer la hiérarchie naissante, ni méconnaître les grandes conditions, intellectuelles et morales, qui, seules, feront respecter le sacerdoce positiviste. C'est pourquoi je dus attacher beaucoup de prix à la digne répression de cette grave usurpation, en prescrivant, après d'énergiques remontrances, à M. Lucas et à son complice, d'aller déclarer solennellement, dans la famille en question, la nullité radicale d'une telle cérémonie. Ils se sont tous deux soumis à cette réparation, quoique un peu tard; et j'espère que rien de pareil ne se reproduira, malgré la répugnance des *fidèles* lyonnais à dépendre d'un Parisien.

A cette occasion, je m'efforçai de faire spécialement sentir à M. Lucas les dangers de sa conduite inconsidérée, en la rattachant aux explications précédentes sur la tendance politique de Lyon contre Paris. Je me suis aperçu depuis qu'il a dignement compris une telle appréciation, d'après laquelle il regrette sincèrement sa fausse démarche. Mais, malgré cette conviction personnelle, il est beaucoup moins propre que vous à faire convenablement pénétrer, chez le prolétariat lyonnais, cette importante et difficile explication, sur laquelle vous devez maintenant comprendre que votre futur voyage me prescrivait ici d'insister spécialement.

Tout à vous,

AUGUSTE COMTE.

(10, rue Monsieur-le-Prince).

XVI

A Monsieur HADERY, aux Vattis (Allier).

Paris, le mardi 17 Moïse 66.

Mon cher disciple,

Je suis très touché des nobles sentiments que vous me témoignez à l'occasion de la fête de l'Humanité. Cette solennité spontanée, que le positivisme a seul systématisée, ne se trouve aujourd'hui célébrée dignement que parmi nous. Elle y prend graduellement un auguste caractère, surtout depuis que la libre élimination des révolutionnaires n'y gêne plus l'essor de la fraternité mutuelle et de la commune vénération. Quand une excursion épisodique vous permettra d'explorer cordialement le foyer central de la vraie régénération, vous serez heureusement surpris des liens intimes qui se sont déjà formés entre les divers éléments de notre famille, sous la douce intervention de quelques femmes d'élite. Ma principale satisfaction, sur laquelle je comptais peu lorsque je commençai ma carrière, consiste maintenant dans l'ensemble d'émotions que me procure habituellement le précieux noyau dont je suis le libre chef.

Votre digne effusion ne saurait être mieux récompensée qu'en vous communiquant l'importante nouvelle qui vient de distinguer cette nouvelle célébration de notre principale fête. J'y fis apprécier à nos frères réunis le pas décisif que fait notre propagande par la récente publication de Miss Martineau (*The positive philosophy of Auguste Comte, translated and condensed by Harriet Martineau. — Two volumes. John Chapman, 142, Strand, London, 1853*). Comme vous savez, je crois, l'anglais, vous pourrez juger directement ce travail sans exemple, où mon traité fondamental se trouve heureusement condensé de moitié, d'après une traduction fidèle quoique libre, où la conscience et le talent forment toujours une admirable harmonie. De tous les écrits inspirés jusqu'ici par mes livres, voilà certainement le seul ouvrage qui subsistera. Là, désormais on devra, de préférence, étudier ordinairement ma *Philosophie positive*, dont la lecture originale ne reste indispensable qu'aux théoriciens proprement dits. Une telle élaboration inaugure dignement l'alliance spontanée entre la femme et le sacerdoce, sur laquelle repose notre principale force. Ce n'est pas seulement en Angleterre que ce concours doit étendre et consolider la propagation décisive du positivisme. Il n'agira pas moins sur le reste de l'Occident, d'après la traduction, probablement prochaine, de ce précieux travail dans nos diverses langues, et peut-être même en français.

L'heureuse pensée qui vous est venue de faire convenablement pénétrer le positivisme chez le plus éminent des financiers occidentaux me semble autant importante comme projet que comme symptôme. Nous ne pourrions mieux débuter parmi les conservateurs, où réside notre vrai milieu. Des informations arrivées hier après votre lettre permettent d'espérer une réalisation de ce contact décisif plus promptement que vous ne le supposez, puisque les dangereuses relations qui nous l'interceptaient viennent de cesser irrévocablement, d'après l'éclatante ingratitude de leur principal organe. Toutefois, une telle négociation exige beaucoup de prudence envers un personnage qui doit naturellement regarder chaque tentative de ce genre comme visant à sa fortune. Peut-être l'instituerai-je mieux par l'entremise de sa fille, qu'on m'annonce comme une dame vraiment supérieure, de cœur et d'esprit. Ma lettre ne doit pas se terminer sans vous remercier et vous féliciter des diverses explications que contient la vôtre. En appréciant, avec une profondeur mémorable, les difficultés et les avantages propres à votre opération pratique, vous justifiez pleinement votre rare persévérance dans une telle entreprise, que je n'avais jamais appréciée aussi nettement. Vos sages réflexions sur mes différents conseils personnels prouvent aussi que vous sentez dignement les privilèges inhérents à la nature toujours relative de la morale positive, où la modification des préceptes ne les rend jamais arbitraires, ni même équivoques, parce que leur but général ne saurait changer au milieu des variations normales sur les moyens envers lesquels nos règles habituelles correspondent seulement aux cas moyens, en laissant une juste réserve aux situations exceptionnelles. Puisque vous avez maintenant commencé l'envoi de votre monographie, je compte qu'il continuera d'accompagner toutes vos lettres. Quoique j'aie dû toujours attendre, à cet égard, votre pleine spontanéité, je suis heureux que vous ayez irrévocablement entamé cette précieuse communication. D'après le début que je viens de lire, vous y donnez aux praticiens un noble exemple de la libre confiance qui peut seule permettre aux théoriciens de les conseiller sans tâtonnements.

Tout à vous,

AUGUSTE COMTE.

(10, rue Monsieur-le-Prince).

P.-S. — Quoique vous deviez bientôt recevoir ma cinquième circulaire, que je compte écrire dimanche prochain, je crois devoir vous annoncer par anticipation l'heureuse réalisation, en 1853, du minimum normal de *sept mille francs* (ou plutôt *vingt francs* par jour), pour le subside sacerdotal, qui n'avait pu jamais y parvenir jusqu'à présent. Il est vrai que ce résultat n'aurait pu s'obtenir sans les sacrifices exceptionnels de quelques positivistes, au premier rang desquels vous figurez. Mais l'accroissement spontané du nombre des coopérateurs compensera, j'espère, en 1854, surtout d'après la publication de Miss Martineau, ces admirables efforts, qui ne sauraient devenir habituels.

XVII

A Monsieur HADERY, *aux Vattis* (*Allier*).

Paris, le jeudi 12 Aristote 66.

Mon cher disciple,

Je suis, depuis un mois, absorbé par mon quatrième volume, dont l'impression commencera, j'espère, avec avril, et que vous aurez en juillet. Me voilà donc, pour tout ce temps, à mon régime de travail, ne sortant que le mercredi, ne consacrant d'autre journée que celle du jeudi tant aux entrevues qu'aux correspondances. Néanmoins, je me félicite de pouvoir déjà répondre à la bonne lettre que je reçus de vous avant-hier, et qui contenait la seconde feuille d'une biographie dont je lirai toujours avec intérêt le développement quelconque, exemple spontané des cordiales relations de chaque digne praticien avec le sacerdoce de l'Humanité.

Pour ne pas oublier ce qui concerne l'ouvrage de Miss Martineau, je dois d'abord vous dire que je n'en ai pas d'autre exemplaire que celui dont elle me fit le gracieux envoi. Mais je pourrai facilement indiquer à votre ami le libraire qui se chargera d'en faire venir un de Londres, moyennant 25 francs à Paris.

Le propos que vous me citez, du grand banquier, me présente une véritable importance, en confirmant d'heureuses nouvelles sur son irrévocable libération des intrigants qui le cernaient. Sans que je sois encore fixé sur le mode et le moment de tenter une relation avec lui, je n'abandonne point mon projet susceptible d'une efficacité décisive si la communication n'avorte pas.

Votre étude concrète de l'histoire me semble très heureusement instituée. L'un des principaux positivistes de Hollande, pratique depuis longtemps, une marche semblable, que son loisir plus complet lui permet de régulariser et développer davantage, en lisant chaque jour la biographie correspondante, de manière à faire chaque année un cours entier d'études historiques.

Ces indications accessoires étant remplies, je m'empresse d'arriver au principal objet de cette réponse, en vous exposant la sommaire appréciation que vous me demandez si dignement envers le grave incident qui préoccupe aujourd'hui l'Europe.

Quoique la question personnelle n'y soit pas essentielle, je dois cependant vous déclarer que l'aberration du Tsar me semble jusqu'ici déterminée seulement par sa faiblesse envers les mauvaises suggestions de la cohue allemande qui s'est graduellement impatronisée en Russie depuis le vicieux empirisme de l'énergique Pierre. Ce sont eux qui, pour se former des dotations en beau pays, poussent à la conquête byzantine, nullement convoitée, au fond, par la population normale d'un empire déjà trop vaste, et même contraire aux tendances naturelles de la noblesse moscovite.

En écartant ce préambule, je me hâte de vous indiquer une opinion qui dissipera, j'espère, vos graves alarmes, sur les suites, d'abord extérieures, puis intérieures, de l'éventualité guerrière ainsi surgie, soit que le conflit s'accomplisse, ou que, comme je le présume, il s'apaise à temps.

Déjà la situation offre un double phénomène qui confirme la politique extérieure du positivisme, en manifestant, d'une part, la disposition pacifique irrévocablement prépondérante en Occident, et d'une autre part, la tendance spontanée des cinq populations occidentales à se rallier pour un but commun. Mon frontispice habituel (*République Occidentale*) acquiert une consécration officielle, puisque la convergence des Occidentaux est notoirement républicaine sans aucun symptôme d'*empire* occidental, le concours n'ayant ici de valeur que d'après une entière liberté, comme dans les croisades. Réglant les rapports internationaux jusqu'à l'avènement d'un nouveau pouvoir spirituel, la diplomatie continue ainsi l'utile office qu'elle remplit, depuis deux siècles, pour le maintien général du *statu quo*.

Si la guerre se réalise, l'expédition défensive des Occidentaux aura pour résultat de compléter la transformation nécessaire des armées en gendarmerie, occidentale et nationale, maritime et terrestre, que l'ensemble du passé me fit proclamer, dès 1842, en achevant mon ouvrage fondamental. Dans une telle opération, ce principe se trouvera sanctionné formellement, non seulement par les gouvernements et les populations, mais aussi chez les militaires eux-mêmes, solennellement voués à l'office de gendarmes, pour empêcher l'intervention de la violence dans les conflits humains. Ainsi dirigée vers l'ordre, pure de tout empirisme ambitieux, et d'ailleurs accomplie au loin, sur un théâtre plus maritime que terrestre, cette guerre n'absorberait pas assez les forces matérielles pour favoriser les tendances anarchiques auxquelles sa nature serait directement contraire. Quoi qu'il arrive, les révolutionnaires proprement dits, caractérisés par le régime parlementaire, me semblent irrévocablement perdus, en France et dans tout l'Occident, où les gouvernements surmonteront aisément leurs tentatives quelconques. Toutefois, ces inquiétudes pourront, surtout ici, disposer à faire prévaloir une politique plus libérale et moins aveugle. La réaction deviendra peut-être favorable à la proposition que je fis à M. Vieillard, le 24 décembre dernier, et qu'il se chargea de transmettre à son ancien élève, de rétablir par lui-même, et sans aucun vote, la république française, en s'y proclamant *dictateur* pour dix ans, et complétant l'abolition du régime parlementaire par la suppression du Sénat et la réduction de l'assemblée élective au vote du budget, après avoir dissipé la subtilité métaphysique qui distingue les *lois* des *décrets*. Enfin l'objet de l'expédition tend à compléter le discrédit du prétendu christianisme que tous les Occidentaux y subordonnent à l'islamisme, de manière à faire de plus en plus sentir l'aptitude exclusive du positivisme à pacifier et rallier l'Orient et l'Occident; outre que notre monstrueuse occupation de l'Algérie devient ainsi contradictoire à la protection active envers l'empire ottoman, dont le Tzar aurait pu nous reprocher le démembrement.

Enfin, si ce chef cède à temps aux énergiques instances de l'Occident réuni, toutes les conséquences précédentes se réaliseront aussi, mais à de moindres degrés, alors compensés par la précieuse inaltérabilité de la paix universelle. L'histoire y recueillera toujours ce témoignage décisif de la prépondérance de l'Humanité, surmontant toutes les impulsions vicieuses; l'héritier de celui qui s'efforça de détruire l'Angleterre par le fer et par la faim dirige dignement sa coalition solennelle avec la France pour empêcher un puissant perturbateur d'interrompre la paix du monde. Ayant lu sur les murs, dans ma sortie d'hier, le discours de ce dictateur à l'ouverture de notre *parlement*, j'ai senti que, malgré soi, chacun est de son siècle, et je me suis flatté de l'espoir que le cours des événements pourra bientôt conduire ce chef à la mesure que je lui fis récemment proposer, comme seul préservatif contre une secousse aussi funeste pour lui que pour nous, quoique le principe dictatorial me semble désormais inaltérable.

Tout à vous,

AUGUSTE COMTE.

(*10, rue Monsieur-le-Prince*).

XVIII

A Monsieur HADERY, aux Vallis (Allier).

Paris, le jeudi 5 Charlemagne 66.

Monsieur et cher disciple,

Une visite, d'ailleurs intéressante, me force d'abréger beaucoup la réponse que je dois à l'excellente lettre reçue hier, et que je ne veux pourtant pas ajourner jusqu'au retour hebdomadaire de ma seule journée de correspondance pendant mes sessions de travail. Heureusement que je n'avais à vous mander rien d'urgent et de spécial, en sorte que cet incident imprévu ne vous fait aucun tort essentiel.

Je regretterais cependant de ne pas vous témoigner

combien je suis touché de votre noble expansion des sympathies qui vous attachent profondément à l'éminente tentative de régénération agricole que vous avez dignement entreprise et poursuivie. Les émotions et les préoccupations que suscite habituellement votre existence actuelle sont éminemment propres à confirmer et développer l'aptitude politique que je me félicite d'avoir démêlée en vous. Aucune préparation ne saurait convenir davantage envers une telle destination, quand on prend votre présent office avec tant d'élévation de cœur et d'esprit.

Mon volume final sera terminé dans un mois, y compris la préface, où je traiterai l'incident russe, sur lequel je me félicite de vous avoir rassuré. Vous pourrez avoir le tome IVe vers le milieu d'août, au prix de 6 francs, vu ma coutume de réduire d'un tiers pour l'exemplaire personnel de chaque membre de la Société Positiviste, comme à l'égard de mon libraire. L'ami dont vous me parlez ne m'a rien transmis de vôtre part jusqu'à présent. Quand vous me ferez parvenir, d'une manière quelconque, votre souscription au subside sacerdotal de 1854, je vous prie de n'y rien ajouter pour les dépenses collectives de notre association qui n'aura probablement cette année aucun frais à payer. Je dois, à cette occasion, vous avertir franchement que mon projet de tournée positiviste en septembre sera malheureusement ajourné de nouveau cette année, car l'état du subside ne me permet pas une telle satisfaction, et me laisse même incertain si le minimum réalisé l'an dernier se maintiendra dans la noble exception qui fut alors nécessaire. Une des visites qui viennent d'abréger ma lettre était destinée à me transmettre, d'un éminent positiviste hollandais, une offre généreuse que j'ai dû refuser pour un tel circuit, et que je ne devrais en effet n'accepter que d'après des motifs de santé qui n'existent pas.

Tout à vous,

Auguste Comte.

(10, rue Monsieur-le-Prince).

XIX

A Monsieur HADERY, *aux Vallis (Allier).*

Paris, le lundi 2 Shakespeare 66.

Mon cher disciple,

D'après la demande qui termine votre bonne lettre du 24 Gutenberg (que j'ai reçue avant-hier), j'ai fait hier porter à la poste un exemplaire de mon nouveau volume (publié le 2 septembre) avec un du *Catéchisme positiviste.* L'un contenant cinquante-trois feuilles et l'autre dix-huit, le port total m'a coûté 3 francs 85. Quant au prix de mon tome final, il sera pour vous de 6 francs, suivant la réduction d'un tiers, que je fais, comme au libraire, envers l'exemplaire personnel de chaque membre de notre association.

Le zèle actif et délicat de mon éminent disciple, M. Foley, me dispense, à mon insu, de vous exposer l'insuffisance actuelle du subside sacerdotal. Je suis très touché des nouveaux efforts que vous m'annoncez pour combler ou prévenir le déficit qui ne manquerait pas de survenir cette année, comme l'an dernier, sans les sacrifices exceptionnels des meilleurs positivistes. Votre ami ne m'ayant point encore apporté votre cotisation ordinaire, il pourra me remettre, en même temps, à l'époque la moins onéreuse pour vous, le supplément auquel les entraves de votre propre situation donne tant de prix.

Jusqu'à ce que le positivisme soit assez dégagé du milieu révolutionnaire dans lequel il dut surgir, et transplanté parmi les conservateurs, où doit s'opérer son principal essor, ces embarras passagers ne pourront ni m'étonner ni m'inquiéter, quoique j'en souffre. Mais je suis convaincu que l'achèvement de mon principal ouvrage, et le caractère propre du volume final, vont bientôt déterminer cette installation décisive.

J'attache beaucoup de prix aux deux conversions que vous m'annoncez, et je ne m'étonne pas des retards ou difficultés qu'offre celle de M. Gagneur. L'acquisition d'un jeune médecin présente une nouvelle confirmation de l'accueil que reçoit le positivisme dans la classe la mieux disposée à l'apprécier, quoique je ne l'aie nullement ménagée. Mais je compte plus que vous sur la conversion finale d'une dame assez bien organisée pour sympathiser dignement avec Mme de Vaux. Tous les obstacles qu'elle vous offre sont uniquement dus à l'anarchique milieu dans lequel son esprit s'est développé. Puisque son cœur est resté sain, je compte recevoir bientôt la précieuse visite que M. de Blignières m'annonça trois ans trop tôt.

Quant aux velléités de mariage qu'un heureux incident vous a fait concevoir, je pense que vous y mettrez toute la maturité convenable. L'inégalité des âges, et surtout l'extrême jeunesse de la demoiselle que vous m'indiquez, constituent des obstacles presque insurmontables. Ils ne pourraient céder qu'à la conviction d'une nature supérieure qui déterminerait une maturité précoce chez cette personne.

Votre nouvelle feuille de biographie vient de m'offrir une lecture très agréable. J'y trouve une fraîcheur d'émotions et de descriptions, qui rappellent les meilleures pages des *Confessions* de Rousseau, sans laisser craindre, comme elles, un honteux mélange. En voyant ainsi s'accomplir cette opération, je me félicite de l'avoir encouragée, parce que je sens qu'elle doit autant vous charmer que vous améliorer, au milieu des préoccupations pratiques dont elle vous offre la meilleure diversion, que vous devez aimer à prolonger.

Tout à vous,

AUGUSTE COMTE.

(10, rue Monsieur-le-Prince)

XX

A Monsieur HADERY, *aux Vallis* (*Allier*).

Paris, le dimanche 15 Shakespeare 66.

Mon cher disciple,

Voici les trois reçus dans lesquels se décompose celui que je remis hier à l'ami de M. Chavard qui m'apporta, de votre part, *cent septante francs*, avec votre bonne lettre du 8 Shakespeare.

Si sa date est conforme à votre exactitude ordinaire, je dois être vraiment émerveillé de la cordiale promptitude avec laquelle vous avez accompli la première lecture d'un volume dont chaque page exige environ trois minutes. Mais je vois que cette rapidité n'a nullement entravé la saine appréciation de l'ensemble de ce tome décisif. Je suis peu surpris, que vous ayez admis sans difficulté la position définitive du culte, parce que tous ceux à qui je l'avais ici fait d'avance connaître l'avaient immédiatement appréciée comme un grand pas, sauf M. Littré, dont les habitudes pédantesques et le défaut de tendresse l'empêcheront probablement de jamais comprendre un tel progrès. Une seconde lecture vous en fera bientôt mesurer l'importance, surtout morale et pratique, ou même théorique, puisque le dogme, loin de rien perdre à cette transposition éminemment synthétique, y gagne beaucoup. Vous avez parfaitement apprécié la nature et la destination du plus long chapitre, où la religion devient pleinement *politique*, de manière à combler tous les vœux des dignes praticiens. L'ensemble des affaires humaines s'y trouve, pour la première fois, embrassé d'une façon complète et précise. Après avoir suffisamment traité les cas fondamentaux, j'ai sommairement caractérisé les *treize* modifications qu'il offre graduellement dans toutes les parties essentielles de notre planète. Mais les principes que j'ai posés permettront aisément d'accomplir une décomposition plus spéciale aussitôt que la pratique l'exigera ; ce qui permet aux vrais positivistes de prendre partout la supériorité que doivent acquérir des guides rationnels sur des chefs empiriques.

Je n'avais aucune inquiétude sur l'influence d'un contact accidentel pour vous inspirer un mariage inopportun. Depuis que je sais combien vous sentez l'importance de l'union conjugale, je ne puis qu'applaudir à votre sage réserve, en déplorant l'insuffisance de votre présent milieu. Ma triste expérience personnelle m'autorise à vous recommander de mourir célibataire plutôt que de contracter un mauvais mariage, le pire des malheurs privés. Votre situation actuelle ne laisse guère d'autre chance qu'un heureux accident pour obtenir un choix convenable. Quelque mal qu'on dise des Parisiennes, c'est ici que vous pourriez réellement trouver, avec beaucoup de soins, ce qui vous convient. Si vous pouviez passer un hiver parmi nos dames positivistes, leur assistance vous permettrait, j'espère, de procéder sagement à ce choix capital. Or, à votre âge, vous ne devez pas renoncer à cette exploration, qui peut encore se retarder pendant quelques années sans inconvénient.

La sagesse avec laquelle vous jugez finalement votre opération agricole mérite mes félicitations spéciales. Quoique l'insuffisance des capitaux vous interdise de grands résultats matériels, une telle vie vous offrira longtemps beaucoup d'importance morale, comme moyen d'éducation civique, et base d'une juste renommée pratique. Cette noble préparation convient pleinement au triumvirat exceptionnel où vous êtes normalement destiné. Mon volume final caractérise, pour les initiés, chacun des trois praticiens que j'ai mûrement réservé à ce grand office, et dont je ne dois faire publiquement la proclamation personnelle qu'après plusieurs nouvelles années d'essais. Un tel plan leur permet de s'adapter dignement à cette éminente destination, et me fait envisager sans crainte la responsabilité qui pèsera sur moi quand je les aurai solennellement désignés dans une situation assez opportune.

Tout à vous,

AUGUSTE COMTE.

(10, rue Monsieur-le-Prince).

XXI

A Monsieur HADERY, aux Vattis (Allier).

Paris, le mardi 2 Saint-Paul 67.

Mon cher disciple,

Sans attendre les cordiales explications que j'ai lues hier dans votre lettre de dimanche, j'étais bien persuadé, tout en regrettant votre long silence, qu'il se trouvait entièrement indépendant des divers motifs fâcheux auxquels vous craignez de le voir attribuer. Vos convictions et votre conduite m'ont, depuis longtemps, interdit toute inquiétude sur vos sentiments. Quoique nos communications m'inspirent toujours le désir de les voir plus souvent renouvelées, je sais combien votre existence vous prive d'une telle satisfaction, et je vois maintenant que vous êtes, en outre, préoccupé de soucis continus.

Je viens de passer une heure à lire, comme elle méritait de l'être, la longue lettre que vous m'avez adressée pour M. Reverchon, auquel je l'ai, suivant vos instructions, envoyée par la poste, sans aucune trace de mon interposition. Cette lecture, en m'initiant à votre intérieur, m'a spécialement édifié sur l'ensemble de votre attitude, que je n'avais jamais pu comprendre aussi bien. L'impression pratique que vous avez profondément reçue de la religion positive est éminemment propre à confirmer mes espérances envers son prochain ascendant. Au milieu de l'anarchie universelle, la foi qui peut ainsi guider et soutenir de dignes existences dans des situations difficiles, a suffisamment prouvé son aptitude régénératrice. En même temps, des exemples aussi décisifs, qui ne sauraient manquer d'être tôt ou tard connus, représentent déjà réalisée sa mission de rallier et régler les âmes d'élite pour leur confier la direction générale des affaires terrestres.

Quant à la grave question sur laquelle vous m'avez spécialement consulté, les documents me manquent pour donner des conseils assez précis. Le judicieux désir que vous aviez formé de conduire Mlle Reverchon à quelque entrevue personnelle avec moi ne s'est aucunement réalisé jusqu'ici. Sa belle mère me vint voir, en octobre, entièrement seule. Elle me reçut seule aussi, quand je lui rendis sa visite, huit jours après. Tous nos contacts se sont depuis bornés à l'échange de nos cartes le 1er janvier.

N'ayant jamais vu la jeune personne, je puis difficilement apprécier un mariage dont le succès exigerait une vocation, éminemment exceptionnelle, pour votre austère existence, chez une élégante Parisienne. D'après vos renseignements, j'ai lieu de craindre que, loin d'acquérir une ménagère qui manque à votre exploitation, votre associé n'introduisit ainsi de prochaines sources de dislocation matérielle et morale, dans une association peu consistante déjà. Sans reposer, d'aucun côté, sur un véritable amour, cette union ne me semble inspirée, chez l'un que par l'instinct sexuel, et chez l'autre par le besoin de dominer. Je crains d'ailleurs, qu'elle ne vous condamnât implicitement au célibat éternel, pour maintenir une association qui ne saurait comporter deux ménagères, surtout la première ayant eu, sur vous-même, des vues approuvées alors par sa famille. Mais j'espère encore que votre appréciation , si sage et si digne, des obstacles matériels, déterminera le père à détourner sa fille d'un projet, qui selon toute vraisemblance, devrait bientôt compromettre son bonheur et celui de votre associé, sans parler de sa funeste réaction sur vous et votre entreprise.

Tout à vous,

AUGUSTE COMTE.

(10, rue Monsieur-le-Prince).

P.-S. — J'oubliais de vous informer que la lettre à M. Reverchon ne renfermait pas le fil métrique qu'elle annonce contenir.

2e P.-S. — Le positivisme vient de faire une grande perte dans la personne d'un jeune professeur de mathématiques, membre de notre Société depuis sept ans, Charles Jundzill, non moins éminent de cœur que d'esprit, enlevé, le 10 mai, par une phitsie tuberculeuse, fatalement méconnue de son médecin. Dimanche prochain, 27 mai, les positivistes des deux sexes se réuniront, à 2 heures, chez moi, pour la digne commémoration religieuse de ce noble apôtre, que nous perdons objectivement au milieu de sa trentième année, et qui mérite l'éternité subjective.

XXII

A Monsieur HADERY, *aux Vallis* (*Allier*).

Paris, le jeudi 25 Saint-Paul 67.

Mon cher disciple,

Votre lettre de samedi m'a trouvé dimanche en pleine élaboration de l'opuscule exceptionnel promis dans ma dernière circulaire. Cet *Appel aux Conservateurs* sera publié vers le milieu d'août et devra, j'espère, faire irrévocablement apprécier le positivisme par le camp le plus apte à l'installer. Il acquiert d'autant plus de prix que je n'ai pu décidément obtenir la salle où je comptais accomplir le cours promis dans ma dernière préface, et qui devait, à sa manière, tendre vers le même but.

Pour cette petite composition, qui suspend un peu le chômage de ma présente année, mes semaines de travail sont réduites à trois jours consécutifs, du dimanche matin au mardi soir, au lieu du taux normal de cinq jours, commençant le vendredi matin et finissant le mardi soir, comme les trois années précédentes et l'année prochaine, depuis que je suis pleinement maître de mon temps. Cet opuscule ayant été commencé le dimanche qui précéda l'arrivée de votre dernière lettre, vous concevez, d'après ce régime, que je n'ai pu faire immédiatement la lecture, intéressante mais longue, que vous m'avez dignement imposée. J'ai cependant lu le soir même votre lettre et celle de M. Reverchon, que, suivant votre demande, je vous renvoie ci-jointe, et j'aurais même lu peut-être votre importante réponse à celle-ci sans une visite qui remplit la majeure partie de ma soirée. Désirant, selon votre vœu, que je me suis félicité d'avoir réalisé, ne transmettre cette pièce qu'après l'avoir luc, je me suis ainsi trouvé forcé de ne la lire que mardi soir. C'est donc seulement hier matin mercredi, vers dix heures, que je l'ai transmise à votre ami, par le même mode que j'employai pour la transmission précédente. Mais je l'ai lue avec tout le soin qu'elle mérite, et sans négliger la copie de l'acte d'association ni même la lettre du jeune futur que j'ai rejointes à la principale missive.

Avant de m'expliquer sur les résultats de cette lecture envers le cas grave que vous m'avez cordialement soumis, je dois vous faire de paternelles remontrances sur l'insuffisance de vos soins corporels. La santé d'un homme aussi capable que vous de bien servir le Grand-Être, mérite plus de sollicitude que ne semble en indiquer le commencement de votre lettre à M. Reverchon. Si j'avais plus tôt su que l'humidité rend votre logement insalubre, et même dangereux, je n'aurais pas concentré sur la nourriture les conseils que je vous donnai jadis, puisque l'habitation me paraît avoir presque autant d'importance habituelle.

Espérant que votre récente maladie vous rendra plus sage à cet égard, je procède à l'importante et difficile consultation que vous me demandez pour un cas qui peut gravement affecter, mal ou bien, tout le reste de votre existence personnelle, domestique, et même civique, à laquelle l'ensemble de votre lettre me fait prendre un intérêt plus vif et plus profond, en augmentant la respectueuse estime que m'inspire toute votre conduite. La lettre que je vous renvoie me semble indiquer sous l'absolu rural que vous me signalez, un besoin prononcé de se débarrasser de sa fille par un mariage plausible, sans trop s'inquiéter des conséquences quelconques qu'il peut entraîner pour elle et d'autres ; quoiqu'elle annonce un examen, elle n'offre réellement qu'un plaidoyer en faveur d'une résolution intérieurement arrêtée, où vous n'êtes consulté qu'en apparence. En se préparant au prochain événement que vous ne pouvez ni devez empêcher, il faut donc fixer la conduite qu'il vous impose dans les deux hypothèses opposées qui peuvent finalement se réaliser.

Il m'est fort difficile de statuer sur la demoiselle qui va certainement exercer la principale influence à cet égard. Quoique je ne l'aie jamais vue, ni seulement lue, elle me semble, d'après vos renseignements, assez intelligente et même énergique, mais peu tendre. Néanmoins, elle est femme, et, par suite, éminemment modifiable ou plutôt perfectible, d'après la situation et le milieu. Le mariage qu'elle va contracter sans amour et par besoin de domination, peut bientôt tourner autrement, non sous l'impulsion du mari qui semble peu susceptible de prévaloir, mais par votre influence, pourvu que la dame soit et reste pure, comme je dois le supposer. Trois mois d'épreuve intime vous permettront de décider comment cette union affectera votre avenir.

Si la femme est décidément vulgaire, le trio ne pourra subsister, et vous devrez même hâter assez sa dislocation pour qu'il ne trouble pas la noble évolution pratique que vous avez dignement instituée. Dans cette première hypothèse, une décision, non moins opportune qu'énergique, vous délivrerait d'une association qui, fondée avant que vous fussiez assez dégagé de l'état révolutionnaire, vous entrave plutôt qu'elle ne vous seconde, par le morcellement du commandement en faveur d'une insignifiante adjonction de capitaux. Vous pourriez alors constituer, à l'amiable, une nouvelle administration du domaine, où vous seriez seul maître, en n'admettant votre associé que comme bailleur de fonds accessoires, et vous proposant bientôt de contracter un digne mariage. Mais, si la prochaine châtelaine que votre jeune adjoint veut installer aux Vattis, a réellement une valeur féminine, cet événement pourra finalement exercer une salutaire influence qui, sans nuire à votre exploitation et même en l'améliorant, assurerait votre juste bonheur, car la femme exerce toujours, en bien comme en mal, une action décisive sur tout ce qui concerne la vie humaine. Dans ce cas, vous devriez *in petto* renoncer au mariage, et cependant subir dignement le saint ascendant du sexe aimant, en développant, envers le jeune couple, la généreuse confiance qui préside à votre carrière pratique. Le futur me semble, d'après sa lettre et sa conduite, un homme radicalement médiocre à tous égards, mais disposé sincèrement à voir en vous un père remplaçant sa propre famille, sur laquelle il ne peut compter. En même temps la future ne saurait beaucoup vénérer un veuf épousant une veuve, et peut-être bientôt vous accorder, mieux que son mari même, une affection vraiment filiale, si tout demeure chaste, en trouvant chez vous sa principale satisfaction de cœur, et réservant pour ses besoins sexuels, si toutefois elle en a, l'époux qu'elle ne saurait jamais regarder comme un supérieur réel sous aucun rapport. Quant à vous, ce que je viens d'apprendre de votre intime passé, confirme mon opinion antérieure sur votre heureux affranchissement envers l'instinct le plus perturbateur, de manière à me permettre d'espérer que vous êtes susceptible de trouver une pleine satisfaction de cœur dans la pure intimité que la situation va peut-être vous offrir. Il ne vous serait pas difficile d'aimer en fille et sœur la jeune amie qui ne saurait être votre épouse, quand elle aura, pour sa part, oublié qu'elle l'avait d'abord souhaité, de l'aveu de son propre père. C'est, au fond, l'instinct sexuel qui trouble toutes les relations intimes, surtout entre homme et femme, seul cas où puisse se développer une pleine amitié ; sans lui l'affection que nous inspirent une sœur, une fille et même une mère, pourrait toujours coïncider avec celle que caractérise le type d'épouse, car l'amour est essentiellement un.

Quoique toujours exceptionnel, le saint trio que je rêve pour vous reste complètement réalisable, même dans notre anarchie. J'en connais, depuis sept ans, un mémorable exemple, où, malgré la calomnie, les conditions de pureté me semblent vraiment remplies, quoique la femme m'ait confié sa prédilection pour l'ami qu'elle connaissait avant le mari. La trinité se trouve cimentée par plusieurs enfants, ainsi pourvus de triples soins, habituellement homogènes ou du moins concordants. Ce cas présente maintenant des âges supérieurs à ceux du vôtre d'environ dix ans, ce qui semble constituer une différence notable. Mais comme il dure depuis plus de dix ans, cette distinction s'efface. Une diversité plus grande résulte de ce que la dame est positiviste, ainsi que l'ami, tandis que le mari ne l'est point et tend vers le catholicisme, quoique sans aucune foi vraiment prononcée. Il dépendra peut-être de vous d'éteindre bientôt cette différence surtout en évitant tout prosélytisme indiscret, auquel l'instinct féminin devra facilement suppléer, d'après la comparaison journalière entre la conduite d'un vrai croyant et celle d'un sceptique, abstraction faite des inégalités cérébrales.

Telle est l'utopie qui me semble pouvoir s'offrir bientôt pour poétiser votre existence. La jeune personne ne saurait être beaucoup entravée par les influences domestiques sous lesquelles son éducation s'est opérée. Si de nos jours, les enfants suivent rarement la profession de leurs parents, ils sont encore moins disposés à garder leurs opinions. Les divagations métaphysiques d'un père fouriériste ne sauraient acquérir beaucoup d'empire, surtout sur une fille, qu'un tel spectacle devait même incliner plutôt vers la mysticité catholique. Il ne vous sera donc pas difficile, je présume, après quelques mois d'intimes causeries, de convertir, en tout cas, au positivisme votre jeune châtelaine, ce qui pourra grandement influer sur l'issue finale du trio provisoire.

A vous seul appartient de décider entre les deux hypothèses opposées, quoique je dusse ici développer surtout celle qui maintenant semble la moins probable. Vous me ferez plaisir en me tenant au courant des phases essentielles d'une situation dont, je le répète, vous ne pouvez ni ne devez entraver le prochain essor, sans toutefois souffrir qu'elle apporte aucune perturbation aux conditions matérielles de votre civique entreprise, dont les ressources ne sont déjà que trop insuffisantes. Je regrette beaucoup qu'on ne m'ait pas procuré l'occasion de connaître la jeune future, ce qui m'aurait permis de mieux juger si réellement elle comporte la noble et difficile mission que j'ose rêver pour elle, et qui, dans l'état normal de l'humanité, devra souvent se réaliser.

Tout à vous,

Auguste Comte.

(10, rue Monsieur-le-Prince).

P.-S. — Je me félicite qu'aucune visite n'ait interrompu cette cordiale consultation, que le récent perfectionnement des communications vous permettra de lire demain, malgré la sauvage situation de votre résidence actuelle.

XXIII

A Monsieur **HADERY**, *aux Vattis* (*Allier*).

Paris, le samedi soir 6 Charlemagne 67.

Mon cher disciple,

Sans attendre que j'aie à vous répondre, je suis spécialement conduit à vous écrire aujourd'hui d'après une intéressante visite que j'ai reçu ce matin de M. Gagneur. Je pourrais ajourner à la prochaine occasion l'expression du contentement que m'inspire cette seconde entrevue, où j'ai nettement constaté des progrès, théoriques et pratiques, qui dépassent mes premières espérances, et dont vous êtes, à mes yeux, l'une des principales sources. Mais je dois, à d'autres égards, vous écrire immédiatement d'après la lecture, que m'a faite M. Gagneur, de quelques passages d'une lettre récente du Dr Ch. Sauria.

Ce médecin assure que, comme je l'avais toujours craint, votre nourriture est habituellement insuffisante, de manière à compromettre votre santé.

Je reprends donc, avec une nouvelle insistance, ma recommandation d'avoir, autant que possible, 100 à 150 grammes net de viande de boucherie à votre dîner chaque jour. Quels que soient les embarras de vos chemins, vous pouvez, ce me semble, si vous en sentez assez l'importance, instituer par semaine deux fournitures de bœuf ou de mouton, dont chacune suffirait à trois dîners, en adoptant la volaille pour le septième jour.

Si ce régime se trouvait même trop peu fortifiant, il faudrait peut-être introduire une légère ration de vin nullement acide. Quoiqu'il excite sans nourrir, vous savez que nos règles positives ne sont jamais absolues, et s'adaptent aux exceptions assez motivées, tout en conservant leur vigueur normale. Vous n'avez pas oublié que le Dr Sangrado lui-même, dans son grand panégyrique de l'eau, gardait le vin chez les pharmaciens. Prenez-le donc comme remède, si vous trouvez qu'il soit convenable contre les influences marécageuses dont vous êtes entouré. Mais j'espère qu'une nourriture plus fortifiante dispensera de tout recours, au moins habituel, à des stimulants extérieurs, un homme qui porte dans son cerveau la plus puissante stimulation pour l'ensemble de son organisme.

En combinant ces instances avec celles de ma dernière lettre envers l'humidité, dont vous connaissez mieux que moi les préservatifs pratiques, je dois vous rappeler, en général, au sens normal de notre loi : *Vivre pour autrui*. Cette règle constitue un dualisme dont le premier élément (*vivre*) devient la base du second. La religion de l'Humanité n'interdit pas moins le suicide involontaire que le volontaire, le chronique que l'aigu; prescrivant à chaque serviteur de soigner ses forces afin de les bien employer.

Dans l'organisme individuel, la principale imperfection résulte d'une insuffisante harmonie entre le corps et le cerveau. Chez les gens bien nés, le cerveau pourrait, je crois, user deux corps, et peut-être trois, si la succession était possible. La statue ne succombe ordinairement que par la faute du piédestal. Après un siècle de digne activité, le cerveau de Fontenelle n'était nullement épuisé ; si le corps ne l'avait pas éteint, ses fonctions pouvaient encore durer longtemps. Songez donc sérieusement à soigner votre piédestal, puisque la statue le mérite.

Tout à vous,

AUGUSTE COMTE.

(*10, rue Monsieur-le-Prince*).

XXIV

A Monsieur **HADERY**, *aux Vallis (Allier).*

Paris, le vendredi 26 Dante 67.

Mon cher disciple,

Voici le reçu correspondant au mandat qui vient de me parvenir, suivant l'annonce que je lus hier dans votre lettre de lundi. Je suis heureux d'apprendre votre entier rétablissement de la grave altération récemment apportée à votre santé. Cette secousse aura, je l'espère, une influence salutaire en vous inspirant une sollicitude plus active et plus continue envers les conditions physiques d'une précieuse existence.

Je suis profondément touché du noble accueil que vous avez fait à l'utopie exceptionnelle que m'avait inspiré votre situation morale. Tandis que je craignais qu'elle ne vous parût exaltée et chimérique, elle se trouve essentiellement conforme aux dispositions spontanées de votre belle âme. Une inspiration purement théorique ayant ainsi reçu la sanction d'un éminent praticien, rien ne peut mieux confirmer l'intime réalité de notre religion et son aptitude envers tous les cas humains. Quoique, d'après vos nouveaux renseignements, le projet semble maintenant devoir être bientôt abandonné, je me félicite que votre cœur y fût pleinement disposé. De telles tendances doivent assurer votre bonheur intime dans quelque situation que vous soyez placé.

Selon votre appréciation, le positivisme renouvellera l'existence humaine en développant la culture systématique des instincts sympathiques. Tant qu'ils restaient méconnus par les croyances officielles, leur essor ne pouvait être qu'empirique. Il pourra maintenant recevoir l'assistance de la théorie, seule source de l'inspiration que je vous ai proposée. La principale supériorité de la religion positive consiste à s'établir essentiellement dans le domaine de la grâce, auparavant rebelle à toutes lois. Dès lors la connaissance et l'amélioration de notre nature doivent nous procurer des moyens de bonheur dont le passé ne peut fournir aucune idée.

Mon *Appel aux Conservateurs* est maintenant sous presse, et sera publié, j'espère, avant la fin d'août. Laissez-moi vous gratifier d'un exemplaire spécial, à titre d'affectueux témoignage. Cet opuscule doit implicitement dissiper les principales inquiétudes qu'indique votre lettre envers la propagation et l'installation du positivisme social. Il tendra même à consolider et développer le subside qui vous inspire une si touchante sollicitude. Vous savez que ma dernière circulaire avait représenté l'année actuelle comme un temps d'épreuve nécessaire où doivent devenir définitives des adhésions purement provisoires jusqu'ici. Quant à celles qui cesseront, elles seront naturellement remplacées par le concours de ceux dont les sympathies devaient s'ajourner jusqu'à l'entière terminaison de ma construction principale, comme je l'eusse fait moi-même, si j'eusse été là spectateur au lieu d'acteur. J'ai donc lieu d'espérer que, dès l'an prochain, le subside sera pleinement devenu suffisant en ce qui me concerne et pourra bientôt commencer à développer sa destination collective envers les jeunes théoriciens qui méritent d'être aidés.

Néanmoins, son insuffisance actuelle, outre les embarras qu'elle me suscite, me fait éprouver un grand regret en m'interdisant d'aller embrasser mon vieux père, que je n'ai pas vu depuis dix-huit ans, et dont je crains d'être prochainement privé. Après une longue rupture, une heureuse réconciliation vient de s'opérer entre nous, par suite de la digne initiative que j'ai récemment prise, malgré des griefs sérieux, sous l'impulsion continue du culte positif. Mais, outre la dépense d'un tel voyage, je suis surtout retenu par l'obligation de ne pas m'absenter, même une semaine, tant que le subside ne sera pas mieux assis, dans la crainte de manquer ainsi des contacts que leur ajournement pourrait faire avorter.

Les indications nettes et précises que vous me fournissez sur le Dr Sauria pourront me devenir précieuses d'après la visite que vous m'annoncez de lui. Sa conversion offre un nouvel exemple des succès que nous pouvons obtenir parmi les médecins, surtout en France, où leur profession se trouve débarrassée de toute discipline collective. C'est celle qui convient le mieux aux positivistes, plus disposés à la théorie qu'à la pratique, et je ne suis point surpris qu'elle ait déjà fourni le tiers de notre société.

Tout à vous,

AUGUSTE COMTE,

(*10, rue Monsieur-le-Prince*).

XXV

A Monsieur HADERY, aux Vallis (Allier).

Paris, le jeudi 18 Gutenberg 67.

Mon cher disciple,

Quoique votre lettre exceptionnelle de dimanche n'exigeât pas de réponse spéciale, je veux saisir l'occasion qu'elle m'offre de vous faire directement connaître la satisfaction que me laisse l'entrevue de deux heures que j'eus avant-hier avec son intéressant porteur. Malgré les lacunes et les imperfections que présente aujourd'hui l'initiation positiviste du Dr Sauria, je dois vous féliciter d'une telle conversion, qui me paraît déjà garantie de tout avortement, surtout d'après une tendance sincère et décisive à la discipline fondée sur une digne vénération. L'ayant cordialement informé de la pleine disponibilité dont je jouis en ce moment, j'espère qu'il ne se fera point de scrupule de profiter de ma franche invitation pour revenir causer avec moi pendant le court séjour qu'il doit encore faire ici.

Ce nouveau contact médical me fournit une confirmation spéciale de la profonde affinité, déjà tant vérifiée, entre le positivisme et la profession qui doit aujourd'hui le mieux seconder son avènement, d'après sa tendance croissante vers le sacerdoce de l'Humanité. Je suis persuadé que, dans quelques années, les médecins positivistes formeront, aux yeux du public, une classe aussi distincte, quoique à meilleurs titres, que celle des homéopathes, si leur dignité morale est assez conforme à leur attitude synthétique. Appréciés par les familles, comme guérissant mieux en droguant moins, et méritant davantage la confiance intime d'après leur état religieux, ils seront surtout goûtés des gouvernements envers les principales questions d'hygiène civique, où la nécessité de combiner le moral et le physique devient irrécusable, spécialement quant aux maladies cérébrales qui bientôt leur formeront un apanage presque exclusif.

La Société positiviste vient de fournir un exemple décisif de cette affinité normale dans l'éminente personne de M. Foley, qui vous écrivit récemment pour le subside. Sorti marin de l'École polytechnique en 1841, et devenu lieutenant de vaisseau, après plusieurs campagnes en Océanie, il forma u[illegible]ment, à trente ans, la résolution, qu'il a noblem[illegible]t accomplie en cinq ans d'études persévérantes, [illegible] changer de carrière en se faisant médecin. Il vient d'obtenir, le 22 août, d'après une mémorable thèse, le grade décisif de docteur en médecine, qu'il compte utiliser à Paris, sans renoncer à transformer graduellement cette profession pratique en incorporation théorique au sacerdoce positif, sous l'impulsion prolongée des convictions et des tendances d'où provient cette précieuse et difficile transformation.

Mon *Appel aux Conservateurs* est entièrement imprimé, de manière à paraître dans le courant de la semaine prochaine. Si M. Sauria part aussitôt, je lui remettrai votre exemplaire, que je préfère pourtant confier à la poste, afin qu'il vous parvienne plus tôt.

Je dois utiliser cette réponse exceptionnelle en satisfaisant la juste sollicitude, que je me reproche de vous avoir laissé reitérer dimanche, envers les quatre positivistes qui vous sont seuls connus personnellement.

Vous devez d'abord dépouiller de ce titre M. Lapierre, que je regrette de vous avoir adressé jadis. Un enthousiasme factice, qu'étalaient ses lettres de Montpellier, m'a pleinement trompé, comme tous mes disciples, sur ce personnage, dont je me serais pourtant défié si j'avais d'abord su sa qualité de protestant, source ordinaire de graves déviations aujourd'hui, surtout en France. Après l'avoir trop facilement admis dans la Société positiviste à son arrivée à Paris, en novembre 1853, je me suis vu forcé d'accomplir, à son égard, en avril 1854, un petit coup d'État, en l'excluant d'une association qu'il pouvait gravement compromettre par ses hâbleries et dont son défaut radical de convictions quelconques le rendait entièrement indigne, comme l'a confirmé son acharnement ultérieur contre le subside positiviste.

Relativement à MM. Audiffrent et de Blignières, le premier a noblement évité sa situation contradictoire, en se transformant, de propriétaire oisif, en médecin, d'après les études spéciales qu'il accomplit dignement à Marseille depuis un an, pour venir se faire recevoir à Paris, après avoir assez exploré l'école synthétique, quoique ontologique, de Montpellier. Le second est capitaine d'artillerie, en service à la fonderie de Douai. Quant à M. Lefort, depuis un an qu'il habite Paris, sa dégénération, peut-être passagère, m'a bientôt contraint, malgré les espérances exagérées qu'il m'avait d'abord suscitées, de lui retirer son titre distinct d'*aspirant au sacerdoce de l'Humanité*, pour le réduire, sur notre liste, à la qualification d'*homme de lettres*, parce que je le regarde comme ayant à peu près perdu toute chance sérieuse de vocation théorique, quoiqu'il puisse encore s'utiliser beaucoup dans l'apostolat positiviste, s'il peut convenablement régler son existence, trop indéterminée jusqu'ici.

Tout à vous,

AUGUSTE COMTE.

(*10, rue Monsieur-le-Prince*).

XXVI

A Monsieur HADERY, aux Vattis (Allier).

Paris, le vendredi 19 Frédéric 67.

Mon cher disciple,

Votre intéressante lettre de dimanche a subi

quelques circuits de poste avant de me parvenir, parceque mon domicile s'y trouvait mal numéroté (au lieu de 10, vous aviez mis 9); cependant je l'ai reçue hier. Avant d'y répondre, je dois vous rappeler, en général, que quelques regrets que j'éprouve de la rareté de vos lettres, je ne prends jamais en mauvaise part une telle lenteur, dont les divers motifs me sont aisément explicables dans votre situation.

Je suis bien aise que cette fois le délai soit spécialement provenu de votre sollicitude spirituelle pour le Dr Sauria, qui me paraît réellement mériter tous vos soins, comme susceptible d'une conversion complète et durable. L'appréciation sur laquelle vous me consultez à cette occasion, quant aux caractères essentiels de l'esprit métaphysique, est entièrement judicieuse. Vous avez raison de considérer l'abus de la déduction comme un trait aussi décisif que l'emploi des entités ; et vous pouvez aussi vous expliquer la tendance si fréquente des mathématiciens à dégénérer en métaphysiciens, toutes les fois qu'ils sortent de leur domaine spécial. Mais, outre que ces deux caractères sont profondément connexes, ils doivent être tous deux rattachés à l'absolu, qui constitue le vice radical de l'esprit métaphysique, encore plus que de l'esprit théologique, où la destination pratique rectifie les aberrations théoriques. Rien ne peut mieux distinguer la raison positive que sa complète relativité, plus antipathique aux métaphysiciens qu'aux théologiens.

En voyant un éminent praticien consacrer ainsi ses loisirs à compléter et consolider une digne conversion, je sens combien est réelle l'appréciation qui résulte de mon *Appel aux Conservateurs* quant à l'attitude générale des vrais positivistes envers tous les partis actuels. Cet opuscule a surtout développé ma proclamation fondamentale sur notre prise de possession de l'ensemble du gouvernement terrestre, en décomposant cette opération en deux phases, l'une spirituelle, l'autre temporelle. La première étant seule possible aujourd'hui, mais devant préparer la seconde pendant une douzaine d'années, tous les positivistes, aussi bien praticiens que théoriciens, doivent maintenant s'emparer de la direction de l'opinion publique, en se bornant toujours à conseiller, quand même le commandement leur serait offert. Dans ce début, les dignes praticiens aident les vrais théoriciens à saisir l'autorité spirituelle, dont l'influence devra réciproquement aboutir à faire librement transmettre le pouvoir temporel aux positivistes par les conservateurs, aussitôt que l'esprit français sera suffisamment atteint et nos hommes d'État assez préparés. Si nous savons dignement garder cette attitude purement consultative en nous dégageant des détails politiques, nous aurons bientôt obtenu l'ascendant que mérite la doctrine qui seule fournit à toutes les questions importantes des réponses complètes et précises, toujours concordantes entre elles. Mais il faut que nous restions constamment au-dessus de tous les partis actuels, en faisant prévaloir les conservateurs, et tendant davantage vers les rétrogrades que vers les révolutionnaires, sans cesser d'écarter les uns et les autres de la suprême direction. Or, je crois que les positivistes ont, pour la plupart, à se modifier beaucoup pour avoir convenablement développé les dispositions et les habitudes qu'exige une telle mission, qui, les détournant de tout conflit, les fera bientôt respecter partout, en faisant dignement apprécier l'universelle intervention d'une doctrine indivisible.

L'antipathie instinctive que vous inspire les Jésuites me semble essentiellement due à des impressions d'enfance que vous devez maintenant surmonter. En appréciant mon espoir de trouver chez eux d'utiles auxiliaires, vous oubliez qu'il est entièrement fondé sur la suppression préalable du budget théologique, et par suite sur l'extinction de la domination officielle dont la vicieuse poursuite a corrompu leurs aspirations à la digne reconstruction du pouvoir spirituel. Si vous les concevez d'après cette situation, vous sentirez qu'ils peuvent réellement seconder la transition occidentale en transformant le culte de la Vierge en adoration de l'Humanité, d'après le remplacement de la *Bible* protestante par l'*Imitation* catholique. Nous pourrons même compter sur les Jésuites pour obtenir cette suppression du budget ecclésiastique, car ils y doivent trouver un notable accroissement de leur influence spirituelle. Depuis leur création, ils aspirent partout à supplanter les clergés locaux, sans avoir pu jamais y parvenir ; tandis que l'abolition des traitements officiels conduira spontanément les âmes catholiques à se placer ouvertement sous la prépondérance directe de la corporation destinée à diriger la digne extinction de l'ancienne spiritualité pour sa fusion dans la nouvelle.

Profondément affligé de la dégradation que vous m'annoncez chez M. Gagneur, je ne puis cependant regarder comme entièrement détruites les espérances de vraie conversion que sa dernière visite m'avait suggérées. La déplorable situation dans laquelle il vient de se placer pourra même le conduire, mais par de rudes épreuves, à sentir l'importance et la nature d'une doctrine réellement propre à régler l'existence humaine. Si sa jeune femme n'est pas dépourvue de tendresse, elle pourra, quels que soient les vices de son éducation domestique, éprouver le besoin d'une vraie régénération de tous deux.

Cette chute imprévue vous inspire des réflexions qui me paraissent exiger une rectification générale de l'importance exagérée que vous semblez attacher à la culture théorique comme préservant de tels orages. Malgré ses études scientifiques, l'égoïsme, public et privé, de M. Mellet n'est pas plus noble que celui de M. Gagneur. Il n'a pas même coopéré, comme celui-ci, pour une année, au subside positiviste, quoiqu'il m'ait personnellement connu depuis 1812 et qu'il n'ignore pas ma situation matérielle. Vous savez aussi que les principaux coryphées du saint-simonisme et du fouriérisme sont émanés de l'École polytechnique. Tout cela vous fait assez voir que la préparation théorique ne peut aucunement préserver des plus ignobles déviations, au service desquelles elle transporte une argumentation sophistique, même quand la course encyclopédique est poussée jusqu'à son terme normal, ce qui d'ailleurs n'a presque jamais lieu.

Tant que le positivisme n'était pas constitué pleinement (et vraiment il ne l'est que depuis la terminaison de ma *Politique positive*), la marche ascendante que vous décrivez restait seule possible, quels que soient ses inconvénients moraux et même intellectuels, que j'ai dû d'abord subir plus que personne. C'est pourquoi la plupart des positivistes actuels sont si peu satisfaisants, surtout dans leur conduite, leur cœur n'ayant été tardivement atteint qu'après une lente élaboration de leur esprit essoufflé. Mais ce cas, quoique le plus fréquent jusqu'ici, n'offre pas, heureusement, le type normal des conversions positivistes, où le cœur doit désormais devancer et guider l'esprit, en saisissant d'abord la supériorité morale de la synthèse universelle. Une telle marche, devenue directement possible depuis l'achèvement de ma construction religieuse, peut seule nous faire irrévocablement pénétrer dans notre vrai milieu, c'est-à-dire parmi les femmes et les prolétaires. Elle convient même aux dignes théoriciens, qui doivent d'ailleurs former une imperceptible minorité, mais en les poussant aux études encyclopédiques qu'exige leur destination sacerdotale, et dont les autres classes peuvent se passer pendant la transition, pourvu qu'elles y suppléent par une soumission convenable envers l'autorité spirituelle. Aussi je déconseille à la plupart de nos prosélytes la lecture de ma *Philosophie positive*, qui ne convient qu'aux théoriciens, et j'ai détourné de traduire en français sa condensation par Miss Martineau, quoique cette opération ait été fort utile en Angleterre, et puisse même seconder, à de moindres degrés, les autres Occidentaux, sans convenir à la France, où les préoccupations sociales exigent une régénération plus directe et plus rapide. Le *Catéchisme positiviste* suffit pour diriger les conversions féminines et prolétaires, tandis que l'*Appel aux Conservateurs* prépare les chefs pratiques, en sorte que notre propagande se trouve pleinement organisée, en aboutissant au *Discours sur l'ensemble du positivisme ;* d'où les esprits compétents peuvent passer à l'étude complète de la *Politique positive*.

Il est honorable pour Mme Reverchon de vous avoir confié son fils, et je vous félicite d'une telle offre, qui vous procurera, j'espère, de douces et nobles diversions, si ce jeune homme voit en vous son véritable père comme on peut bientôt l'attendre. Tout le plan d'études théoriques, dont vous me parlez à son sujet, me semble très judicieux, et vous n'avez qu'à l'exécuter fidèlement. Le petit in-12 de Condorcet sur l'arithmétique *(Moyens d'apprendre à compter sûrement et avec facilité)* serait difficile à trouver, si, dans ces dernières années, je n'avais entendu parler de sa réimpression accomplie; ce livre suffit et peut être utilement lu par votre élève, qui, j'espère, n'a point en vue de baccalauréat quelconque.

Suivant mes intimes prévisions, votre mérite civique commence à se faire spontanément apprécier autour de vous, d'après les honorables fonctions qu'on vous demande, malgré les préventions de secte et de parti. Nous devons nous attacher à faire partout reconnaître l'exactitude du résumé comparatif par lequel le positivisme est finalement caractérisé dans mon récent opuscule (page 75) : « En « rapportant tout à l'Humanité, l'unité devient « plus complète et plus stable qu'en s'efforçant de « tout rattacher à Dieu ». Mais, après avoir démontré cette loi générale, nous devons surtout constater le fait par notre propre conduite, personnelle, domestique et civique. Le développement pratique de vos excellentes qualités vous permet de contribuer beaucoup à cette vérification décisive. Sachez aussi la compléter en vous dégageant des derniers restes de vos habitudes révolutionnaires, pour manifester, envers la synthèse ancienne, sans aucune concession de principes, la respectueuse gratitude qu'elle mérite, et qui doit vous faire regarder le curé comme un collègue plutôt que comme un rival, dans votre mission spirituelle, dont l'adversaire rural se réduit au maître d'école, où vous êtes disposé peut-être à voir une sorte d'auxiliaire, d'après un vestige inaperçu de l'état sceptique.

Quant à la thèse du Dr Foley, vous pouvez, en effet, la regarder comme un présent personnel, en témoignage spécial d'estime et de fraternité. Pour faciliter votre heureux projet d'entrer, à cette occasion, en relation personnelle avec lui, voici son adresse, qu'il faut exactement transcrire : *M. le Docteur Edouard Foley, médecin, 3, rue de la Ferme-des-Mathurins, Paris.* J'attache beaucoup de prix à ces communications directes, entre mes vrais disciples, afin de développer leur fraternité naturelle et leur commune vénération ; et je regrettais de ne vous avoir procuré jusqu'ici d'autre contact réellement éminent que celui de M. Audiffrent.

De quelque mode que vous vous serviez pour m'envoyer votre cotisation supplémentaire, elle sera très opportune, et le recouvrement ne peut me susciter aucun embarras. Le subside positiviste restera cette année notablement au-dessous du minimum normal, et je crains, malgré mes privations, d'ouvrir 1856 avec un déficit sensible.

Ayant commencé les distributions politiques de mon opuscule, la copie ci-jointe, que vous pourrez garder et même montrer, caractérisera ma principale communication. Son importance est surtout due à ce que, quoique adressée à M. Vieillard, cette lettre se trouve réellement destinée à notre dictateur.

Tout à vous,

AUGUSTE COMTE.

(*10, rue Monsieur-le-Prince*).

XXVII

A Monsieur HADERY, *aux Vattis* (*Allier*).

Paris, le vendredi 12 Bichat 67.

Mon cher disciple,

Votre bonne lettre de samedi m'est arrivée le surlendemain, bientôt suivie du mandat qu'elle annonçait, et dont voici le reçu normal; j'en ai touché la valeur hier. Je suis extrêmement touché de cette nouvelle preuve du noble zèle qui vous anime pour la doctrine régénératrice. Outre qu'un tel supplément au subside de 1855 est hors de proportion avec votre fortune, je sais combien un chef agricole éprouve ordinairement d'embarras à se procurer de l'argent comptant.

Toutes vos réflexions sur l'indignité de l'abandon où je suis laissé sont parfaitement justes, surtout par contraste aux folles dépenses souvent faites en faveur de sectes corruptrices ou dégradantes. Mais cette opposition est honorable pour le positivisme, qui ne doit la lenteur de son ascendant qu'au caractère d'où résultera son triomphe, la noblesse et la pureté d'une morale seule apte à régénérer un monde anarchique. La situation précaire, et souvent pénible, où je me trouve placé me procure, par compensation, le précieux avantage de manifester l'admirable dévouement de mes disciples d'élite, et de mieux connaître la valeur morale de chacun que si j'avais possédé le patrimoine de Cavendish, de Lavoisier, ou de Buffon. Dans ma prochaine circulaire, je traiterai directement la question du subside, que je ne pus aborder qu'indirectement jusqu'à présent. Étant devenu pleinement opportun, cet examen ouvrira, j'espère, les yeux des vrais positivistes, sur l'importance d'une institution qui, sous une destination primitivement personnelle et même temporaire, a surtout pour but d'assurer l'indépendance sans laquelle le sacerdoce régénérateur manquerait à sa mission.

J'admire, d'après votre lettre, avec quelle noble promptitude une sainte subordination vous dispose à surmonter, en faveur des Jésuites, des répugnances enracinées dès votre enfance. Quand le budget ecclésiastique sera supprimé, vous verrez bientôt cette corporation, renonçant à ses intrigues corruptrices, suivre sa vocation originaire vers la reconstruction du pouvoir spirituel, en faisant bon marché du dogme catholique, pour développer le culte, de manière à préparer, chez un public arriéré mais estimable, l'adoration de l'Humanité. Vous pourriez même reconnaître qu'elle a déjà des motifs spéciaux de désirer cette émancipation pécuniaire de la tutelle officielle du clergé moderne. Car la nouvelle situation doit promptement conduire les Jésuites au résultat qu'ils ont vainement poursuivi partout depuis trois siècles : supplanter le clergé local, dont la résistance fut réellement la source de leur ruine au XVIIIe siècle, chez toutes les populations catholiques. Toute la discipline qu'exercent les évêques repose, au fond, sur le budget officiel, dont la suppression livrera les prêtres au seul corps doué d'une véritable consistance dans le catholicisme actuel ; ce qui, bien apprécié, peut disposer les Jésuites à seconder les positivistes pour cet affranchissement nécessaire.

Ma dernière lettre était tellement pleine que je n'y pus assez approfondir l'appréciation de votre tendance à donner trop d'importance aux influences intellectuelles dans la production ou la rectification des aberrations actuelles. Il est vrai que votre lettre me dispense de longues explications à cet égard, en me prouvant que l'expérience et la réflexion vous ont spontanément détrompé sous ce rapport. Cependant je crois devoir directement indiquer la confirmation systématique que notre théorie cérébrale, en établissant la suprématie permanente de la région affective, a finalement procuré aux aperçus empiriques du catholicisme sur la dépendance des erreurs de l'esprit envers les vices du cœur, source secrète mais principale de la plupart des aberrations, quelle qu'ait été l'instruction spéculative. En un temps où les connaissances scientifiques peuvent être facilement acquises, on peut se demander pourquoi tant d'âmes, souvent très intelligentes, reçoivent une culture purement littéraire. On est alors conduit à reconnaître que cela tient surtout à l'attrait qu'inspire le vague d'une étude qui ne suscite aucune discipline, par contraste à la répugnance que les instincts personnels inspirent pour une instruction d'où résulte toujours un joug quelconque, au moins théorique.

Il me serait impossible de ne pas admirer votre généreuse appréciation de M. Mellet. Cependant je le connais longtemps avant vous, et je puis vous assurer qu'il n'est pas doué d'une grande valeur morale. La modération que vous attribuez à sa rectitude mentale dans ses contacts avec les diverses sectes de notre siècle est surtout due à son défaut radical d'enthousiasme. Dans les dernières années de la Restauration, je l'ai vu tellement préoccupé de Robert Owen et des *coopératifs* qu'il serait probablement parti pour New-Harmony s'il eût été susceptible d'un dévouement quelconque. Je persiste donc, malgré votre noble indulgence, à le regarder comme un franc égoïste, plus incurable peut-être que M. Gagneur, qui, doué de plus d'élan, peut, par suite même de sa dégradation actuelle, aspirer davantage à se régénérer, si sa femme n'est pas trop dépouvue d'une vraie tendresse.

L'arithmétique de Condorcet n'a pas été relue par moi depuis environ trente ans ; en sorte que je ne puis dire si cet opuscule mérite des reproches quant à la logique scolastique, mais je m'en rapporte à vous là-dessus ; et cet empirisme involontaire ne me surprendrait guère chez mon éminent précurseur. Je continue de me féliciter que vous ayez entrepris l'éducation, théorique et pratique, dont vous me parlez, et qui ne peut que vous satisfaire à tous égards si, de cœur et d'esprit, l'enfant mérite vos soins, et si, comme je l'espère, sa mère l'aime assez pour ne pas troubler votre ascendant. Dans ce que vous m'indiquez, je ne vois à regretter que le défaut de culture esthétique, mal compensé par l'étude de l'anglais, auquel j'aurais préféré l'italien, qui pourra, toutefois, venir l'an prochain, puisque toute langue doit s'apprendre en un an, quand on est assez préservé des maîtres et des grammaires.

Tout à vous,

AUGUSTE COMTE.

(*10, rue Monsieur-le-Prince*).

P.-S. — La noble munificence d'un positiviste hollandais a récemment dissipé la perspective de prochain déficit que vous indiquait ma dernière réponse.

XXVIII

A Monsieur HADERY, aux Vattis (Allier).

Paris, le vendredi 4 Moïse 68.

Mon cher disciple,

Je viens de terminer mon année de chômage par le testament promis à la fin de mon principal ouvrage : il est déjà remis à M. Laffitte (23, rue Racine), que j'en ai constitué le gardien perpétuel.

L'accomplissement de ce devoir personnel a fourni ma meilleure préparation à la grande construction que je vais commencer le 1er février pour compléter ma mission sociale. Vous êtes l'un des treize disciples que j'ai choisis comme exécuteurs testamentaires. Quoique vous m'accordiez assez de confiance pour accepter d'emblée un tel office, je désire que vous ne vous y décidiez qu'après avoir lu ce testament, soit chez M. Laffitte, si vous veniez à Paris, soit si l'un de vos collègues pouvait exceptionnellement le porter aux Vattis. De quelque manière que vous en preniez connaissance, vous verrez que mes précautions permettront de participer à cet office sans aucun déplacement; ce qui me laisse espérer une acceptation à laquelle j'attache beaucoup de prix.

Tout à vous,

AUGUSTE COMTE.

(*10, rue Monsieur-le-Prince*).

XXIX

A Monsieur HADERY, aux Vattis (Allier).

Paris, le vendredi 25 Moïse 68.

Mon cher disciple,

Le mode que vous me proposez pour avoir une copie de mon testament, conviendrait mal, outre l'inélégance d'une telle transcription, à l'étendue de cet acte, qui, quand on le publiera, n'occupera pas moins d'une trentaine de pages équivalentes à celles de ma *Politique*, y compris les additions dont il est maintenant inséparable, et sans compter les pièces justificatives finalement destinées à la même publicité. Mais, en répondant tout à l'heure à M. Audiffrent, je vais ébaucher une autre solution, qui sera plus convenable. Il doit, en avril, venir ici passer trois mois, pendant lesquels il aura tout le temps de prendre pour lui-même une copie textuelle et complète de mon testament. Comme je sais que, depuis longtemps, M. Audiffrent compte alors vous voir, soit en allant, soit en revenant, je lui recommanderai de réserver cette visite pour son retour. Dès lors, s'il reste chez vous une semaine, pendant laquelle il pourrait médicalement fraterniser avec le Dr Sauria, vous pourrez exécuter, d'après la sienne, une copie qui n'exige pas moins de vingt heures, quoique la lecture se fasse en une heure et demie.

Votre touchante gratitude m'est extrêmement précieuse, non seulement comme l'une de mes meilleures récompenses, mais surtout en manifestant la plénitude et la consistance de votre régénération. Quand un éminent praticien, quoique absorbé par l'activité, sans cesser d'apprécier et de cultiver l'intelligence, est ainsi parvenu jusqu'à faire dignement prévaloir le sentiment, toute l'évolution cérébrale se trouve accomplie et la conversion devient inébranlable. Je suis de plus en plus convaincu que le positivisme a déjà commencé réellement à rallier *les âmes d'élite*, auxquelles je livre le monde comme Mahomet aux *vrais croyants* et Cromwell aux *saints*. Elles n'ont besoin, pour en prendre possession, que d'être plus unies entre elles, en devenant plus dévouées à leur mission et mieux subordonnées au chef commun. C'est ce qui manque à mes meilleurs disciples vu leur origine révolutionnaire, dont les habitudes persistent, malgré la rénovation des convictions, et même des sentiments. Telle est ma principale entrave, résultée de ce que, ayant à terminer une révolution plus intellectuelle que sociale, je n'ai pu d'abord convertir que des sceptiques, tandis que saint Paul et Mahomet, pour un mouvement plus social qu'intellectuel, trouvèrent des disciples qui n'avaient jamais été dépourvus de convictions quelconques. Aussi, malgré l'intensité des luttes qu'ils durent soutenir, ils obtinrent des dévouements vraiment complets; au lieu que je dois, à tout instant, m'attendre à me voir, sans conflit extérieur, passagèrement abandonné de tous les miens, d'après l'insubordination qu'ils ont puisée dans l'état négatif où l'âme, privée de règles, subit la domination de la pure personnalité.

Ces indications vous feront sentir combien j'attache de prix aux dignes fraternisations que je vois enfin surgir entre mes meilleurs disciples, comme vous et M. Foley venez de m'en fournir un exemple décisif. La postérité s'étonnera qu'une doctrine complète, précise, concordante, et même opportune, ait tant tardé dans son avènement au milieu d'une anarchie qui ne permet aux adversaires aucune résistance sérieuse, faute de convictions contraires, quoique cette doctrine eut déjà gagné d'éminents adeptes. On ne peut expliquer un tel contraste que d'après la dispersion des positivistes, dont la conversion, jusqu'ici commencée par l'esprit, n'a point assez atteint le cœur pour qu'ils puissent déjà former un véritable *faisceau*, bientôt irrésistible malgré leur petit nombre. Je voudrais maintenant que vous eussiez l'occasion d'instituer un contact personnel avec notre principal triumvir, M. Magnin, auquel je pensai dès 1848, trois ans avant vous, et que je regarde de plus en plus comme supérieur à Danton sous tous les rapports, de manière à voir en lui notre Cromwell positiviste. Il serait également désirable que vous puissiez directement fraterniser avec votre troisième collègue au triumvirat, M. Deullin, jeune banquier d'Épernay, que je n'ai pas encore informé de la mission dont je l'ai secrètement jugé digne depuis plus d'un an.

En vous renvoyant ci-jointes les lettres du Dr Sauria, je vous prie de l'engager à persister dans son projet, sauf amélioration. Quoique nous devions fuir le journalisme, qui sera bientôt ameuté contre nous autour de M. Littré, nous devons exceptionnellement utiliser le journalisme médical, où le public vaut mieux que les écrivains. Il peut nous servir à développer la mémorable affinité que signale ma nouvelle circulaire dont vous aurez bientôt quatre exemplaires, y compris trois de propagande. Mais le Dr Sauria doit beaucoup améliorer son ébauche d'exposition, où le cerveau semble un appareil essentiellement intellectuel ; tandis qu'il est surtout affectif. L'homme s'y trouve trop isolé de l'Humanité, vaguement confondue avec le *milieu*. Des deux milieux, l'un matériel, l'autre social, dont le premier enveloppe le second, le plus intérieur constitue, non un milieu, mais un Grand-Être, auquel chaque homme adhère, de cœur et d'esprit, par son cerveau, qui constitue notre *placenta* vis-à-vis de l'Humanité, passée, future et présente. Tel est l'esprit synthétique suivant lequel notre estimable docteur doit écrire sur la folie, après avoir relu ma théorie cérébrale au dernier chapitre du tome Ier de ma *Politique*, plus les aperçus indiqués au troisième chapitre du tome IVe.

Après ces lectures et méditations théoriques, la meilleure préparation consisterait à lire, en espagnol, l'incomparable épopée de Cervantès, dont une bonne traduction est presque impossible, et qui, depuis deux siècles et demi, constitue le meilleur livre publié sur la vraie théorie de la folie, tant les poètes sont aptes à devancer les philosophes, cet admirable tableau ne pouvant être théoriquement surpassé que d'après le positivisme. Si le Dr Sauria ne peut lire ce poème qu'en français, il en tirera beaucoup moins de fruit, mais cependant de manière à perfectionner notablement ses idées et son essai sur ce grand et difficile sujet, où les médecins positivistes doivent bientôt puiser la source spéciale et directe de leur ascendant synthétique.

Quant au mode de déclaration, je ne saurais trop recommander une digne franchise en signalant le fondateur de la doctrine que notre docteur appliquera. L'exemple de M. Foley, dont on avait cru que la thèse serait écartée parce qu'il m'avait nommé, prouve clairement que ces ménagements sont aussi superflus que vicieux. Il ne faut pas espérer que les positivistes prévaudront en dissimulant leur chef et cachant leur drapeau. Notre avènement serait plus avancé si mon principal propagateur avait autant fait ressortir ma personne que le firent plus tard mes adversaires américains quand ils me placèrent avec Aristote et Bacon, tout en attaquant ma doctrine. Quoique je regarde le Dr Sauria comme supérieur à la secrète tactique qui dirigea ce silence affecté de M. Littré, je l'invite à considérer que nous ne devons jamais accepter la discipline des autres, mais imposer notre initiative quand on l'accueille, sauf à nous taire lorsque nous ne pouvons point parler avec la plénitude et l'autorité propres aux véritables chefs du dix-neuvième siècle.

J'ai bien pensé que votre préférence actuelle pour la langue anglaise auprès de votre jeune élève tenait à ce que vous ne savez pas l'italien. Mais je suis tellement convaincu qu'il vous deviendra bientôt familier que mon testament vous a légué mon exemplaire usuel de la *Divina Commedia*, dont je lis un chant chaque soir depuis le 1er janvier 1848. Outre les motifs esthétiques et moraux, vous êtes, comme futur triumvir, spécialement obligé de vous rapprocher des Méridionaux, vers lesquels doit maintenant incliner la politique française, même avant qu'elle devienne positiviste. L'étude de l'italien d'abord, puis de l'espagnol, en un an pour chaque langue, constitue, à votre égard, une préparation non moins précieuse que celle de l'histoire, dont je me félicite que vous soyez enfin occupé. Votre jeune pupille, sur lequel je vous invite à conserver plus d'espoir, pourra profiter de ces travaux accessoires, surtout s'il a reçu quelque ébauche d'instruction esthétique, musicale ou graphique, d'où pourrait surgir la terminaison de sa torpeur cérébrale, due peut-être aux vices de son éducation plutôt qu'à ceux de sa nature.

Tout à vous,

AUGUSTE COMTE.

(10, *rue Monsieur-le-Prince*).

P.-S. — Devant commencer le 1er février le volume que je compte publier en octobre sur la *Logique positive* ou *Philosophie mathématique*, première partie de ma *Synthèse subjective*, je vais reprendre, pendant sept mois, mon régime de travail, où je ne sors que le mercredi, ma semaine commençant le vendredi matin et finissant le mardi soir. Mais, comme en élaborant ma *Politique*, le jeudi restera toujours réservé tout entier pour les entrevues et correspondances. Cette nouvelle session de travail ne doit donc entraver nullement vos lettres, qui recevront toujours des réponses presque aussi promptes que pendant mon année de chômage.

XXX

A Monsieur ***HADERY***, *aux Vallis (Allier).*

Paris, le jeudi 10 Archimède 68.

Mon cher disciple,

Voici le reçu correspondant au mandat annoncé dans votre lettre du 3 Archimède, arrivé de Lyon par M. Chavard avant-hier, et payé le même jour. Je ne suis pas étonné que votre nature profondément sympathique ait pleinement accueilli la digne communication de M. Foley sur la dernière cérémonie positiviste. Il est fort regrettable que de tels événements passent inaperçus dans un milieu qu'ils pourraient fortement édifier s'ils avaient la publicité convenable, d'après laquelle tout l'Occident serait aujourd'hui préoccupé de notre célébration du 6 mars, la plus importante, il est vrai, des manifestations religieuses du positivisme jusqu'à présent. Mais vous savez que j'ai terminé l'*Appel aux Conservateurs* en demandant formellement le Panthéon, qui m'appartient, puisque j'ai seul institué le culte des grands hommes, auquel son inscription rappelle qu'il fut spécialement destiné. Dans ma prochaine préface, et puis en toute autre occasion opportune, je reproduirai cette demande, en lui consacrant même, s'il le faut, une brochure ou circulaire spéciale. Elle est pleinement raisonnable, et pure de toute oppression envers le catholicisme, auquel je me garderais bien de ravir Notre-Dame, si l'on me l'offrait, mais qui ne peut rien faire du temple que je réclame. On doit donc prévoir que je finirai par l'obtenir, soit du dictateur actuel, soit de son successeur, et toutes nos célébrations étant alors accomplies là, sous l'invocation spéciale de sainte Geneviève, dont je ferai placer la statue colossale au sommet du Panthéon, notre religion aura bientôt acquis son ascendant nécessaire.

Dans la cérémonie dont nous parlons, j'ai fait irrévocablement connaître ma résolution de ne plus *professer*, dût-on m'offrir pour mes cours toutes les salles convenables. La religion positive étant pleinement instituée, je ne puis plus parler en public que comme Grand-Prêtre de l'Humanité ; c'est à notre temple qu'on viendra m'entendre sur la philosophie de l'histoire, esthétiquement exposée par les soixante-cinq apothéoses fondamentales du calendrier occidental. En me refusant une salle l'an dernier, le gouvernement a mieux senti que moi-même, quoique empiriquement, la dignité de mon caractère définitif, qui n'est plus philosophique mais sacerdotal. Alors s'est reproduit un phénomène analogue à celui qui me fit, l'année d'avant, renoncer à fonder une Revue quelconque, par suite de la répugnance que ce projet inspira spontanément à mon public, sentant instinctivement que toute attitude de journaliste était incompatible avec ma mission, dont la plus prochaine efficacité doit naturellement consister à délivrer l'Occident du fléau journalique. Mais l'ensemble de mon attitude est maintenant complet, et je saurai la développer avec l'inflexibilité convenable, en évitant toute altération d'unité.

Quant à votre question sur les croyances du dictateur actuel, je suis pleinement convaincu que c'est un pur sceptique. Mais, à ce titre même, il subit, en vertu de son propre aphorisme, le joug catholique inévitablement imposé par le siècle de la construction à tous les sceptiques, et dont les vrais positivistes sont seuls préservés aujourd'hui, parce qu'ils ont *remplacé* ce que les autres croient avoir *détruit*. L'hypocrisie, dégradante autant qu'oppressive, à laquelle sont ainsi condamnés les négativistes actuels doit spécialement peser sur ceux qui dirigent les affaires publiques ; mais l'existence purement privée n'en exempte pas, comme vous le voyez chez tant de chefs de famille envers les femmes et les enfants qu'ils ne sauraient gouverner avec des doutes ou des négations. Cependant, une telle attitude ne peut plaire à personne, quelque nécessaire qu'on la juge, et je pense comme vous que notre dictateur en est particulièrement dégoûté, surtout par suite des tentatives inacceptables, et même compromettantes, auxquelles il donne ainsi prise chez les meneurs catholiques. Quelque arriérée, et même épuisée, que soit réellement leur synthèse, l'impossibilité de gouverner sans une doctrine organique leur procure une influence qu'on ne peut éteindre qu'en se proclamant positiviste. Peut-être, comme vous le présumez, cette alternative est-elle confusément appréciée par le chef actuel du peuple central, et contribue-t-elle aux ménagements évidemment exceptionnels, qu'on m'accorde. Toutefois, cette tolérance est aussi due au respect involontaire qu'inspire une doctrine d'ordre, fondée par un philosophe dont la conduite politique fut toujours en harmonie avec elle, et, peut-être même, à la perspective de la prépondérance que j'aurai dans la postérité sur celui qui doit maintenant aspirer à ce complément de triomphe, après avoir été, plus qu'aucun autre personnage historique, abreuvé de suffrages universels.

Par suite de ces dispositions, ma demande caractéristique envers le Panthéon pourrait être accordée plus promptement qu'on ne le pense. Cette concession décisive fournirait au dictateur un moyen normal de faire sentir aux meneurs catholiques que le gouvernement reconnaît l'existence et respecte l'attitude d'une religion ouvertement destinée à remplacer celle du moyen âge. Si ces hommes abusent de leur position pour aspirer à dominer, ce moyen de les tenir en échec pourrait être prochainement invoqué. Le gouvernement peut se trouver conduit à se servir autant du positivisme contre la rétrogradation que contre l'anarchie. Tel serait surtout le cas si le dictateur actuel se trouvait momentanément remplacé par l'anarchie parlementaire qui ferait bientôt recourir à la légitimité.

L'heureuse terminaison de l'épisode militaire suscitée par l'incident russe va prochainement modifier la situation, en reportant sur les affaires intérieures l'attention momentanément détournée au dehors. Cette modification graduelle doit offrir au positivisme une grande facilité pour manifester son aptitude organique au milieu des utopies plus ou moins anarchiques qui vont fleurir. Mais les positivistes doivent se tenir au niveau de cette mission en développant l'attitude purement consultative que je leur ai tracée, en laissant les gouvernants et les gouvernés se débattre dans les ténèbres, et proclamant leur office de *régler la vie humaine au nom de l'Humanité*. Tout l'épisode qui vient de finir a confirmé la politique extérieure du positivisme. Sa terminaison va donner accès à notre politique intérieure, en faisant bientôt surgir le besoin de transformer l'armée en gendarmerie depuis que le prestige russe est irrévocablement dissipé.

Je me félicite que vous ayez spontanément senti le besoin d'un contact personnel avec votre éminent collègue M. Magnin. Il m'a, de son côté, témoigné le même désir, qui pourrait se réaliser bientôt par une visite aux Vattis, si, comme il le présume, son chef l'envoie en service industriel à Lyon. De tous les contacts que je désire entre mes meilleurs disciples, c'est celui-là qui doit le plus influer sur l'essor du positivisme.

Suivant les consciencieuses explications auxquelles la majeure partie de votre lettre se trouve consacrée, l'élève privé que sa mère vous a confié ne mérite aucunement votre sollicitude ultérieure qui serait mieux appliquée au fils d'un de vos ouvriers. Je vous engage donc à replacer ce jeune homme sous la direction maternelle, qui pourra bientôt se voir conduite à ne trouver d'issue qu'en l'enrôlant comme marin pour quelques années, s'il ne veut pas accepter un apprentissage mécanique. Les exigences de la vie active me paraissent fournir le seul moyen de développer un tel être, dont la perte serait d'ailleurs peu regrettable.

M. Gagneur ne m'a pas fait encore la visite que vous m'annoncez.

Tout à vous,

AUGUSTE COMTE.

(*10, rue Monsieur-le-Prince*).

M. Audiffrent doit arriver à Paris aujourd'hui, pour y séjourner deux mois au moins.

XXXI

A Monsieur HADERY, aux Vattis (Allier).

Paris, le jeudi 24 César 68.

Mon cher disciple,

Votre éminent collègue M. F. Magnin est hier parti pour Lyon, où son séjour doit être fort court. Il espère se trouver auprès de vous, pour y rester un ou deux jours, dès dimanche ou lundi. Je me félicite de voir prêt à se réaliser le contact que j'ai tant souhaité de mes deux meilleurs disciples praticiens, que je présume destinés à devenir, sous mes yeux, deux des trois dignes chefs du peuple initiateur. La conversation intime de l'auteur du premier opuscule publié par la Société positiviste vous fera mieux apprécier la valeur de l'homme d'État qui, dans ce *Rapport sur la question du travail*, nous dota du lumineux axiome : *Le travail ne peut jamais manquer*. Hier j'ai fait formellement connaître à la Société positiviste la disposition de mon testament qui proclame M. Magnin comme président perpétuel de cette association après ma mort, avec le libre choix de son propre successeur, suivant la loi de l'hérédité sociocratique.

M. Audiffrent est ici depuis six semaines, et compte y rester encore autant. A son retour, il passera quelques jours auprès de vous, vers le commencement de juillet. Il vous y communiquera la copie qu'il a déjà faite de mon testament, et pourra même vous la laisser si vous désirez en faire une autre à votre aise, jusqu'à ce qu'il la reprenne en revenant à Paris, au mois d'avril prochain.

J'ai reçu, le 17 avril, la visite que vous m'aviez annoncée de M. Gagneur, avec sa souscription de 20 francs au subside positiviste de 1856. Sa conversation, quoique toujours superficielle, a confirmé les espérances de régénération que je n'ai jamais cessé de conserver à son égard, malgré sa dernière chute.

Tout à vous,

AUGUSTE COMTE.

(*10, rue Monsieur-le-Prince*).

XXXII

A Monsieur **HADERY**, *aux Vattis* (*Allier*).

Paris, le jeudi 10 Saint-Paul 68.

Mon cher disciple,

Quoique votre double lettre de vendredi me soit arrivée dimanche matin, je ne l'ai lue, et même ouverte que le soir, après avoir achevé ma séance accoutumée du grand travail commencé le 1er février.

En attendant, je n'ai pu m'empêcher de conjecturer sur son volume exceptionnel, qui me faisait espérer d'importants détails sur la précieuse visite de M. Magnin, et peut-être un billet de lui. J'ai donc été fort désappointé d'y trouver la juste expression de l'étonnement, et même de l'inquiétude, que vous éprouvez pour ne l'avoir pas encore vu, malgré l'annonce que je vous avais faite d'après lui-même. Toutefois, quoique je sois sans aucune nouvelle, indirecte ou directe à son égard, j'espère qu'aucun accident n'est survenu, tout cela pouvant s'expliquer par la prolongation de son séjour à Lyon, où j'étais surpris qu'il comptât fonctionner si vite, et puis dans son pays, à la frontière sarde de l'Isère, qu'il comptait aussi visiter avant vous, mais seulement pour un jour. Lorsque vous lirez cette réponse il aura probablement réalisé déjà son heureux projet : en tout cas, l'ignorance où je suis de son adresse à Lyon ne me permet pas de lui transmettre l'officieux avis inspiré par votre cordiale sollicitude.

D'après les détails que vous me donnez sur M. Dubreuil, que M. Audiffrent s'est très bien rappelé, je regrette beaucoup de n'avoir pas reçu sa visite, et d'autant plus que je n'ai pas l'espoir prochain de le voir avec vous. Quand même le subside positiviste me procurerait cette faculté, je ne puis, cette année, quitter Paris, puisque mon volume actuel, dont j'ai commencé lundi la seconde moitié, ne sera terminé qu'à la fin d'août. J'en ferai commencer l'impression avec juillet, pour qu'il paraisse en octobre, comme je l'ai promis. La correction des épreuves et les premiers soins de la publication vont donc me retenir jusqu'à la fin de la saison normale des excursions. Il ne faut donc espérer ma visite, aussi désirée par moi que par vous, que pour l'an prochain, où je chômerai complètement, en préparant ma *Morale positive*, principale partie de la *Synthèse subjective* que j'ai commencée. Ayant promis l'an dernier, après l'heureuse réconciliation dont je me félicite d'avoir dignement pris l'initiative, d'aller voir mon vieux père en août 1857, j'espère bien réaliser ce projet, s'il vit encore, et j'y rattacherai notre précieuse entrevue. Relativement à l'état présent du subside positiviste, quoiqu'il ne m'inspire pas des inquiétudes immédiates, je ne suis nullement certain jusqu'ici d'éviter cette anné la triste reproduction des appels exceptionnels que son insuffisance spontanée a toujours exigés auparavant.

Votre lettre sur M. Dubreuil me fournit une confirmation spéciale de l'aptitude que j'ai souvent admirée en vous à juger et caractériser les hommes, conformément aux exigences normales de la haute mission pratique que je me félicite de vous avoir finalement assignée. On peut garantir qu'un portrait est ressemblant sans connaître l'original. Quoique je n'aie jamais connu votre digne ami, je suis certain que l'appréciation que vous m'en tracez se trouve essentiellement exacte ; nos confrères, à qui je la lisais hier soir, en ont porté le même jugement, spécialement confirmé par M. Audiffrent.

La noble déclaration qui termine cette lettre vérifie combien vous êtes digne de la destination exceptionnelle dont vous sentez si bien le poids et les conditions. J'espère que vous jugerez pareillement M. Magnin, et que votre contact personnel consolidera votre commune mission sociale. A mesure que la situation occidentale se développe, ce grand projet prend plus de consistance, aux yeux de tous ceux qui savent dignement attendre l'avenir en le préparant avec sagesse. Il faut maintenant regarder comme venu le moment où les positivistes doivent ouvertement prétendre à dominer un milieu déréglé ; d'abord par les conseils, puis par le commandement, en surmontant les révolutionnaires et les rétrogrades. Mon *Appel aux Conservateurs* a réellement inauguré cette nouvelle ère, où, d'après une doctrine entièrement établie, nous venons développer la proclamation décisive que je fis en 1851, et qui commença la préface de notre *Catéchisme*, en 1852.

Depuis la récente terminaison, conforme aux prévisions positivistes, de l'épisode militaire qui suspendit deux ans les aspirations sociales du peuple régénérateur, elles y tendent vers un nouvel essor, qui sera bientôt irrévocable, puisqu'il s'accomplira sous une doctrine susceptible de le diriger à la satisfaction commune des gouvernants et des gouvernés, également lassés de l'empirisme anarchique et rétrograde. C'est surtout de notre attitude et de notre conduite que dépendra l'efficacité de notre mission, en un temps où tous sentent le besoin de régler la vie humaine, tant privée que publique, et reconnaîtront bientôt notre aptitude à cet égard, si notre existence est en suffisante harmonie avec notre doctrine, dont la supériorité morale devient aussi prononcée maintenant que sa prééminence intellectuelle.

Nous avons graduellement conquis, en garantissant l'ordre, toute la liberté qu'exige le progrès. Elle s'étend de mes volumes à mes brochures, et même aux manifestes où j'ouvre chaque année en proclamant la *République Occidentale* sous le timbre impérial, qui protège leur transport légal. Le précieux opuscule que vous avez récemment reçu de M. de Constant prouve, ne fût-ce que d'après son audacieuse épigraphe, que ce privilège, borné d'abord à moi seul, s'étend maintenant à tous les vrais positivistes. Rien ne nous manque donc pour remplir notre mission que d'être constamment conformes à ses conditions essentielles. Tous les positivistes, tant praticiens que théoriciens, doivent maintenant se regarder comme des auxiliaires du sacerdoce régénérateur, en prenant une attitude purement consultative, à titre de conseillers libres et gratuits d'un gouvernement qu'ils respectent et consolident, en quelques mains qu'il réside, certains que les vues d'avenir ne peuvent être accueillies par un pouvoir qui n'a pas une suffisante sécurité pour le présent. Sans jamais dissimuler que le conseil prépare le positivisme au commandement, nous devons toujours reconnaître que notre avènement politique exige l'élaboration préalable de l'opinion publique outre la digne préparation de nos propres hommes d'État, et que le pouvoir doit nous être librement transmis par ses possesseurs quand ils sentiront épuisées leurs ressources contre l'anarchie, toute chance d'élévation violente étant, à notre égard, absurde en fait, et d'ailleurs contraire à nos principes. Je n'ai nullement souhaité, ni même approuvé, les secousses de 1830 et de 1848, quoique j'aie tâché de les utiliser après leur accomplissement; en se conduisant ainsi, les positivistes, devront toujours prévoir les orages, et s'efforcer d'abord de les prévenir, puis de les adoucir, enfin de les utiliser; mais en se regardant comme librement associés aux gouvernements occidentaux, sans jamais seconder aucune opposition, dont pourtant ils obtiendront le respect involontaire, outre qu'aucun parti ne les jugera ses concurrents au pouvoir.

Cette attitude collective doit être dignement complétée par la conduite individuelle, d'après laquelle les plus obscurs positivistes peuvent mieux participer à l'avènement de notre foi que ses plus brillants apôtres, écrits ou verbaux, en prouvant que ceux qui viennent régler la vie humaine ont d'abord réglé la leur, de manière à dissiper la seule incertitude qui reste aux empiriques honnêtes sur l'efficacité morale du positivisme. En déterminant, chez les rétrogrades sincères, des impressions analogues à celles que votre noble existence produit sur la tante fanatique dont vous me parlez, les positivistes seront involontairement jugés comme ayant des natures d'élite, puisqu'on expliquera leur moralité pratique malgré leur état théorique. Mais, à mesure que les cas se multiplieront, les empiriques de bonne foi passeront du *quoique* au *parce que;* faute de pouvoir supposer un mérite exceptionnel chez tant d'âmes, ils seront bientôt forcés d'attribuer leur valeur à la commune doctrine, dont le sort sera désormais assuré.

Suivant cet ensemble de motifs, notre marche consiste à devenir aujourd'hui les *directeurs de l'opinion publique*, toujours conciliants envers les praticiens, mais inflexibles contre les faux théoriciens, dont nous venons terminer l'usurpation, en installant le vrai pouvoir spirituel, annoncé, depuis trente ans, par mes opuscules fondamentaux. C'est ainsi que nous obtiendrons le concours, au moins passif, des vrais catholiques, pour la suppression du budget ecclésiastique, qui rend purement temporelle la discipline cléricale et dégrade l'influence sociale du sacerdoce, dès lors incapable d'élaborer ou d'appliquer la morale universelle, autant supérieure aux gouvernants qu'aux gouvernés. Il faut d'abord éteindre l'inconséquence qui laisse la plupart des positivistes, malgré leurs convictions, à la disposition des métaphysiciens qu'ils méprisent, d'après la funeste habitude de lire des journaux ou revues que publie le pouvoir anarchique dont nous venons délivrer l'Occident : ce n'est pas seulement à moi que convient l'entière abstinence que j'ai scrupuleusement observée à cet égard depuis l'année 1838, et sans laquelle on ne saurait éviter de rétrécir l'esprit et de gâter le cœur par le contact journalier de l'empirisme et de l'égoïsme.

Afin d'installer cette attitude, individuelle et collective, des vrais positivistes, qui, comme directeurs, doivent surtout conquérir et garder l'initiative de l'opinion publique, je viens d'y mettre à l'ordre du jour une question spéciale, éminemment décisive, et spécialement opportune depuis la récente terminaison de l'épisode militaire résulté de l'incident russe. Il s'agit de la paisible restitution de Gibraltar à l'Espagne, obtenue par un digne appel à la moralité britannique, surtout chez les prolétaires. Cette monstruosité politique, qui dure depuis un siècle et demi, n'est pas moins blâmable que la possession de Calais pendant deux siècles, que personne n'oserait aujourd'hui justifier. La coopération que vient de faire sentir le besoin de resserrer les nœuds de l'occidentalité doit maintenant conduire à cette restitution. Puisque l'ambassadeur russe n'a pas soulevé cette question dans le dernier congrès, c'est aux positivistes qu'il appartient d'inaugurer leur office occidental en la posant avec persévérance et dignité. Nous y pouvons d'autant mieux réussir qu'elle ne demande à l'Angleterre que le sacrifice d'une possession plus onéreuse que profitable, y compris même la contrebande qu'elle facilite. Mais la question ne peut être convenablement posée que par les positivistes britanniques, comme celle de la restitution de l'Algérie aux Arabes convient aux positivistes français, suivant mon exemple constant.

Je viens donc de faire, à cet égard, un appel spécial à celui que je crois apte à devenir, malgré sa jeunesse, le chef de notre église en Angleterre. Cette initiative inattendue des positivistes les posera dignement, et pourra bientôt produire des résultats supérieurs à l'importance immédiate d'un tel cas.

Si nous obtenions ce succès, il nous servirait prochainement à former l'opinion germanique de manière à faire paisiblement cesser l'oppression de l'Italie par l'Autriche. En outre, la réaction occidentale, et spécialement française, de la question de Gibraltar, tend à transformer la routine diplomatique qui nous fait préférer l'alliance anglaise aux alliances méridionales, seules convenables au peuple investi de la régénération universelle. L'appel britannique devant être adressé surtout aux prolétaires, cette masse décisive, qui se tait depuis Cromwell, aurait ainsi lieu de reprendre dignement l'initiative sociale, dans une réclamation spontanément désintéressée.

Tout à vous,

AUGUSTE COMTE.

(10, rue Monsieur-le-Prince).

XXXIII

A Monsieur HADERY, aux Vattis (Allier).

Paris, le mardi 15 Charlemagne 68.

Mon cher disciple,

Un jour exceptionnel de chômage, entre la terminaison du second tiers et le commencement du dernier de mon nouveau volume (dont l'impression commence), me dispense d'attendre mon repos habituel du jeudi pour répondre à votre excellente lettre de mercredi, que j'ai reçue samedi. Vous avez dû recevoir hier l'exemplaire que je vous envoyai dimanche, par la poste, de l'opuscule de M. de Constant, dont je me félicite de vous avoir parlé, puisque cela m'a conduit à savoir qu'il ne vous était pas parvenu. J'ai disposé pour vous d'un de ceux que l'auteur me laissa dans l'intention de réparer, au besoin, les oublis involontaires qu'il aurait commis en distribuant cette publication à tous les coopérateurs du subside positiviste.

La première partie de votre lettre m'a profondément satisfait en me prouvant que, suivant mes prévisions, vous avez dignement apprécié M. Magnin, qui m'avait déjà témoigné l'affectueuse admiration qu'il éprouve à votre égard et qu'il fait cordialement partager à tous ceux de nos confrères dont vous n'êtes pas connu directement. Cette visite devient un véritable événement pour le positivisme, qui, dans une telle entrevue, trouve la confirmation de son aptitude à liguer les âmes d'élite par la régénération universelle qu'elles sont aujourd'hui destinées à diriger. De tels contacts doivent beaucoup développer les sentiments qui conviennent à notre mission, le zèle et la confiance qu'elle exige, en faisant mieux sentir la consistance et l'opportunité d'une foi capable d'inspirer des sympathies aussi décisives, entre d'éminents collègues, restés personnellement étrangers l'un à l'autre jusqu'alors. Propre aux croyances indiscutables, le fanatisme est irrévocablement éteint avec elles ; à sa place surgit l'enthousiasme qui, convenant aux convictions démontrables, devient le privilège des positivistes, seuls aujourd'hui susceptibles d'un véritable dévouement, d'où dépend leur domination universelle. Il faut maintenant commencer à manifester et développer ce caractère, que j'ai récemment résumé par ce vers systématique : *Conciliant en fait, inflexible en principe*. J'ai déjà l'espoir que le début spécial dont je vous ai parlé sur la question de Gibraltar ne tardera pas à s'accomplir chez mes disciples britanniques, pour être bientôt secondé par leurs divers frères occidentaux.

Un important passage de votre lettre me donne lieu d'appeler votre attention sur l'opportunité de réaliser le projet que j'annonçai, dès 1841, dans une note du cinquième volume de la *Philosophie positive*, pour liguer le positivisme et le catholicisme contre le déisme et le protestantisme, aussi vicieux socialement qu'intellectuellement. Il faut maintenant pousser les protestants et les déistes à choisir entre la foi catholique et la foi positive, seules capables d'organiser, en reconnaissant l'inanité des opinions purement critiques ou négatives. On doit même désirer que l'Angleterre et l'Allemagne redeviennent catholiques, en laissant leurs meilleurs organes adopter le positivisme, de manière à faire irrévocablement disparaître les écoles métaphysiques, comme entièrement discordantes avec le besoin de construction qui caractérise notre siècle. La question sera bientôt décidée quand le débat sera seulement entre nous et les catholiques pour la réorganisation spirituelle de l'Occident. Nous devons donc nous féliciter que les meneurs catholiques poussent le scepticisme hypocrite à des concessions croissantes, qui feront promptement tourner les gouvernants vers le positivisme, comme seule garantie organique contre une intolérable oppression. Je regrette que ce parti n'ait pas eu l'énergie et l'habileté d'utiliser la situation pour nous débarrasser de l'Université, que les Jésuites pouvaient aisément détruire sous la Restauration, s'ils avaient eu plus d'audace et de confiance. Nous devons concourir avec eux sur la nécessité d'une religion universelle, et sur l'impuissance religieuse du protestantisme ou du déisme, en obligeant toutes les âmes équivoques à choisir entre les deux seules croyances qui puissent vraiment poser la question d'ordre.

C'est le sentiment confus d'une telle alternative qui rend de plus en plus vraisemblable votre hypothèse sur la source, involontaire ou sentie, des ménagements exceptionnels qu'on m'accorde, afin de n'être pas écrasé par le catholicisme au nom d'une reconstruction par laquelle le positivisme institue une insurmontable concurrence, dont nos sceptiques hypocrites éprouvent le besoin. Il eût suffi, dans ces dernières années, d'une secrète insinuation sur la perte du brevet de mon imprimeur pour m'empêcher de promulguer la religion positive. Mais, sa construction étant maintenant complète et publique, rien ne peut plus arrêter son influence croissante, que la persécution quelconque tendrait beaucoup à développer. Pour peu que les catholiques nous aident en faisant des demandes de plus en plus indiscrètes, on ne tardera pas d'invoquer le positivisme comme seul capable de lutter contre une croyance oppressive en satisfaisant mieux aux besoins moraux et sociaux sur lesquels repose son ascendant actuel. Les amis de l'ordre ont plus peur de la rétrogradation que les partisans du progrès ne sont effrayés de l'anarchie ; en sorte que nous serons plus promptement et plus sérieusement invoqués par ceux-là que par ceux-ci.

Je suis profondément touché des nobles sentiments et des sages réflexions, propres à la seconde partie de votre lettre, sur la question personnellement soulevée, avec plus de zèle que de discrétion, dans les lettres de M. Foley. Dans l'année 1853, il parvint à marier, en moins de trois mois, l'un de mes dignes disciples, le Dr Carré, mon principal médecin, alors âgé de quarante-un ans. Ce mariage a fort bien tourné, quoiqu'il fût, certes, trop aventureux. Un tel succès excite la verve cordiale de M. Foley, tellement sincère à cet égard qu'il est lui-même sur le point de faire un mariage précipité, que pourtant il fait un peu ralentir à ma prière. Il m'avait déjà parlé de ses projets à votre égard, avant même de recevoir la consciencieuse réponse que vous fîtes à ses instances fraternelles mais irréfléchies. Le succès qu'il obtint pour M. Carré n'est qu'une heureuse anomalie, qui ne devrait aucunement motiver une solution hasardeuse du principal problème de la vie privée.

Quoique touché de votre noble déférence, je vous invite à ne jamais craindre que je vous conseille de quitter la civique entreprise à laquelle vous avez dignement voué six années d'une énergique et sage activité. C'est le fondement de votre situation privée, et le gage de votre élévation publique : il doit être avant tout respecté. Si vous ne trouvez pas une épouse digne de vivre avec vous aux Vattis, il faut rester célibataire, et disposer votre existence suivant cette obligation, que la nécessité va peut-être imposer aux meilleurs positivistes, malgré leur sincère appréciation du lien conjugal. Une paysanne, ou du moins prolétaire, se serait aisément adaptée à votre situation, mais vos observations sur l'indignité physique et morale de celles qui vous entourent ne permettent plus cette hypothèse. D'une autre part, une bourgeoise, parisienne ou même provinciale, s'arrangera difficilement de la vie des Vattis, et ses regrets vous auraient bientôt découragé.

Si la conscience et la raison vous forcent, dans une situation devenue immuable pour longtemps, de garder le célibat, vous y trouverez des compensations inconnues à ceux que l'instinct sexuel empêche de bien apprécier les contacts féminins. Une paysanne, qui ne serait pas digne de vous épouser, peut mériter de devenir, avec son mari, votre ménagère, en vous vouant un attachement que votre épouse interdirait, et qui pourra vous procurer de pures et profondes satisfactions. Vous n'avez pas besoin de devenir matériellement père pour éprouver l'efficacité morale de la paternité, si vous pouviez un jour trouver un digne objet d'adoption. Enfin votre liberté personnelle vous permet de livrer pleinement votre cœur à celle qui pourrait vous inspirer une chaste tendresse, que vous devriez comprimer si vous viviez avec une épouse mécontente de son sort mais irréprochable dans sa conduite. Toutes ces chances de bonheur privé, spontanément conformes à la vie publique, ne doivent pas être maintenant abandonnées pour un mariage de convenance, dont l'objet vous est même inconnu. Le mariage vous conviendrait si vous inspiriez et ressentiez une profonde affection pour une personne qui, sachant vous apprécier et connaissant votre situation, viendrait cordialement partager votre active solitude. Mais, sans cela, je sais trop combien est funeste une mauvaise union pour vous engager à jamais quitter un digne célibat, que vous pouvez beaucoup utiliser, socialement et moralement, si la nécessité vous force à le perpétuer, comme je le crains, malgré mon vif désir de voir votre civique existence convenablement enveloppée du meilleur sort privé.

Tout à vous,

AUGUSTE COMTE.

(*10, rue Monsieur-le-Prince*).

P.-S. — Je vous félicite d'avoir spontanément adopté le régime cérébral que je recommande à mes vrais disciples à l'égard du journalisme, dont nous ne devons pas alimenter l'essor, principale entrave de notre ascendant.

M. Audiffrent, qui part après-demain, vous dira qu'il me laisse en parfaite santé, malgré des inquiétudes naissantes sur la prochaine insuffisance dont je suis de nouveau menacé quant au subside positiviste, pendant que je vais dignement achever mon volume actuel.

XXXIV

A Monsieur HADERY, aux Vattis (Allier).

Paris, le lundi 21 Descartes 68.

Mon cher disciple,

Voici le reçu correspondant au mandat inclus dans votre lettre exceptionnelle du 10 Descartes, qui m'est seulement parvenue avant-hier. Elle m'a trouvé pleinement disponible, ayant, depuis le 22 septembre, entièrement achevé mon nouveau volume, sans excepter la dédicace et la préface. Cette annonce dissipera vos touchants scrupules sur le dérangement que vous craignez de m'occasionner par votre précieuse expansion. L'ayant d'abord lue avant-hier, je l'ai relue hier, pour confirmer ou modifier la solution suscitée par la première lecture. Suivant l'ordre de votre lettre, je vais aujourd'hui répondre à ses diverses parties, sans regretter les cinq heures cordialement employées à cette double lecture, motivée sur l'importance de la communication.

Je dois auparavant annoncer que j'ai fait hier porter à la poste l'*Appel* et le *Catéchisme* destinés à votre ami M. Champin, dont je vous renvoie ici les lettres. Quoique je les aie lues avec intérêt, je crois qu'il serait peiné de savoir qu'elles m'ont été communiquées. Mon envoi des deux opuscules est entièrement gratuit, et votre recommandation m'aurait suffi, sans ces lettres, pour déterminer cette application de mon principe sur la distribution normale des livres, directement adressés à quiconque est jugé réellement capable d'en profiter, en écartant l'étrange garantie résultée de l'achat. Le besoin de recouvrer les frais typographiques m'oblige seul à m'écarter de cette règle, que je pratique autant que possible. Pour dissiper, à cet égard, tous vos scrupules, et par suite ceux de votre digne ami, sachez que son exemplaire de l'*Appel* est le 103e que j'ai donné d'un opuscule qui n'a paru que depuis environ un an : je suis moins libéral envers les gros volumes, ou plutôt les conditions du don sont plus rares.

Dès le 6 août, M. Audiffrent m'a transmis les 25 francs supplémentaires de votre souscription, et ma réponse contenait pour vous le reçu correspondant, qu'il n'a pas eu, sans doute, occasion de vous envoyer. Quant à l'état présent du subside positiviste, je suis extrêmement touché de vos nobles dispositions, tant constatées déjà par des preuves décisives, dont j'espère encore éviter le renouvellement actuel. Sans que mes inquiétudes soient assez dissipées, peut-être pourrons-nous cette année cesser, pour la première fois, de recourir à l'appel exceptionnel. Ce pas me semblerait fort important, même en augmentant mes privations personnelles. Toutefois, si l'appel devient nécessaire, vous y serez cordialement compris, d'après votre touchante déclaration. Vous avez pourtant raison de regarder l'insuffisance du subside comme une honte pour les positivistes. Leur nombre actuel devrait empêcher un tel désordre, si tous contribuaient en proportion réelle de leurs moyens, comme vous et tout au plus vingt autres.

Relativement à M. Lefort, je dois vous informer que, d'après des renseignements et des plaintes de plusieurs de nos confrères sur son insuffisante délicatesse, je l'ai, le 8 mai dernier, exilé, pour un an, de la Société positiviste. Mais j'ai maintenant lieu d'espérer que, à l'expiration de ce terme, il y rentrera purifié sous l'impulsion de cette épreuve. Admis en 1852, je l'inscrivis avec la qualification d'*aspirant au sacerdoce de l'Humanité*. Depuis son retour à Paris, en 1854, l'ensemble de sa conduite m'a forcé de supprimer ce titre, en l'échangeant contre celui d'*homme de lettres*. J'ai récemment remplacé cette triste désignation par celle de *commis*, qui marque sa situation actuelle. Outre les rancunes excusables de M. Audiffrent à son égard, on doit, en général, noter que les meilleurs hommes, s'ils n'ont jamais été sans argent, sont trop sévères pour les torts que suscite la misère. C'est pourquoi je vous invite à patienter envers M. Lefort, jusqu'à ce que nous puissions assez juger sa résolution déclarée d'acquitter graduellement ses diverses dettes, en épargnant ce qu'il pourra sur son traitement mensuel de 200 francs au plus.

La juste sollicitude que vous me témoignez envers la digne coalition du positivisme avec le catholicisme contre le protestantisme et le déisme me détermine à vous annoncer une prochaine démarche auprès du général des Jésuites. Un éminent jeune homme, l'un de mes meilleurs disciples théoriques, est maintenant en route pour Rome, où je l'ai chargé de voir, en mon nom, le chef ignacien, afin de concerter la demande d'abolition du budget théologique. Ce préambule nécessaire de la réorganisation spirituelle n'aura de consistance que s'il est spécialement invoqué par les meilleurs catholiques, en vue de leur indépendance sociale. Violemment aboli, ce budget ne tarderait pas à renaître, au premier retour des impulsions d'ordre ; tandis que, si sa suppression émane des ignaciens comme garantie de leur influence, la mesure subsistera, même en cas d'oscillation légitimiste. Dans une situation où tous les partis politiques ne s'accordent qu'à traiter par des moyens purement matériels une maladie essentiellement intellectuelle et morale, il importe que les deux écoles vraiment organiques se liguent malgré leur diversité radicale, pour faire dignement surgir et maintenir la question spirituelle à l'ordre du jour occidental, en concourant à proclamer la religion comme l'unique issue de la révolution moderne.

Pour compléter les réponses propres au préambule normal de votre lettre exceptionnelle, il me reste seulement à vous féliciter d'avoir dignement apprécié M. Audiffrent. Sa nature me semble, comme à vous, éminemment sacerdotale, et j'ai maintenant lieu d'espérer qu'elle n'avortera pas.

En abordant la grande question personnelle que vous m'avez admirablement soumise, félicitons-nous d'une confiance qui manifeste l'avènement du nouveau pouvoir spirituel. Depuis quelques mois, j'ai souvent reçu de touchantes demandes spéciales sur la conduite de la vie intime. Elle a tellement besoin de règle aujourd'hui que quand l'aptitude naturelle du positivisme à cet égard sera suffisamment connue, il sera non moins invoqué pour la vie privée qu'envers la vie publique.

Après avoir mûrement examiné votre cas, je ne crois pas que vous ayez formellement besoin de l'absolution personnelle que vous me demandez, car vos torts sont plus imputables à votre siècle anarchique qu'à votre propre imperfection morale. Le mieux caractérisé consiste en une indiscrétion directement blâmable, mais expliquée, sinon excusée, par la situation et l'entraînement : elle fut d'ailleurs heureusement exempte des graves conséquences qu'elle semblait naturellement comporter. Vous avez, il est vrai, méconnu le digne cœur féminin qui devait justement compter sur vous pour son meilleur essor, et vous n'avez point apprécié sa bienfaisante influence. En privant cette âme d'un développement qu'elle ne pouvait immédiatement trouver autour d'elle, vous l'avez finalement poussée à la dégénération vulgaire que vous lui reprochez. Mais, quelque déplorables que soient ces résultats, ils ne sont pas spécialement imputables à vos dispositions personnelles. Il y faut voir une triste influence de l'anarchie spirituelle qui rend aujourd'hui tant d'hommes, non moins éminents de cœur que d'esprit, grossièrement étrangers à la vie morale si familière au moyen âge. Cette fatalité, que le positivisme a seul surmontée, délustra dans ce cas, comme en tant d'autres, deux âmes naturellement destinées aux plus suaves expansions habituelles.

Toutefois, en regrettant le passé, ne désespérez pas de l'avenir, même pour la pauvre aimée, qui mérite ce doux nom, malgré sa chute bourgeoise, résultée du défaut d'appui. Si j'avais plus tôt connu votre histoire, je vous aurais spontanément épargné des instances et des conseils qui ne pouvaient vous convenir. Je ne saurais juger vraiment vulgaire un cœur qui produit sur vous, après seize ans, la profonde impression involontairement caractérisée par votre touchante confession. Idéalisez-la soustractivement, et continuez à l'aimer, même de plus en plus, mais dignement, c'est-à-dire subjectivement, sans jamais troubler le genre d'existence qui lui reste. Vos deux *lettres des morts* sont spontanément qualifiées de manière à caractériser la vraie nature de vos relations actuelles. Félicitez-vous d'être ainsi pourvu d'une digne patronne, qui peut et doit devenir l'âme de votre culte quotidien dont tant de fervents positivistes ne sauraient aujourd'hui remplir la condition principale. Un noble développement de cette adoration intime vous dispensera de tout mariage objectif, sans vous priver des douceurs de la paternité, qu'une sage adoption pourra vous procurer.

Quant au vœu touchant que vous formez d'expier vos torts envers la malheureuse aimée en la convertissant à la religion des âmes tendres et des caractères énergiques, ce projet, quoiqu'il me semble finalement réalisable d'après l'âge que vous avez tous deux, exige beaucoup de prudence dans l'exécution pour ne pas avorter en troublant. Craignons d'altérer, par des efforts déplacés ou prématurés, une harmonie qui, malgré l'insuffisance de son époux, offre à votre pauvre amie les compensations de la maternité. Si la désuétude des six dernières années vous permet de renouer des relations avec cette famille, reprenez vos anciens contacts en ajournant toute tentative de prosélytisme. Une entrevue personnelle fournirait le meilleur moyen, d'abord en vous rendant à Lyon, puis en les invitant chez vous. Mais il ne faut tenter cela qu'après avoir mis votre âme dans la disposition convenable par quelques mois de pratique du culte dont vous possédez le germe personnel. Vous pourriez, en attendant, envoyer au mari l'*Appel aux Conservateurs*, en lui faisant spécialement connaître que vous êtes radicalement sorti de l'état révolutionnaire où cette famille vous laissa. Dès lors, quand vous serez assez sûr de vous-même, vous pourrez adresser à la dame le *Catéchiste positiviste*, avec une digne lettre convenablement destinée à lui déclarer que vous l'avez, à titre de sœur, faute de mère et d'épouse, choisie d'après l'ensemble de votre passé mutuel, pour la sainte patronne du culte intime que votre religion prescrit au perfectionnement moral.

Un tel projet a grand besoin d'être soigneusement mûri, pour ne pas aboutir à des résultats aussi contraires à votre bonheur respectif qu'à vos devoirs communs. Après avoir décoloré la jeunesse de celle qui vous avait dignement choisi pour embellir et perfectionner son âme, il ne faudrait pas lui préparer une vieillesse agitée en voulant la dégager d'une situation vulgaire mais familière, qui peut-être lui suffit aujourd'hui faute de mieux. C'est pourquoi l'examen préalable, écrit ou verbal, de ses dispositions actuelles, et des transformations qu'elles comportent ou défendent, doit sagement guider toute tentative directe de régénération religieuse. Si la conduite de son mari se trouve passablement conforme aux règles usitées aujourd'hui, vous devez d'abord rétablir avec lui de dignes contacts, en évitant tout mystère envers elle. Nulle rupture n'étant réellement survenue entre vous, la désuétude est toujours réparable, et vous permet même de mieux prendre, comme parent et comme ami, l'attitude finalement convenable auprès de cette famille, dont les membres doivent tous vous intéresser, malgré votre juste prédilection pour son digne centre.

Sans insister davantage aujourd'hui, je me réserve de revenir avec opportunité sur une explication qui restera longtemps pendante entre nous. Mais je ne dois pas oublier, en terminant, de vous féliciter sur l'aptitude esthétique que votre admirable confession m'a spécialement révélée. Quoique certains passages antérieurs de votre monographie me l'eussent spontanément indiquée, une telle effusion pouvait seule la faire assez ressortir. Je l'ai tellement sentie que j'ai profondément partagé toutes vos émotions, tant pénibles que douces. Il est vrai que, plus je vieillis, mieux je deviens involontairement sympathique, comme l'exige ma mission, qui m'oblige à tout sentir après avoir tout compris. En même temps, votre communication exceptionnelle m'a fait incidemment connaître la plénitude et la profondeur de votre préparation pratique, dont je serai particulièrement reconnaissant à l'avorté Mellet malgré son incurable égoïsme. Vous me faites ainsi me féliciter de plus en plus de vous avoir dignement assigné la plus noble perspective politique et je suis aussi conduit à compter sur l'avènement prochain de la religion déjà capable de rallier d'éminentes natures, dont je me sens justement fier d'être le libre chef.

Tout à vous,

AUGUSTE COMTE.

(10, rue Monsieur-le-Prince).

P.-S. — La communication que vous m'annoncez de la part du Dr Sauria ne m'est point parvenue encore. Mais, puisqu'il s'agit seulement d'une suite d'extraits, il renonce peut-être à me les envoyer, en se bornant à vous les soumettre, ce qui me semblerait suffisant.

Quoique j'aie fini mon volume depuis plus d'un mois, il ne paraîtra point en octobre, suivant mon annonce et mon espoir, très réalisable pour une impression commencée avec juillet. D'après le ralentissement typographique, sa publication n'aura lieu que vers le milieu de novembre.

M. de Constant vient de faire, en Hollande, de son utile opuscule, une seconde édition qui se vend chez Dalmont. Le portrait que vous avez fut fait à La Haye, en 1851, d'après une bonne photographie, faite sur moi-même, en 1849. Quoique le peintre ne m'ait jamais vu, cette unique image est généralement jugée ressemblante. Elle fut entièrement accomplie aux frais de mon noble disciple, neveu de Benjamin Constant. Il m'en a laissé quelques exemplaires séparés.

XXXV

A Monsieur HADERY, aux Vattis (Allier).

Paris, le jeudi 24 Bichat 68.

Mon cher disciple,

Quoique j'aie reçu, dès vendredi dernier, votre lettre de l'avant-veille, j'ai, contre ma coutume, retardé ma réponse jusqu'à ce jour, attendant le mandat de 100 francs dont vous m'annonciez l'arrivée comme immédiate. Mais votre banquier de Lyon ne m'ayant rien envoyé jusqu'ici, je ne veux pas prolonger davantage un silence qui pourrait vous inquiéter, et je dois d'ailleurs vous avertir de la négligence de votre ami. Toutefois, ne vous alarmez pas de la réaction que ce désappointement pourrait exercer sur moi. Car j'ai tout lieu d'espérer qu'un nouvel acte de la munificence hollandaise va venir à temps combler pleinement le grave déficit résulté de la honteuse insuffisance du subside positiviste. Si votre mandat me parvient avant la fin de cette année, je suis ainsi certain de pouvoir, suivant votre vœu, ne consacrer à 1856 que la moitié de ce généreux supplément.

Afin de ménager un argent aussi précieux que le vôtre, je compte même reporter la totalité des 100 francs à 1857. Ne soyez donc pas inquiet si la négligence de votre ami faisait, malgré vous, traîner cette remise jusqu'au 1er janvier.

Les tristes réflexions générales qui vous sont noblement inspirées par l'insuffisance spéciale du subside positiviste me paraissent aussi justes que profondes, quoique trop sombres. La question du siècle n'est point officiellement posée ou reconnue encore, puisque tous les partis s'accordent à traiter d'une manière purement matérielle une maladie essentiellement spirituelle.

Les procédés que l'empirisme applique pour maintenir l'ordre matériel, surtout en reconstruisant Paris, aggravent directement le désordre moral.

Nous devons profondément regretter que la proposition décisive, qui termine et résume mon *Appel aux Conservateurs,* n'ait pas encore été prise en sérieuse considération par le dictateur actuel, qui la connaît depuis un an, du moins j'ai tout lieu de le croire. Cette apathie est d'autant plus déplorable qu'elle empêche un complément très salutaire, qui ne deviendrait vraiment convenable qu'après une pleine réalisation de la principale mesure, puisqu'il concerne le choix du successeur à la dictature républicaine. Un tel complément, que j'ai récemment introduit, n'est encore communicable qu'à mes meilleurs disciples, et vous êtes le premier auquel je l'indique par écrit, pour faire mieux apprécier l'ensemble de notre mode d'installation de la transition organique. Il consiste, quand la situation républicaine serait officiellement proclamée par le *proprio motu* du dictateur actuel, en ce que celui-ci, six ou sept mois après, choisirait pour successeur Monsieur Henri V, dont une telle acceptation transformerait le caractère actuellement rétrograde. Si, contre toute vraisemblance, ce personnage refusait un pareil avènement, il aurait bientôt perdu, par cela seul, les meilleures sympathies légitimistes.

En écartant toute appréciation personnelle d'un chef que je ne connais pas, je lui trouve une valeur de position qui me fait regarder une telle succession comme éminemment convenable à la terminaison réelle de l'état révolutionnaire. Un semblable dictateur est le seul capable de nous replacer dans le courant historique, en liant l'avenir à l'ensemble du passé. S'il introduisait ou confirmait la suppression radicale du budget thélogique, et par suite métaphysique, ou même scientifique, il donnerait une suffisante garantie à la réorganisation spirituelle. Les gages d'ordre ne peuvent être vraiment suffisants que d'après une telle dictature, qui serait, même involontairement, la plus favorable à l'installation du positivisme, comme je le sentis quand je déplorais l'expulsion des Bourbons et l'avènement des intrigants orléanistes, quoique ma carrière fût imparfaitement caractérisée alors. Mais une telle mesure n'a de valeur que comme le complément normal de mon inauguration de la dictature républicaine, à laquelle il faut toujours la rapporter ; ce qui, j'espère, dissipera les répugnances involontairement suscitées, chez les meilleurs positivistes, par les restes inaperçus des préjugés révolutionnaires.

Dans la seconde moitié de votre précieuse lettre, je trouve une intime satisfaction en apprenant que vous avez déjà réalisé votre culte personnel, du moins quant à la commémoration, qui doit normalement précéder l'effusion, envers votre pauvre aimée. J'approuve entièrement votre ajournement de tout projet de conversion à son égard, et la marche prudente que vous comptez employer auprès d'elle. L'interposition de votre sœur me paraît, en effet, fournir le meilleur moyen de rapprochement, et j'espère que cette reconstruction, aussi difficile qu'importante, tournera graduellement au bonheur, comme au perfectionnement, de tous.

Pour vous y seconder, je dois aujourd'hui vous

indiquer une loi, que la pratique du culte intime m'a récemment dévoilée, sur la vie subjective. L'immuabilité propre à l'état subjectif ne s'établit que quand la patronne a graduellement atteint le type filial, en faisant successivement prévaloir chacun des trois instincts sympathiques, selon leur hiérarchie normale, attachement, vénération, bonté. Applicable à la compagne, cette gradation convient même à la mère qui ne suscite un culte pleinement fixe que lorsqu'elle est adorée comme fille, suivant l'admirable pressentiment de Dante, *figlia del suo figlio*. Il faut finalement que l'homme soit toujours protecteur envers la femme ; tant qu'il n'a pas cette attitude, l'adoration reste provisoire, et ne peut encore développer ni son efficacité complète, ni son entière dignité. Voilà pourquoi la condition de pureté devient indispensable au plein essor de la vie subjective, où la mère peut, à ce titre, se transformer en fille, ce qui n'est vraiment possible à l'épouse que dans les cas exceptionnels. Félicitez-vous d'avoir, comme moi-même, heureusement réalisé cette noble exception, qui permet à votre culte intime d'atteindre bientôt son état normalement fixe, où doit directement prévaloir le plus éminent, quoique le moins énergique des trois instincts altruistes, sans négliger les deux autres, mieux cultivés même d'après une telle subordination. Une attitude paternelle vous convient ici d'autant mieux que vous avez, en effet, le projet, ajourné mais nullement abandonné, de devenir le père spirituel de la pauvre aimée, à laquelle je ne cesserai de m'intéresser d'après l'ensemble de vos relations, caractérisé par votre admirable confession.

Malgré que vous ayez probablement appris, de M. Audiffrent ou de M. Foley, la récente publication de mon nouveau volume, je crois pourtant devoir vous annoncer directement que le tome initial de ma *Synthèse subjective* a finalement paru le 17 novembre. Quoiqu'il soit essentiellement relatif à la philosophie mathématique, ainsi transformée en logique positive, son introduction caractérise l'ensemble de la construction qui complète le positivisme en y fondant le fétichisme. C'est d'ailleurs à mon prochain volume qu'appartient le développement normal d'une telle constitution religieuse, en y joignant le suivant : tous deux concernant directement la nature humaine, l'un quant à sa connaissance, l'autre pour son perfectionnement.

Je ne manquerai pas, dans ma prochaine circulaire, de rendre un juste hommage au zèle efficace des vrais positivistes britanniques pendant l'année qui s'achève. Peut-être vous ai-je déjà signalé l'éminent opuscule où le digne fondateur de notre église américaine vient d'accomplir la meilleure exposition jusqu'ici tentée du positivisme religieux et social. Hier, je fus heureusement surpris de recevoir de M. Richard Congreve l'important opuscule intitulé *Gibraltar*, que je vous ai préalablement annoncé, mais que je n'attendais pas aussi promptement, et que je n'ai point encore lu.

Relativement à mon digne intermédiaire auprès

du général ignacien, il est encore à Florence, s'imbibant d'émotions esthétiques, conformément à son avenir poétique. Mais il va bientôt atteindre Rome, et je ne manquerai pas de vous informer du résultat quelconque de sa négociation. Quoi qu'il arrive, voilà déjà le positivisme en contact direct, à la fois théorique et pratique, avec les principales spécialités de la situation occidentale ; c'est une bonne fin d'année.

Tout à vous,

AUGUSTE COMTE.

(10, *rue Monsieur-le-Prince*).

XXXVI

A Monsieur HADERY, aux Vallis (Allier).

Paris (10, *rue Monsieur-le-Prince*), le dimanche 11 César 69.

Mon cher disciple,

Votre intéressante lettre du 27 Archimède m'est seulement parvenue avant-hier dans mon heureuse entrevue avec votre digne ami. Quoique vous la jugiez très décousue, j'en suivrai l'ordre en y répondant, afin de mieux éviter tout oubli. Je dois donc commencer par vous assurer que le noble supplément de 100 francs, que je reçus en décembre pour votre cotisation de 1856, constitue, à mes yeux, votre souscription de 1857, une telle addition étant heureusement devenue inutile. En datant mon reçu du 1er janvier, j'espérais que cette intention serait assez marquée. Ainsi, je vous regarde comme ayant déjà fourni, pour la présente année, toute votre coopération ordinaire, et j'ai maintenant lieu d'espérer qu'elle n'aura plus besoin d'augmentation exceptionnelle.

J'avais, sans doute, craint que ma proposition complémentaire sur *Monsieur Henri V* ne fût pas immédiatement appréciée par vous d'une manière assez positive, d'après un reste involontaire d'habitudes révolutionnaires. Mais je n'ai jamais pensé que ce motif pût aucunement influencer sur votre long silence exceptionnel, dont vous me donnez maintenant une explication trop satisfaisante, en caractérisant les graves préoccupations matérielles qui vous ont justement absorbé cet hiver. Il m'est doux aujourd'hui de vous féliciter d'être assez régénéré pour avoir pleinement saisi cette mesure, à laquelle j'attache de plus en plus d'importance, quoiqu'elle ne soit admissible, et même communicable, qu'après l'acceptation de la grande proposition déjà publique à laquelle je l'ai toujours subordonnée.

Quant à celle-ci, je puis maintenant vous assurer que notre dictateur en a réellement connaissance, comme je l'ai récemment appris de M. Vieillard dans une précieuse entrevue pour une réclamation spéciale d'intérêt général. Le civique patron du positivisme, en m'annonçant que cette lecture avait beaucoup frappé le chef actuel, m'a d'ailleurs garanti qu'il n'existe chez celui-ci, ni même chez sa femme, aucune illusion envers la prétendue solution politique officiellement fondée sur leur enfant. En chargeant le sénateur républicain de lui déclarer que, tout en appréciant ses grands services quant au présent, je dois, comme seul organe systématique de la Postérité, le blâmer en son nom de n'avoir pas préparé l'avenir, je l'ai fait avertir aussi que ma proposition principale resterait toujours opportune tant qu'il pourrait l'accepter librement, ce qui me laisse, à cet égard, quelque espoir, quoique bien faible, si la situation devient assez expressive sans être trop entraînante. Cette importante causerie m'a d'ailleurs appris que tous les hommes sérieux du présent gouvernement français regardent le positivisme comme ayant pour lui l'avenir, même prochain, non seulement philosophique et religieux, mais aussi politique. Il est donc essentiel que mes disciples, théoriques et pratiques, ceux-ci surtout, se préparent autant que possible, car il pourrait bien arriver qu'on me demandât des hommes d'État avant que je pusse en fournir assez pour exercer une inflence vraiment décisive.

D'après votre pleine adoption de ma récente loi sur la vie subjective, vos affections intimes auront bientôt atteint l'état qui convient à la consolidation de votre existence privée et même à son harmonie normale avec votre carrière publique. Les sages démarches dont vous avez dignement pris l'initiative spontanée ont déjà surmonté la principale entrave en renouant des relations durables, que de prochaines entrevues doivent naturellement fortifier, surtout quand votre amie subira la réaction due à la considération civique dont je sais que vous êtes maintenant entouré dans votre séjour adoptif. En vous interdisant tout prosélytisme inopportun, vous avez noblement pratiqué la règle générale qui nous prescrit de réserver notre propagande pour ceux qui la demandent ou l'attendent, sans jamais l'offrir aux âmes qui ne peuvent encore l'apprécier.

C'est avec une profonde satisfaction que je vois votre pleine acceptation de l'office testamentaire que je vous ai conféré suivre le mûr examen de l'acte correspondant, dont votre énergique dévouement suffirait pour me garantir la digne et scrupuleuse exécution, où je ne crains pas que vos douze collègues puissent d'ailleurs mollir. Si je ne puis moi-même publier cette pièce entre les deux biographies et la sainte correspondance dans le volume final que j'ai promis pour 1864, j'y devrai naturellement laisser en blanc les noms de mes triumvirs, en motivant cette réserve par une note spéciale. Il pourrait cependant arriver que, d'ici là, la situation devînt assez décisive pour que cette promulgation fût déjà réalisée avec la pleine opportunité qui peut seule en permettre le succès. Quoi qu'il en soit, je ne devais pas omettre une telle désignation dans une pièce naturellemenr écrite en vue hypothétique d'une mort prochaine : mais ce n'est pas dans mon Testament que mes triumvirs doivent être *publiquement* proclamés tant que je vis.

Les nobles scrupules que vous inspire un tel choix vous en rendent plus digne, et je suis persuadé que vos deux collègues les partagent.

M. Dubreuil m'ayant donné l'espoir, et même l'assurance, que vous visiterez Paris en septembre 1858, je vous ménagerai, pour cette époque, une entrevue avec M. Deullin, équivalente à votre précieux contact personnel avec M. Magnin. Le plus jeune de mes triumvirs, puisqu'il a sept ans de moins que vous, est le seul à la fois époux et père. Son cœur et son esprit sont vraiment au niveau de son caractère. Ce jeune banquier d'Épernay ne m'offre d'autre défaut réel qu'un excès de circonspection, qui se dissipera peut-être à mesure que sa position grandira, suivant une progression déjà sensible. Mais cette imperfection n'a d'ailleurs altéré nullement son zèle soutenu pour le positivisme complet, dont il fournit l'un des meilleurs types pratiques.

Aussitôt que mes trois dictateurs se seront assez appréciés mutuellement, leur soin continu devra collectivement tendre à bien choisir, pendant quelques années, les vingt-sept autres hommes d'État positivistes, tant intendants qu'ambassadeurs, y compris le préfet de police de Paris, que ma théorie de la transition démontre indispensables à l'efficacité du triumvirat organique. C'est surtout faute d'un tel complément que je refuserais aujourd'hui de désigner au dictateur mes triumvirs s'il voulait leur transmettre le pouvoir, d'abord à titre de ministres vraiment dirigeants. En effet, sans ce concours, leurs mesures seraient pratiquement paralysées, par la malveillance ou l'incapacité de leurs principaux agents, de manière à discréditer mon choix avant qu'il fût réellement jugeable.

La touchante médiation que vous projetez envers celui qui fournit *l'occasion* de votre premier contact avec moi, me détermine à mieux spécifier mes principaux reproches à son égard, quoique vous sachiez déjà, par mon Testament, qu'ils sont directement relatifs à son indigne conduite vis-à-vis de mon incomparable fille adoptive, dont il avait toujours été cordialement accueilli. Nulle gasconnade évangélique ne saurait d'ailleurs guider ma conduite. Je n'ai jamais admis, par exemple, que l'homme qui reçoit un soufflet dût tendre l'autre joue. Dans la théorie positive du pardon, il faut le séparer de l'oubli, dans lequel on le fait banalement consister, et qui détruirait, au contraire, son principal mérite. Toujours j'ai pardonné sans efforts, même à mon indigne épouse, à laquelle je n'ai jamais fait aucun mal, en lui faisant d'ailleurs tout le bien compatible avec nos situations respectives, quoique je ne puisse aucunement oublier les intimes tourments et les ignobles outrages qui me vinrent d'elle pendant nos dix-sept fatales années de cohabitation. Outre que l'oubli n'est jamais facultatif, il altérerait la juste répartition de l'éloge et du blâme. Un vrai positiviste doit toujours pardonner, mais en se trouvant souvent forcé de mépriser, à moins d'une régénération totale, presque incompatible avec le cas actuel.

Pour vous en convaincre, il faut d'abord savoir que, dès 1844, je dus spécialement réprimer les infâmes calomnies que l'indigne épouse osait déjà produire sur mes relations avec l'incomparable Sophie. Elle connaissait trop tant celle-ci que son mari, sans parler de moi-même, pour croire à la réalité d'une hypothèse radicalement contraire à nos trois natures. Quand cet admirable ménage eut, en 1848, un second fils, seize ans après le premier, la calomnie forgée pour pallier ses propres torts prit un abominable développement en osant m'attribuer cet enfant, de manière à salir, outre moi-même avec le pauvre innocent, le couple exceptionnel qui m'offre le salutaire spectacle journalier du meilleur type spontané de l'union prolétaire. Tous les ennemis du positivisme, aidés de ses faux disciples, ont avidement accueilli cette infamie, qu'ils croient peut-être et propagent plus sincèrement que celle qui l'inventa. Le personnage dont vous me parlez s'en est, depuis cinq ans, fait le principal colporteur, avec les deux dignes anonymes, très connus ici, que j'exclus comme lui de mon convoi funèbre ; il a même ajouté des embellissements de son crû, tous grossièrement faux, en trouvant que l'enfant me ressemble, et que tout mon quartier croit cela. D'après la sollicitude spéciale de mon Testament envers le seul être qui naquit et grandit chez moi, sa publicité finale fournira de nouveaux aliments à ces infâmes suppositions. Voyez si je puis jamais renouer quelque relation avec celui qui se conduit ainsi, quoique je sois fort éloigné de lui faire ou souhaiter aucun mal.

Bien qu'on le croie employé secrètement dans la police politique, je n'ai jamais pensé que la meilleure des administrations actuelles admît de tels agents. Pourtant, cet homme n'est radicalement dégradé que depuis le milieu de 1850, d'après la fascination qu'il subit des cajoleries intéressées d'une rouée élégante quoique usée, à laquelle sa vanité populaire ne put aucunement résister, et dont il épousa l'intime animosité contre moi. Quoi qu'il en soit, il est désormais irrévocablement démoralisé, quoique la prudence le ramène vers moi maintenant, du moins en apparence, comme mes autres ennemis, sans excepter l'habile écrivain qui se croit le chef d'une telle coterie. Il a déjà fait, pour cela, d'autres démarches auprès d'un autre de mes exécuteurs testamentaires, qui l'a dûment éconduit. Toute cette sollicitude est involontairement déterminée, chez lui comme ailleurs, par l'approche du fatal volume de 1864, où l'on sait que ma biographie rendra rigoureusement justice à chacun de ceux qui méritent une mention, bonne ou mauvaise, qu'ils avaient d'abord espéré d'éviter par ma mort. Maintenant, cette solution, quoique toujours possible, devient peu probable, puisqu'il ne reste plus que sept ans d'attente, sans que ma santé faiblisse. Aussi leur chef affecte-t-il envers moi de nouveaux discours, quoique ses rancunes percent quelquefois sa prudence, depuis trois ans que je ne l'ai vu.

Nous devons tous deux regretter le temps que nous venons de consumer envers un tel éclaircissement, que votre lettre m'avait rendu nécessaire, mais sur lequel je suis aussi dispensé de revenir jamais, en vous laissant juger librement si je puis aucunement recevoir un pareil homme, auquel j'avais pourtant rendu mon accès après des torts très graves, en 1851, parce qu'ils m'étaient entièrement personnels, tandis que je dois ici défendre une incomparable fille adoptive, qui n'a d'autre protecteur que moi.

En dépit de sa longueur exceptionnelle, cette réponse n'a point abordé la principale question de votre lettre, envers l'importante résolution pratique que vous m'y soumettez. Mais je suis ici dispensé de toute explication étendue, parce que vos indications déterminent ma complète approbation d'un tel projet. Il concilie vos principales convenances privées et publiques, tout en fournissant la meilleure issue des difficultés matérielles qui contrarient le suffisant essor de votre admirable aptitude pratique. Votre associé saura, j'espère, accomplir la participation facile et satisfaisante qui lui revient à cet égard. En faisant son propre bonheur, il peut vous procurer, d'abord religieusement, puis légalement même, une vraie famille adoptive, à laquelle vous prendrez autant d'intérêt que si vous eussiez personnellement formé le lien qui vous est exceptionnellement interdit.

Ignorant vos justes préoccupations matérielles, j'avais naturellement supposé déjà faite votre première lecture du tome initial de ma *Synthèse subjective*, publié depuis environ six mois. Quelque absorbé que vous soyez, vous pouvez d'abord lire, après la

Préface, l'Introduction et la Conclusion de ce volume, dont chacune exige seulement une heure et demie. Cette ébauche vous suffira pour sentir la portée générale de ce tome, où se trouve déjà caractérisée ma nouvelle conception, vraiment fondamentale, sur l'incorporation systématique du fétichisme au positivisme, d'après l'irrévocable institution du triumvirat religieux entre l'Espace, la Terre et l'Humanité, qui combine intimement la raison abstraite avec la raison concrète. Je regrette qu'un positiviste aussi complet que vous soit encore étranger à ce progrès décisif, où commence l'âge poétique de notre doctrine, dont mon premier Traité fonda la supériorité philosophique, d'où mon principal ouvrage tira sa suprématie religieuse. Des félicitations décisives viennent spontanément confirmer, depuis quelques mois, de Marseille, de Rome, d'Edinburgh, de Londres et de New-York, la manifestation déjà surgie à Paris de la pleine opportunité de ce pas capital, dont j'aurais cru que l'adoption trouverait plus d'obstacles, même chez mes meilleurs disciples.

Sans aucun scrupule, je dois encore allonger cette lettre par l'indication, ultérieurement développable, d'un précieux succès récent, aussi significatif qu'inattendu, qui doit personnellement s'étendre à vous bientôt. J'ai, depuis deux mois, chargé M. Audiffrent de vous informer du mémorable début de ma négociation ignacienne et du triste mariage imprudemment subi par le noble docteur Foley. Quoique votre silence à ce double égard m'indique que cette transmission n'est pas faite encore, je suis pourtant certain que vous serez plus exact, en revanche, à communiquer à l'éminent disciple l'annonce suivante.

Un digne élève du grand positiviste anglais (M. Richard Congreve) auquel nous devons l'admirable opuscule sur *Gibraltar*, M. Winstanley, jeune homme de vingt-cinq ans, vient d'hériter, d'un oncle, de cent vingt mille francs *de rente* en domaines territoriaux, ce qui devient vraiment considérable, même dans son pays. Quoique récemment converti, ce digne positiviste, plus complet de cœur que d'esprit, a spontanément formé la noble résolution de renoncer à l'oisiveté fashionable, pour devenir, avec un tel capital, un type systématique du véritable chef agricole à travers l'anarchie occidentale, en écartant paisiblement ses fermiers pour se mettre directement à la tête de ses laboureurs. Pour s'y préparer, il est parti de Londres le 1er César, dans la seule vue de venir intimement recevoir mes conseils pontificaux sur l'ensemble de son projet et l'harmonie totale de son existence. Il était de retour à Londres le 6 au soir, après avoir, en trois entretiens décisifs, le 2, le 4, et le 5, respectivement prolongés pendant trois heures, quatre heures et cinq heures. Au début de la dernière entrevue, il me demanda l'autorisation de me qualifier de *père*, et son adieu se fit en me baisant la main à genoux, pour aller aussitôt faire une génuflexion, encore plus décisive à mes yeux, avec une courte prière mentale, devant le portrait de Madame de Vaux, heureusement placé dans mon salon, ou plutôt chapelle, depuis cinq ans.

Rapidement esquissé, son plan de préparation consiste à subir d'abord trois ans d'initiation théorique, puis trois ans d'apprentissage pratique dans les meilleures fermes de l'Angleterre et de la Belgique. Il doit, en octobre, revenir à Paris pour y consacrer un an aux dignes études mathématiques, sous la direction de M. Laffitte, que j'en ai déjà prévenu. Vous concevez que je n'ai pas manqué de l'informer que la France possède en vous un noble chef agricole, malgré l'insuffisance de son capital. M. Winstanley viendra peut-être demander, dès l'an prochain, votre éminente influence pendant quelques semaines de noble hospitalité. Suivant notre règle de *vivre au grand jour* et de préparer les actes en les annonçant, j'ai déjà prévenu cet admirable disciple que je comptais clore et résumer sa double préparation civique en lui conférant, vers trente ans, le sacrement de la *Destination*, que personne ne m'a jusqu'ici demandé, de façon à l'envoyer dans ses domaines avec le saint caractère social du premier chef agricole vraiment sacré par le Fondateur de la Religion de l'Humanité.

Tout à vous,

AUGUSTE COMTE.

XXXVII

A Monsieur HADERY, *aux Vallis (Allier).*

Paris (*10, rue Monsieur-le-Prince*), le lundi 26 César 69.

Mon cher disciple,

Avant de répondre spécialement à votre bonne lettre de mercredi dernier, que j'ai seulement reçue hier, je dois, en général, vous remercier, ou plutôt vous féliciter, pour la nouvelle manifestation qui distingue sa suscription. Elle me serait essentiellement superflue comme signe d'une vénération et d'un dévouement que des preuves décisives et multipliées me rendent irrécusables depuis longtemps. Mais j'y dois toujours attacher un véritable prix à titre de démonstration solennelle qui constate et seconde l'installation occidentale du positivisme. Ce signe spontané devient d'autant plus efficace qu'il concourt avec deux autres manifestations analogues, dont l'habitude est déjà remarquée. Depuis dix-huit mois environ, l'un de mes vrais disciples théoriques, M. John Fischer, jeune médecin de Manchester, a dignement introduit cet usage, en commençant la suscription de toutes ses lettres mensuelles par la formule : *To the venerated High-Priest of the Religion of Humanity*. Un tel exemple a suffi pour déterminer M. Audiffrent, depuis plus d'un an, à faire pareillement précéder mon adresse par la formule : *Au vénéré Grand-Prêtre de l'Humanité*. La pleine spontanéité de votre propre manifestation consolide cet usage, qui rend les administrations postales de France et d'Angleterre nécessairement familières avec l'installation naissante du nouveau pouvoir spirituel, ainsi dévoilée même à beaucoup d'agents secondaires, qui tendent à la populariser involontairement.

Je suis très touché de l'impression produite sur M. Dubreuil, et fort reconnaissant des nobles déclarations qu'elle vous a spontanément suscitées envers moi devant sa famille. Vous pouvez tous deux compter sur ma cordiale sollicitude à l'égard du jeune fils qui viendra bientôt affronter les séductions parisiennes, en complétant son instruction générale. Quant à la conduite que vous devez tenir pour préserver votre ami d'une imminente ruine, je crois que, sauf l'opportunité dont vous êtes seul juge, il faut lui signaler à temps les dangers qu'il court, et lui remontrer, avec une affectueuse persévérance, l'obligation, paternelle et conjugale, d'adopter irrévocablement un meilleur régime, où l'activité rurale consolide la simplicité domestique.

Ne croyez pas que vos excellentes réflexions spéciales sur le noble projet de M. Winstanley m'aient aucunement paru trop développées. Elles confirment la pleine efficacité que j'ai spontanément attribuée à ses prochaines relations avec vous, et j'aurai beaucoup de plaisir en lui faisant convenablement connaître, dès la première occasion favorable, des aperçus aussi propres à lui bien signaler les précieuses lumières, à la fois techniques et civiques, qu'il doit naturellement tirer d'un tel contact, qui ne saurait trop tôt commencer. Votre appréciation me semble, au fond, consister à reconnaître que, suivant la marche historique de l'industrie occidentale, la division fondamentale entre les entrepreneurs et les travailleurs n'est pas étendue encore à l'agriculture, où le fermier, même riche, offre une attitude équivoque jusqu'à ce que les dignes propriétaires se transforment en véritables chefs ruraux, suivant le type que mon jeune disciple britannique veut convenablement réaliser.

Quoique la négociation ignacienne ne puisse guère avoir d'influence immédiate, mon digne représentant a certainement déposé des germes que la pression des événements pourra bientôt développer. L'active surveillance des gouvernements ayant heureusement maintenu le calme matériel, au milieu du désordre spirituel, sans pouvoir cependant dissiper de graves inquiétudes universelles sur le prochain avenir, on est partout appelé à reconnaître que la révolution occidentale ne comporte d'autre issue réelle que l'installation décisive de la religion rationnelle et sociale qui caractérise le positivisme. Si de nouveaux orages surviennent, ils doivent, une fois dissipés, faire mieux ressortir le privilège organique de la seule foi complète et durable. Ainsi maîtres de l'avenir, dans toutes les hypothèses, nous pouvons seuls utiliser les croyances caduques pour les faire dignement concourir à la transition finale, d'après leur précieuse vulgarité, qui compensera la concentration actuelle du positivisme chez les âmes d'élite, en développant la grande ligue religieuse contre l'ensemble des natures indisciplinables, aujourd'hui prépondérantes. On ne pouvait pas même systématiser le vrai culte transitoire de la Vierge, principal titre du catholicisme actuel, avant que l'institution décisive du culte de l'Humanité lui fournît le type vers lequel il doit graduellement guider les meilleures masses occidentales. Nous sommes, à plus forte raison, seuls capables de dévoiler au catholicisme ainsi qu'à l'islamisme et jusqu'au judaïsme, la véritable aptitude sociale qui reste encore, pour une génération au moins, à des doctrines empiriquement vouées au ciel, quoique réellement destinées à la terre. Mais notre présidence ne peut utilement liguer les diverse âmes vraiment religieuses que sous l'active impulsion des événements, qui fera partout sentir aux plus routiniers combien le positivisme constitue l'unique garantie systématique de l'ordre occidental au milieu d'une anarchie spirituelle dont nous avons seulement vu le début jusqu'ici, parce que les préoccupations continues envers la tranquillité matérielle l'ont naturellement empêchée de se développer, jusqu'à ce que les gouvernements, mieux avisés qu'au XVIIIe siècle, aient énergiquement pris l'irrévocable résolution de maintenir, à tout prix, le calme public.

Une récente visite exceptionnelle de mon malheureux disciple Foley me fait finalement craindre que, par suite de l'aveugle obstination qui le pousse, malgré les avis unanimes, au mariage d'une poupée, il n'ait systématiquement formé le projet de paraître toujours satisfait de sa situation domestique, même à mon égard, quoiqu'il m'ait spécialement promis de ne me rien cacher. Une telle faute peut assez altérer sa valeur, mentale et morale, pour faire essentiellement avorter la carrière sacerdotale qu'il persiste à désirer sans s'y préparer sérieusement. Si son caractère reste assez énergique, son triste cas ne me semble comporter d'autre issue réelle qu'une digne séparation volontaire, à moins d'une régénération tout à fait invraisemblable, ou plutôt incompatible avec la vulgarité de sa poupée anarchique.

Puisque M. Audiffrent vous a déjà mandé la défection, presque consommée, de M. de Blignières, j'y dois seulement ajouter que l'enthousiasme de ce jeune militaire pour M. Littré n'est pas sérieux. Il y faut surtout voir un voile sous lequel il couvre la seule admiration qu'il ressente réellement. En se donnant un tel père spirituel, il veut principalement éluder l'irrésistible discipline qu'il trouvait dans ma suprématie : son incurable personnalité mérite d'être plus flétrie que domptée.

D'après la vente spéciale que vous m'annoncez, le journalisme, même *catholique*, meurt comme il a vécu, sous l'ignoble consomption résultée de sa vénalité révolutionnaire. Nous sommes ainsi conduits à nous féliciter d'être seuls restés purs de toute participation à cette institution anarchique, qui, surgie du régime parlementaire, devait naturellement partager sa chute. On saura désormais m'épargner les empiriques exhortations à tirer parti d'un tel auxiliaire, dont le positivisme s'est toujours passé, même avant que les journaux devinssent les organes salariés des principaux agioteurs : leurs critiques et leurs éloges nous sont également indifférents, ou plutôt antipathiques, quoique, par une étrange inconséquence, plusieurs de mes vrais disciples continuent cette vicieuse lecture habituelle.

Ma digne fille adoptive est profondément touchée de vos nobles regrets sur la généreuse médiation que vous aviez d'abord projetée envers le méprisable agent d'une coupable épouse. Il est bien triste que les rancunes pédantocratiques et l'étrange envie d'un rêtheur sans portée, aient assez dégradé M. Littré pour l'associer à de tels complots, qu'il seconde par un artificieux silence, chaque fois qu'on répète devant lui des calomnies dont il n'aurait jamais dû fréquenter les organes. Sa haine incurable perce à travers les hypocrites manifestations que lui suscite, depuis quelque temps, la biographie que je publierai dans sept ans, et qu'on avait d'abord espéré d'éluder par ma mort, quand je l'annonçai à la fin de mon principal ouvrage.

Votre répugnance à fonder votre sage projet sur la jeune personne que vous m'indiquez me semble pleinement motivée d'après sa récente conduite envers son père. Une demoiselle aussi *prudente* deviendrait une fâcheuse épouse pour votre associé, sans pouvoir d'ailleurs vous fournir l'espoir d'y trouver une véritable amie, digne de vous procurer de nobles compensations domestiques du judicieux sacrifice que vous lui feriez. Si votre jeune collègue n'est plus préoccupé d'elle, il faut le pousser vers un autre choix, quelle que soit la difficulté d'y concilier deux conditions également indispensables à votre plan.

Relativement à M. Magnin, je suis, depuis deux mois, au moins, sans aucun contact avec lui. Mais je le sais maintenant absorbé par son projet de drainage, pour lequel il a finalement trouvé des capitalistes capables de l'exploiter en grand. Je présume que cela le fait actuellement voyager et je serais peu surpris qu'il fût ainsi conduit chez vous prochainement. Cette visite fut par moi recommandée à son ami M. de Montègre, médecin sans malades, jadis secrétaire intime du grand Broussais, et qui m'annonça sa disposition actuelle à voyager pour seconder l'entreprise de M. Magnin. Si ce docteur vous vient, sa vieille liaison avec M. Littré vous rendra, comme à moi, son attitude positiviste spécialement équivoque, quoique je le croie sincèrement honnête, et même homme de cœur autant que d'esprit, malgré l'avortement total de sa carrière par suite d'une incurable indolence.

En ce qui concerne ma visite aux Vattis, il me suffit de faire directement ressortir la différence, longtemps inaperçue, entre les deux années 1855 et 1857. La première fut un vrai chômage pour moi, qui, venant alors d'achever mon principal ouvrage, n'étais pas encore préoccupé de ma construction finale. C'est pourquoi l'heureuse réconciliation dont je pris la digne initiative me conduisit à promettre à mon vieux père une visite de trois semaines en 1857, et je comptais, au retour de Montpellier, passer une semaine avec vous. Mais, quoique je n'écrive pas même le moindre opuscule cette année, j'ai bientôt senti, d'après la publication de mon récent volume, qu'elle ne constitue aucun chômage réel, étant totalement vouée à la forte préparation méditative qu'exigent mes deux volumes, aussi difficiles que décisifs, de 1858 et 1859, qui seront seulement préparés par quelques mois de rafraîchissement. Il en sera de même en 1860, où, sans rien écrire, je préparerai, pour 1861, le dernier et le moins prévu de tous mes tomes, promis dès le début de ma carrière afin de systématiser l'industrie humaine autant qu'elle puisse l'être. Je me suis donc interdit toute diversion jusqu'à l'entière publication de ma *Synthèse subjective*, où je puis encore réparer mes lacunes antérieures, tandis que celles que j'y laisserais seraient entièrement irréparables, de façon à mériter le blâme de la Postérité si j'eusse pu les éviter par une sollicitude mieux concentrée. Voilà comment je me trouve finalement conduit à ne jamais sortir de Paris avant l'année 1862, où ma tournée tant remise inaugurera ma digne retraite philosophique et mon active existence sacerdotale.

Tout à vous,

AUGUSTE COMTE.

P.-S. — On a, ce matin, porté pour vous à la poste mon récent volume, qui, grâce au nouveau tarif où le poids remplace le volume, a seulement coûté 16 sous de port. Faisant à chaque membre de notre Société, pour son exemplaire personnel, la même remise qu'à mon libraire, vous ne devez donc que 6 fr. 80, que je vous prie d'ajourner jusqu'à ce que M. Audiffrent me les apporte cet automne.

La copie ci-jointe, dont je transmettrai la pareille à M. Audiffrent, vous indique la triste issue relative à M. Lefort, que je n'ai jamais vu, depuis un an, quoiqu'il n'ait pas cessé d'habiter Paris, mais en y fuyant tous les positivistes. M. Audiffrent l'ayant vu de près et longtemps, l'avait mieux jugé que moi, quoiqu'il se soit probablement trompé sur l'incident spécial qui suscita leur rupture, où je dus finalement imposer, des deux côtés, un silence admirablement gardé par mon noble disciple provençal.

XXXVIII

A Monsieur HADERY, aux Vattis (Allier).

Paris (*10, rue Monsieur-le-Prince*), le mardi 20 Charlemagne 69.

Mon cher disciple,

Votre excellente lettre de vendredi, reçue dimanche, a noblement soulagé les chagrins suscités par l'indigne conduite récente d'un faux disciple. Le trouble cérébral ainsi surgi ne m'aurait pas produit une naissante inflammation du bas-ventre, s'il ne m'était malheureusement survenu dans un moment où j'étais spécialement impressionnable d'après la crise naturellement résultée de la mort imprévue du sénateur Vieillard, mon plus ancien adhérent, qui seul avait scrupuleusement suivi l'ensemble de ma carrière, à partir de mon opuscule fondamental en 1822. Quoique j'aie traité cette perturbation physique sans aucune intervention médicale, je suis maintenant en pleine guérison, sauf que je dois encore prolonger un peu la sévère diète qui m'a principalement servi, malgré qu'elle fasse naturellement durer la maigreur, la faiblesse et la pâleur survenues. J'espère que demain sera le dernier mercredi dans lequel je serai, par exception, forcé de faire en voiture la sainte visite ordinaire que j'accomplis ordinairement à pied, et dont je me suis fatalement privé, pour la première fois, depuis onze ans, le 17 juin. Ma grande préparation méditative a déjà repris son activité normale, notablement altérée, pendant trois semaines, par un misérable qui, sans doute, se glorifie d'avoir personnellement exercé ce funeste pouvoir, quoique, en tout autre moment, j'eusse aisément surmonté le trouble qu'il m'a suscité. De ce triste épisode, il ne restera d'autre souvenir durable que la juste flétrissure infligée à ce drôle dans ma lettre finale du 27 juin, et complétée par ma prochaine circulaire annuelle, où ce jugement spécial fortifiera mes remontrances générales contre l'imminent déluge de ces prétendues *expositions*, qui n'exige ni talent ni convictions, tandis que les saines *applications* constatent l'un et l'autre, en procurant à la doctrine universelle quelques nouveaux développements secondaires. Tous mes vrais adversaires et faux auxiliaires sentiront ainsi la supériorité du nouveau pontificat sur l'ancien, soit parce que seul il personnifie l'Être suprême dont l'autre fut simplement le ministre, soit en tant que pouvant dignement invoquer la postérité, qui n'était nullement accessible avant la découverte des lois fondamentales propres à l'ensemb.. de l'évolution humaine.

Le méprisable fou de Douai n'est, sans doute, que l'agent, peut-être à son insu, de l'incohérente coterie graduellement formée, depuis cinq ans, par les faux positivistes, nominalement groupés autour du rétheur usé que le positivisme a passagèrement décoré d'une auréole de penseur, mais réellement soumis à la femme monstrueusement exceptionnelle, à laquelle j'eus le malheur de donner mon nom. Quoique vous ayez justement regardé ces exploiteurs comme plus coupables que leur digne organe, j'ai déjà lieu de présumer que leur chef officiel est maintenant effrayé de l'énergique réprobation que je viens de prononcer, et qu'il s'efforcera le plus possible d'encourir un pareil sort, dont il sent mieux l'irrésistible poids. Je dois donc laisser à M. Littré le temps et la faculté de désavouer son prétendu *fils spirituel* : en sorte que, malgré ma juste indignation contre sa lâche perfidie, j'ai finalement résolu d'ajourner jusqu'à ma prochaine année de *chômage* (1860), l'exécution que je voulais immédiatement faire envers lui. Dans cet intervalle, sa conduite peut réellement s'améliorer, soit par remords, soit par peur, ou même en vue de la Postérité que sa faiblesse physique, autant que morale, lui fait déjà sentir, d'après quelques informations récemment venues jusqu'à moi, plus voisine qu'à moi-même, malgré ses trois ans de moins. Si cette amélioration se réalise et se soutient avant que mon Testament se publie, en 1864, soit par moi, soit par mes exécuteurs testamentaires, en supposant qu'il vive jusque-là, je lui ferai spécialement grâce de sa connexité, quoique trop méritée, avec l'indigne épouse, seule dès lors vouée à l'enfer positiviste.

Dans l'ensemble de ce grave incident, où commence la seconde lutte, prévue par la principale addition de mon Testament, le symptôme essentiel consiste à représenter le nouveau pouvoir spirituel comme étant encore à fonder en dissimulant ou méconnaissant son existence naissante, et même en insinuant qu'il résidera chez un comité, sans se concentrer sur un pontife. Tel est, à l'insu peut-être du sot et fat auteur, le but réel de la récente compilation, ainsi destinée à m'empêcher de saisir l'autorité spirituelle publiquement annoncée d'après mes opuscules fondamentaux, surtout en 1826, et dont j'ai successivement rempli les deux conditions nécessaires, en instituant d'abord la philosophie, puis la religion positives. Mais ce troisième et dernier pas, seul socialement décisif, résulte plus directement du second que celui-ci r'émane du premier, dont il eût été notablement séparé sans l'incomparable influence féminine qui m'a moralement régénéré. Je n'ai donc pas à m'inquiéter de la vaine *opposition* des roués quelconques qui vont maintenant s'efforcer de prolonger, sous couleur positiviste, l'interrègne religieux, afin de perpétuer l'indiscipline favorable à leur immoralité personnelle, domestique et civique. Les roués éminemment braves et spirituels quand Molière les idéalisa dans le Don Juan français et même lorsque le régent leur donnait leur nom définitif, sont aujourd'hui devenus aussi niais que lâches ; ce qui doit beaucoup rassurer les femmes et les honnêtes gens : cette transformation n'étant aucunement fortuite, puisqu'elle tient à la grande destination sociale de notre siècle, où toutes les puissantes natures doivent spontanément devenir enthousiastes de la régénération finale que le positivisme systématise. Tous ces vains efforts m'ont déjà conduit à faire un nouveau pas public vers l'installation décisive de la papauté positive, en signant mes circulaires annuelles à partir de janvier prochain : *Le Fondateur de la religion universelle, Grand Prêtre de l'Humanité.* Une telle formule habituelle, rendant tous les coopérateurs au subside positiviste désormais solidaires avec moi, devra d'abord diminuer leur nombre, ce qui me semble plus à souhaiter qu'à craindre, depuis que l'expérience a constaté combien est insignifiante la participation actuelle des prolétaires ; mais j'ai d'ailleurs lieu d'espérer que la dictature française laissera librement circuler cette nouvelle manifestation annuelle, comme la République occidentale sous le timbre impérial.

Irrévocablement installés au vrai point de vue social, les dignes théoriciens, sans attacher trop d'importance aux dissidences purement intellectuelles, doivent maintenant reconnaître, avec les sages praticiens de tous les temps, que, aujourd'hui comme toujours, et même plus que jamais, il peut seulement exister deux partis bien tranchés : le parti de l'ordre et le parti du désordre ; les conservateurs et les révolutionnaires ; les uns sincèrement occupés à surmonter, de diverses manières, l'anarchie occidentale, les autres voulant, sous prétexte de progrès, perpétuer l'agitation politique et l'interrègne religieux, afin de prolonger l'indiscipline morale. La papauté positive doit socialement s'installer en constituant le véritable parti de l'ordre, encore dépourvu, dans tout l'Occident, de tête et même de queue, puisque les lettrés et les prolétaires lui sont simultanément hostiles : il est jusqu'ici réduit au tronc empiriquement formé du concours incohérent des personnalités les plus intéressées au maintien de la tranquillité publique, et dès lors suspectes, par cela même, à toutes les forces spontanément régénératrices. D'après cette haute destination pratique du positivisme complet, je me sens plus de sympathie envers Monsieur Bonaparte, ou même Monsieur Henri V, et chacun des praticiens qui maintiennent ou maintiendront l'ordre matériel au milieu du désordre spirituel, que pour MM. Mill, Littré, Lewes, etc.; quelle que soit la dose des théorèmes positivistes sincèrement admis par les prétendus théoriciens qui sont aujourd'hui devenus les principaux perturbateurs occidentaux, en vouant leur dangereuse existence à des questions infiniment supérieures à leurs forces réelles, de cœur, d'esprit et de caractère.

Je vous souhaite, mon cher disciple,

Vénération et dévouement,

AUGUSTE COMTE.

XXXIX

A Monsieur HADERY, aux Vattis (Allier).

Paris (*10, rue Monsieur-le-Prince*), le dimanche 25 Dante 69.

Mon cher disciple,

Votre excellente lettre d'avant-hier à mon incomparable fille adoptive m'a tellement touché que j'éprouve le besoin d'y faire une courte réponse immédiate, qui maintenant constitue un véritable effort pour moi.

Quoique je sois en vraie convalescence, je ne suis pas rétabli de la plus grave maladie que j'aie jamais éprouvée depuis trente ans, et que j'ai seul traitée. La crise décisive eut seulement lieu le dimanche

26 juillet, par un copieux vomissement spontané de sang; sans effort ni douleur, j'en perdis, en cinq minutes, plus d'un demi-litre. Cette rude solution, combinée avec la sévère diète dont je fis surtout usage, a produit une extrême faiblesse physique, qui maintenant constitue mon seul trouble essentiel, quoique, depuis quelques jours, je mange un peu de viande, même de bœuf.

Suscitée par l'ignoble conduite d'un faux disciple, cette maladie a manifesté la tendance actuelle des vrais positivistes à former une véritable famille, que de nombreux et touchants exemples ont ainsi montrée assez ralliée au père commun, quoique trop divisée intérieurement. D'après ce symptôme décisif, si la dictature actuelle peut encore durer dix ans, elle installera nos triumvirs.

Recevez, mon éminent disciple, ce témoignage spécial de ma paternelle reconnaissance.

AUGUSTE COMTE.

XL

A Monsieur HADERY, aux Vattis (Allier).

Paris (*10, rue Monsieur-le-Prince*), le mardi 6 Gutenberg 69.

Mon cher disciple,

Votre désappointement d'avant-hier est aujourd'hui compensé par une délicieuse entrevue, à laquelle j'assiste subjectivement. Le touchant retard de M. Audiffrent vous procure, outre sa précieuse visite, celle du noble Winstanley, qui doit ensuite rester quelques jours auprès de vous, pour commencer son initiation patricienne sous le meilleur type. Spontanément partis à la fois, l'un de Pertuis, l'autre de Londres, pour venir se rassurer sur ma situation et se mettre à mon entière disposition, ces deux minents disciples, l'un théorique, l'autre pratique, également dominés par le cœur, se sont bientôt entendus chez le père commun, et s'en retournent ensemble pour vous tranquilliser sur ma longue et pénible convalescence, qui désormais n'exige aucune sollicitude spéciale. Tous deux sont convaincus, d'après moi, que si je n'avais pas seul traité cette maladie, j'aurais probablement succombé sous le joug d'un médecin quelconque. Finalement émancipé de la médecine, comme je l'avais successivement été de la théologie, de la métaphysique, et même de la science, j'institue à mes risques, et suivant ma mission fondamentale, un type décisif des mœurs normales, en gardant, de chacune de ces quatre tutelles provisoires, ce qu'elle a de vraiment incorporable au positivisme. Quand l'éducation encyclopédique aura partout répandu les saines notions générales sur la nature humaine, tout malade suffisamment éclairé deviendra son meilleur médecin, si sa raison reste pleinement intacte : dans le cas actuel, le plus grand trouble corporel ne m'a jamais suscité le moindre mal de tête. Jusqu'à ce que le sacerdoce ait irrévocablement absorbé la médecine, les docteurs de profession ne seront alors consultés qu'envers les *renseignements spéciaux* qui concernent les symptômes et les moyens, sans jamais diriger l'ensemble d'un traitement qu'ils ne peuvent aucunement saisir.

L'annonce d'un cordial du Dr Sauria m'a d'abord effrayé d'une de ces drogues que j'ai bien résolu de toujours écarter; mais la fin de la phrase m'a pleinement rassuré sur la nature de ce précieux envoi, que M. Audiffrent vit hier chez moi, reçu dès midi. J'en dois d'autant plus remercier votre digne ami, que l'arrivée en est très opportune, puisque j'avais déjà commencé, depuis quelques jours, à boire, entre mes deux repas, avec une croûte de pain, un demi-verre de vieux bordeaux-laffitte, auquel ce vin-ci doit être fort supérieur. Sans reprendre l'usage du vin, je l'emploie comme remède provisoire, selon le précepte de Sangrado. M. Audiffrent s'est chargé de remettre au Dr Sauria le précieux monument épistolaire que celui-ci m'envoya vers la fin de 1855. Il a pareillement acquitté les 6 fr. 80 que vous me deviez pour le prix et le port du tome Ier de ma *Synthèse subjective*.

Continuez, mon excellent disciple, à croître toujours en

Fraternité, Vénération et Dévouement.

AUGUSTE COMTE,

Fondateur de la Religion universelle
et Grand-Prêtre de l'Humanité.

P.-S. — Je ne veux plus écrire sur ma santé, quoique ma convalescence doive encore durer longtemps.

XLI

A Monsieur HADERY, *aux Vallis* (*Allier*).

Paris (*10, rue Monsieur-le-Prince*), le vendredi 16 Gutenberg 69.

Mon éminent disciple,

Spécialement fatigué par une urgente réponse que je viens de faire en Angleterre, je me borne, ce matin, à vous donner *signe de vie*, en retour de la lettre ouverte que M. Winstanley m'apporta lundi. Ce noble jeune homme, reparti pour Londres hier matin, vous a pleinement apprécié comme le meilleur type et guide qui convient à la belle carrière pratique où j'ai tout lieu d'espérer qu'il n'avortera jamais. Le court séjour résulté de sa généreuse sollicitude envers moi lui procure deux éminentes relations, l'une théorique, l'autre pratique, dont il sent tout le prix, et qu'il saura dignement cultiver. Il vient d'y joindre un précieux contact initial avec M. Lonchampt, qui, par son admirable nature chevaleresque, doit beaucoup concourir à développer la sienne. Tout cela va se mûrir pendant l'année qu'il doit ici passer, sous M. Laffitte, à partir de janvier prochain.

Continuez, mon cher triumvir, à toujours croître en

Fraternité, Vénération et Dévouement.

AUGUSTE COMTE,

Fondateur de la Religion universelle et premier Grand-Prêtre de l'Humanité,

FIN DU DEUXIÈME VOLUME

TABLE DES MATIÈRES

TABLE DES MATIÈRES (1)

DU DEUXIÈME VOLUME

Pages

Sept Lettres a M. Littré

Trente-huit Lettres a M. Pierre Laffitte

(1) Le dernier volume contiendra un index alphabétique de tous les noms des personnes citées dans la *Correspondance inédite*.

Quarante et une Lettres a M. Hadery

FIN DE LA TABLE

CHATEAUDUN

IMPRIMERIE DE LA SOCIÉTÉ TYPOGRAPHIQUE

www.ingramcontent.com/pod-product-compliance
Ingram Content Group UK Ltd.
Pitfield, Milton Keynes, MK11 3LW, UK
UKHW020259230726
13925UKWH00001B/120